国家出版基金项目
NATIONAL PUBLICATION FOUNDATION

上海高校服务国家重大战略出版工程资助项目

公共经济与城市社会治理创新研究丛书

总主编　吴柏钧

城市公共安全风险防控体系研究

刘晓亮　著

華東理工大學出版社
EAST CHINA UNIVERSITY OF SCIENCE AND TECHNOLOGY PRESS
·上海·

图书在版编目(CIP)数据

城市公共安全风险防控体系研究 / 刘晓亮著. —上海：华东理工大学出版社,2021.6
ISBN 978-7-5628-6361-8

Ⅰ.①城… Ⅱ.①刘… Ⅲ.①城市—公共安全—安全管理—研究—中国 Ⅳ.①D630.8

中国版本图书馆 CIP 数据核字(2021)第 066486 号

内 容 提 要

本书聚焦城市公共安全风险防控体系建设,系统分析了城市发展演进过程中无法分割的各种安全问题,深入探讨了安全风险加剧的时代背景和当前城市公共安全风险的主要源头,对国内外城市安全风险防控体系的发展历程做了全面回顾和比较研究。在分析城市风险防控体系内在结构以及发展动力的基础上,进一步梳理归纳了城市风险防控体系有效运行的内在机理,同时对基层治理在城市风险防控体系构建中的重要地位进行了深度阐释。最后,针对未来城市安全风险防控体系的发展趋势,提出作者的思考。

本书紧扣城市公共安全风险防控理论和实践的前沿,将理论与实践紧密结合,系统地探讨了城市公共安全风险防控体系建设中面临的重要问题,可以供相关领域的学者、党政领导干部、应急管理领域公务员和从业人员以及其他对城市安全管理有兴趣的读者研读。本书亦可作为公共管理、城市管理、应急管理等专业的本科生、研究生相关课程的参考书。

项目统筹 / 马夫娇　韩　婷
责任编辑 / 左金萍
装帧设计 / 吴佳斐
出版发行 / 华东理工大学出版社有限公司
地址：上海市梅陇路 130 号,200237
电话：021-64250306
网址：www.ecustpress.cn
邮箱：zongbianban@ecustpress.cn
印　　刷 / 上海中华商务联合印刷有限公司
开　　本 / 710 mm×1000 mm　1/16
印　　张 / 17
字　　数 / 252 千字
版　　次 / 2021 年 6 月第 1 版
印　　次 / 2021 年 6 月第 1 次
定　　价 / 158.00 元

国家社科基金项目
“整体性治理视角下特大城市常态化风险管控机制研究”项目阶段性成果
（项目编号：17BZZ042）

上海市社科规划专项课题
“特大城市公共安全风险基层防控体系研究”项目阶段性成果
（项目编号：2015FZX002）

公共经济与城市社会治理创新研究丛书

总　序

当前，中国经济社会发展和结构变化呈现了许多新的特点。在经济增长与结构变动方面，一个显著的特点是公共经济部门对国民经济增长的贡献率持续上升。尤其是在2008年世界金融危机以后，为抵御经济衰退，维持较高速度的经济增长和社会稳定，我国政府在公共基础设施建设上持续投入了大量的资金。同时，在城市化和人口制度变革的背景下，为回应人们对保障公共安全和增进社会福利的需要，政府在对教育、卫生、安全和社会保障等公共服务领域的投入上也有了快速增长，这使得经济性和非经济性公共产品的供给成为社会总供给的重要组成部分，甚至在某些年份，公共产品投资和供给已成为边际经济增长的决定性因素。

在社会发展和结构变化方面，尽管整体的社会形态和权力结构变动较小，但非农劳动力、中等收入阶层和私人资本阶层等基于现代经济活动而产生的社会力量的影响力不断增强，其正潜移默化地改变着我国的社会结构，深刻影响着社会利益格局。在生产和生活方式日益市场化和社会化的过程中，基层民众的思想观念、社会需求和诉求发生了很大变化，这为政府在社会治理中如何精准掌握人们的需求偏好和行为动态增加了难题，对如何有效实施社会服务和社会保障提出了挑战。同时，社会流动的不断增强使得公共安全和环境风险持续上升，这对传统的行政管理体制和政府自上而下的治理机制形成了巨大挑战，对现代政治和经济建设中的中国如何重构基层社会治理结构与机制提出了新的要求。

当前社会经济变革与转型使我们对未来的发展形成了许多不确定的判断。但如果不考虑制度变迁因素，我们可能会更清晰地认识社会经济演化的规律。纵观人类社会发展的历史，技术的变化、私人产品生产方式的变革和竞争机制等为人们摆脱自然束缚、追求自由丰富的生活提供了保障，但其却不能保障社会成员提高基础性的、公平享有的生活质量也无法保障其和社会安全。无论是实施行政计划机制还是市场机制，公共产品和服务的供给在产品和服务性质上总能为社会成员提供共同享有的广义福利增进效用。与此同时，许多国家在私人产品部门发展、增加社会财富的过程中产生了贫富差异和社会不公，而公共产品部门发展在提升整体的社会福利和安全保障的过程中又产生了资源错配、供给效率低下、官僚特权和行政垄断等问题。所以，人们始终在寻求合适的制度去约束私人产品生产的过度竞争和分配不公，也通过制度安排在公共产品部门规模扩大的过程中提高供给效率。从全球经济发展趋势来看，随着经济的发展和居民收入水平的提高，公共产品部门在经济社会发展中的功能和作用会逐步提升，其资产规模和占总供给的比重在不断增加，这反映了社会经济不断发展的一种状态和趋势。从这个角度去理解，我们可以认为中国公共产品部门的革新正是经济社会快速发展的体现。近几十年来，中国公共产品部门的发展在一定程度上反映了社会经济结构的根本性变化。

可以预期，在这样的社会经济结构转型过程中，不仅私人产品部门的发展会遇到技术、市场和制度的变革问题，公共产品部门也将面临许多新挑战：

第一，社会资源在私人产品部门与公共产品部门之间的配置问题。这要求政府根据经济增长、市场需求和社会需要在私人产品部门与公共产品部门之间合理地配置资源，以实现个人需求与社会需求的均衡状态，达到适度的经济增长和社会福利的增进，从而兼顾经济发展效率和社会公平。

第二，公共产品部门的供给有效性问题。根据中国的国情，从理论上解决真实地显示民众需求偏好的问题，采取合适的公共选择方式，并对公共产品实施高效管理，涉及一国的公共产品供给体制与机制，也涉及政治、技术、市场和社会文化等方面，但核心问题在于政治经济体制的安排和机制的设计。如何破除原先“全能型政府”的窠臼，真正做到以人民为中心，政府应有所为而有所不为，放权给基层，为社会组织的发育及其履行社会治理职能释放空间。同时，政府也要通过制度安排和政治程序，改革现有的政府主导的公共产品供给机制，探讨适合中国实际的多元合作的公共产品供给机制。

第三，如何打造共建共治共享的社会治理格局，建立“人人有责、人人尽责、人人享有”的社会治理共同体，怎样处理政府行政主导与社会组织生长问题。这要求服务供给方激发民众参与社区治理的热情，提高社区工作者、社区事务参与者的能力和水平。

第四，如何创新基层治理方式问题。这要求基层社会治理成为国家治理的基石和重心，成为国家治理体系和治理能力现代化的基础性环节。同时，政府要通过制度安排和法治手段消除基层治理的“空转”现象，建立适应多元治理主体的治理方式，摆脱社区机构及其事务的行政化困境，构建去行政化的社区基层组织的有效运行体系和运行机制（包括资源筹措、公共服务提供、公共事务决策等）。

第五，如何基于互联网、大数据和人工智能等新技术，创新公共产品生产和供给方式，提高公共服务效率，改善社区基层治理。这要求服务供给方利用信息技术获取社会成员对公共产品和服务的真实需求，为公共政策的决策提供充足信息，为政策实施的监督和绩效评估提供技术手段，以实现有效配置资源和有效供给的目标。

基于上述对中国社会经济长期发展和结构变化的理解，华东理工大学社会科学高等研究院在成立之初就确立了研究宗旨，希望在宏大的社会经济变迁格局下，立足社会基层和微观经济层面，对中国社会经济的发展有一个细微的观察和局部的剖析。这些年来，在华东理工大学成长起来的一批公共经济学、社会学和公共管理学科的年轻教师聚焦于公共经济与基层社会治理研究领域，承担了诸多国际合作和国家基金的课题，他们大致围绕三大主题开展了一系列研究：一是研究公共经济部门发展的基本理论与中国的实践，特别是通过学科交叉研究和多研究范式融合，探讨社会发展过程中公共经济与社会治理的结构关系和内在机制；二是在互联网、大数据和人工智能等新技术条件下研究公共经济和社会治理的新方式与新形态；三是对公共基础设施、公共服务、社区基层治理等领域开展社会调查、田野实验和经验实证分析，试图发现一些有中国特色的、有益的实践经验，以检讨和修正经典的理论观点，拓展理论研究的范畴。本丛书就是我们对前期研究工作的一个初步总结，各分册也大致体现了这几个方面的研究主题。

本丛书的内容主要涉及公共经济、社会治理和社会政策领域。不论属于哪个学科，研究大都基于公共经济学和公共管理学理论，以跨学科的方式来探讨公共经济和社会治理中的科学问题；针对政策问题，我们也以不同学科的视角加以研究。

丛书中有5本著作可以归属于公共经济领域。其中，《城市公共产品有效供给机制研究》梳理了公共产品供给理论和研究文献，探讨了我国公共产品供给的机制及其改革得失，重点对城市公共基础设施和公共服务领域的投融资、生产和分配进行了实证分析。《城市基础设施与经济发展研究》总结了中国社会70年来在基础设施建设方面所取得的成就与面临的挑战，从财政分权和比较制度分析等理论视角揭示了基础设施影响地区经济发展的内在机制；其利用计量经济分析探索了中国基础设施建设对市场融合、开放发展和民生改善的影响，从政治经济学的理论视角提出了促进基础设施供给模式创新的治理基础与实现路径。《环境公共品的有效供给机制及路径研究》对多种环境公共品的供给机制进行了研究，重点研究了人们较少关注的家庭部门在环境治理中的功能与行为模式；其把家庭部门作为供给主体，将代际因素纳入考虑范围，并基于环境公共品的三种价值评估法构建了环境公共品的有效供给理论模型。《城市公共服务空间布局特征及综合能力评价》基于大数据技术，对城市公共服务的发展过程、资源规模、空间布局及服务能力等状况进行了综合分析，客观分析了影响城市公共服务的因素，并提出了优化城市公共服务的策略。有意思的是，《城市共享平台的多元协同治理研究》以共享经济为研究对象，探讨了广泛存在的私人产品公共性问题，该书全面梳理了国内外城市共享平台的发展模式、治理经验及作用机制，提出了自行治理优先、政府监督、社会辅助的共享平台多元协同治理的概念。这项研究突破了传统的城市公共产品供给限制，对新技术环境中私人产品公共消费和生产方式的革命性变化进行了开创性研究。从总体上来看，这些著作以基础设施、环境保护、污染治理等城市主要公共产品和服务为研究对象，分析了我国城市公共产品和服务供给的特征及内在运作机制，并对这些领域的公共产品有效供给提出了制度性改革等政策建议。

丛书中有 5 本著作研究了城市社会治理问题。《城市移民与公共治理研究》把城市治理放在城市化过程中加以考虑，研究了如何从移民管制转化为移民服务，并借以提升移民治理水平，使移民尽快融入城市。《城市公共安全风险防控体系研究》针对城市公共安全事故频发的现实，系统分析了城市公共安全问题的源头和类型，在深刻解析城市安全风险发生原因的基础上，探讨了有效的安全风险防控内在机制，构建了城市安全风险防控体系。《城市基层矛盾纠纷化解的社会机制研究》以近年来蓬勃发展的人民调解组织为例，剖析以其为代表的社会力量参与城市基层矛盾纠纷化解的现实需求、功能定位、组织网络、运作机制与发展逻辑等，以探索“中国式风险社会”的社会治理机制。《城市社区治理中整合性服务模式建构研究》以上海社区基层治理实践为例，从街道体制改革、政府购买服务、社区社会组织发展和社会力量参与社会治理与社区工作者队伍建设等各个角度考察了基层社会治理的发展状态，深度揭示了基层社会治理存在的新问题，剖析了深层次的社会性和结构性原因，并在此基础上探索现代基层社会治理的治理元素、创新流程和关键环节，提出了构建特大城市基层社会治理体系和实务模式的新设想。《中国城市社区基金会发展及运作研究》以城市社区基金会为研究对象，对行政驱动逻辑下社区基金会的成长环境、本土化特征、治理结构、功能作用进行了实证分析，以此探讨了中国政治体制下的基层社会组织的发展路径和运行机制。

本丛书出版之际，中国刚经历了新型冠状病毒感染的肺炎疫情。在经历“非典”疫情不到 20 年的时间里，此次规模巨大的全球性公共卫生灾难的暴发再次证明人类尊重自然规律的重要性，同时也提醒我们，应不断反思公共卫生体制和机制改革的有效性问题，反思现行社会治理体制的弊端和公共政策实施的偏差问题。值得欣慰的是，疫情在我国很快得到控制，特别是抗疫措施在全国范围内得到严格实施，这充分显示了社区基层组织在公共事件中的动员能力和应对能力，体现了社会治理制度变革中建立基于社会组织和民众参与的多元供给机制的重要性，也再次证明了在现代化强国的建设过程中建立有效的公共产品供给制度的重要性。

本丛书的出版得到了国家出版基金和上海市文教结合“高校服务国家重大战略出版工程”的资助。能够获得资助且得到高质量的出版，要感谢华东理工大学出版社的鼎力支持！丛书中的部分著作是上海市教委科研创新计划项目重大课题“城市公共产品供给机制研究”的成果，特此说明，并感谢资助部门！

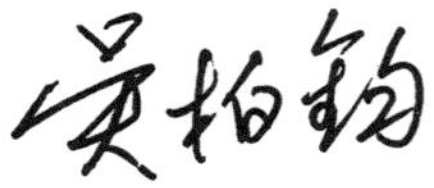

2020 年 5 月 20 日

前 言

foreword

2008 年，全球已有一半以上的人口生活在城市地区。2011 年，中国城镇化率达到 51.27%，首次突破一半的比例，城市治理工作在我国整体建设中的重要性进一步提升。2015 年 12 月 20 日，时隔 37 年的中央城市工作会议在北京召开。会议提出，要尊重城市发展规律，转变城市发展方式，完善城市治理体系，提高城市治理能力，解决“城市病”等突出问题；要把安全放在第一位，把住安全关、质量关，并把安全工作落实到城市工作和城市发展的各个环节和各个领域。为此，适时总结城市公共安全建设的发展历程及实践经验，探索城市安全风险防控体系的内在结构与演进规律，对提升城市安全风险常态防控能力和推进城市安全领域治理体系与治理能力现代化，都具有较强的理论探索和实践指导意义。

在过去十多年的实践中，国家推进的公共安全管理体系建设更多的是一种以城市为核心的探索。广大农村地区由于受到诸多客观条件的限制，在安全管理建设方面的内容相对较少。因此，城市公共安全管理的发展历程，在很大程度上与国家整体公共安全建设的发展轨迹相一致。也就是说，从国家整体公共安全建设中剥离中央层面的一些直接政策和行动后，剩下的几乎都是城市公共安全管理的相关内容。并且由于中央直接干预的公共安全问题或公共危机事件多与城市有关，因而本书的整个研究将会紧密围绕中央以及城市政府两个层面的工作，对与城市公共安全风险防控相关的政策措施、主要事件进行全面梳理，力求完整地呈现城市公共安全风险防控体系建设的全过程，总结经验、剖析问题，并对关键性问题展开理论回应。

城市公共安全风险防控本身是一项由政府主导的管理工作，因此，本书主要运用公共管理的研究范式，围绕城市风险防控体系的发展历程，采取国内外比较研究。本书将国外先发经验，以美国和英国为典型代表，与中国的代表性城市北京和上海进行对比，分析两种政治体制下城市在安全风险防控建设策略上的异同；在城市风险防控的建设驱动力探讨中，从政府内部、外部分别寻找动力来源，并且对内外因素的结构及相互作用机理进行分析；根据现实经验观察，将城市风险防控的实际运行分为两种类型，即常态风险防控模式和非常态风险管控模式，通过相关案例分析，提出将非常态风险管控的有效因素通过制度和技术的组织化运用，纳入城市常态风险防控体系，作为提升城市常态风险防控能力的一条可尝试路径。此外，城市公共安全风险防控要实现源头治理，也必须通过有效的基层建设，夯实城市的基层社区工作，才能有效回应城市公共安全的顶层设计，全面提升常态化的城市公共安全风险防控能力。

城市公共安全关乎社会稳定大局，具有强烈的政治属性，在中国的实践中，与党和政府的执政合法性联系紧密。因此，本书的部分内容也引入了偏政治学的逻辑进行分析，以回应“安全是最大的政治”的观点，以及在城市安全问题中的红线意识和底线思维。此外，本书也引入了部分社会学的观察视角。要研究城市公共安全问题就无法将其与社会现实相割裂，尤其是在多元治理已经获得国际广泛认可的情况下，城市公共安全风险防控更应立足城市的社会发展演变，回应城市人口由“单位人”向“社区人”转变的实际，努力拓展多元共治的参与力量，积极有效地回应现实问题。

城市公共安全风险防控重在常态风险防范能力建设。在我国现有的城市安全风险防控体系中，机构体系已经较为完备，目前最大的问题是如何运用现有体制资源有效开展城市安全风险防控。因此，本书将重心放在体制之外的各项机制建设上，着重回应如何激发动力、调动资源、整合协同，将有效的风险防控工作融入基层，融入城市管理的每一个环节，最终真正融入城市常态治理能力建设。

受个人能力所限，本书仍有许多不完善之处，恳请读者不吝赐教，批评指正。

目　录

contents

第一章 绪 论

城市作为人类文明的中心，在政治、经济、文化以及交通等领域发挥着关键节点的作用，是全球化时代社会秩序正常运行的重要支撑。进入21世纪以来，世界范围内各类公共危机事件频频发生，自然灾害、事故灾难、传染疾病、恐怖袭击等接连不断。2015年1月，中共中央政治局审议《国家安全战略纲要》时指出，国际形势风云变幻，我国经济社会发生深刻变化，改革进入攻坚期和深水区，社会矛盾多发叠加，各种可以预见和难以预见的安全风险挑战前所未有。与此同时，我国城市化建设正行进在快车道上，大量人口持续涌入城市，在建立和维护城市正常运行秩序的同时，各种安全风险挑战也成为城市治理无法回避的重要问题。从发展与稳定的关系角度出发，城市的发展离不开安全保障体系建设。尤其是经历过美国“9·11”恐怖袭击事件和中国“非典”疫情之后，包括中国在内的世界各国纷纷加大了对安全管理工作的重视程度，城市安全已上升为国家安全的重要内容，城市安全治理水平也成为检验和展示一个国家安全管理综合能力的重要窗口。因此，系统研究城市公共安全风险防控体系建设的历程、动力、结构，探索城市安全管理的内在规律，对于安全管理理论研究以及城市安全保障体系建设，都具有十分重要的现实意义。

第一节 文明演进与安全话题

何为城市？古代的“城”与“市”是分开的。城为王者的居所，是权力和财富的汇聚之地。中国古代的城通常都有高高的护城墙，环以深深的护城河，辅以吊桥连接城门，并配以重兵把守。西方也有类似设计，同时也有很多城堡耸立在山巅绝壁之上，易守难攻。因此，城在建造结构上天然具有了防御外来威胁和抵御恶劣环境的庇护所功能。市为交易场所，早期不在城内，但随着城里人口数量增多、交往频繁，以及对生活必需品交易的需要，市逐渐由城外移入城内，城与市逐渐融合。但从根本上讲，城是封闭的，担负保护作用，市是开放的，发挥交易功能。

现代城市在形态以及功能上都与古代有着天壤之别。现代化的城市高度开放，有耸立云端的摩天大楼，有四通八达的轨道交通，有巍然屹立的建筑集群，还有来自五湖四海的游人和交织如潮的商贾。城市在体现其开放、包容和强大的同时，抵御风险能力的建设与提升也越发受到广泛的关注。这是因为，随着城市发展水平的不断提高，城市的脆弱性也随之增强，同时，生活水平获得极大改善之后的城市居民也对安全环境提出了更高的要求。事实上，安全是一个永恒的话题。自人类社会诞生之日起，人类历史上就充满了与各种灾害和风险相抗争的故事。甚至可以说，人类发展史就是一部危机管理史，人类社会的文明演进与风险和灾难有着不可分割的联系。

一、灾难与文明

在人类社会的发展长河中，有着大量关于灾难片段的历史记录。灾难以其特有的形式沉淀于各个文明的发展历程中，甚至构成某些文明的文化传统，如祭祀、祷告、供奉、朝拜等。

中国一直流传着许多关于人类早期的神话故事。根据学者对中国先秦众多神话的考证，其中多数故事的内容都与各种灾难有着密切联系①，如女娲补天、后羿射日、夸父逐日、大禹治水和精卫填海等。在《淮南子·览冥训》中有记载："往古之时，四极废，九州裂；天不兼覆，地不周载；火爁炎而不灭，水浩洋而不息；猛兽食颛民，鸷鸟攫老弱。于是女娲炼五色石以补苍天，断鳌足以立四极，杀黑龙以济冀州，积芦灰以止淫水。"这里讲述了女娲补天的背景及经过。而《列子·汤问》中则提到："共工

---

① 王秀臣. 灾难视野中的文学回响——先秦灾难的文学表现及其意义［J］. 湘潭大学学报（哲学社会科学版），2012，36（3）：90－94.

氏与颛顼争为帝，怒而触不周之山，折天柱，绝地维，故天倾西北，日月辰星就焉；地不满东南，故百川水潦归焉。”这一段讲述的是天地失序的灾难情景。后羿射日和夸父逐日指向的则是旱灾。《山海经》中记载：“羿射九日，落为沃焦。”《淮南子·本经训》对后羿射日的故事做了描述：“逮至尧之时，十日并出，焦禾稼，杀草木，而民无所食。猰貐、凿齿、九婴、大风、封豨、修蛇皆为民害。尧乃使羿诛凿齿于畴华之野，杀九婴于凶水之上，缴大风于青丘之泽，上射十日而下杀猰貐，断修蛇于洞庭，禽封豨于桑林。”大禹治水对应的则是水灾。《孟子·滕文公下》记载：“当尧之时，水逆行，泛滥于中国。蛇龙居之，民无所定。下者为巢，上者为营窟。”甚至《史记》中也提到：“当帝尧之时，鸿水滔天，浩浩怀山襄陵。”① 中国古代之所以孕育并沉淀出如此之多的灾难文化故事，并且流传到今天，与人类社会发展的整个过程中一直无法摆脱的各种灾难有着不可分割的联系。

西方文明同样如此，《圣经》以及《古兰经》中均记录了大洪水和诺亚方舟的故事。《圣经》中提到，耶和华见到大地之上充满败坏、强暴和不法的邪恶行为，就计划用洪水毁灭所有人。同时他又指示诺亚建造一艘方舟，带着妻儿，并携带一些牲畜与鸟类等动物登上方舟，躲避大洪水。大洪水持续高涨了 40 天，天下的高山都被淹没。40 天后，洪水开始退去，到第 150 天时，洪水才退尽。② 随着宗教的传播，诺亚方舟的故事流传很广。除此之外，人类学家的研究同样表明，在美索不达米亚、希腊、印度、玛雅等其他文明中，都有不同时间出现的洪水灭世传说。大洪水几乎成为各个民族的共同传说，透过这一有趣的历史文化现象不难发现，在人类早期发展阶段，虽然在地理空间上更多的是相对隔绝状态，但在灾难问题上却有着惊人的相似。对灾难问题的关注和回应构成了人类文明的重要组成部分。

---

① 新京报书评周刊. 人类文明史，很大程度就是一部灾难抗争史［EB/OL］.（2018－5－11）［2019－9－15］. http：//baijiahao. baidu. com/s? id＝1600143403744238120&wfr＝spider&for＝pc.

② 同是面对史前大洪水，东方和西方处理方式截然不同，佩服古人智慧［EB/OL］.（2019－04－03）［2020－03－14］. https：//mini. eastday. com/a/190403165036593. html.

与早期的灾难神话故事相对应，人类社会还出现过许多与大灾难甚至世界末日有关的预言。林林总总，各类公开传播的预言超过百种①。虽然它们基本上都已经被证实为传言，但每当历史的时针即将指向预言中的时刻，地球上总有一定数量的人对预言抱有恐惧之心，担心预言会成为真实的事件。在众多预言中，玛雅预言的知名度可能是最高的。作为一个古老、神秘且失落已久的文明，玛雅文明的崛起与衰亡都充满了神秘色彩，令全世界的科学家都为之着迷。民间流传玛雅文明有五大预言，并且前四个均正确，但是第五个预言却失败了。据传它的第五个预言宣称，2012年要迎来世界末日，地球将在2012年12月21日发生重大灾难，或出现“连续的三天黑夜”等异象。如今，2012年早已成为历史，人类社会在2012年也未发生大的灾难。虽然历史早已给出答案，但在当年，“末日论”却在全球引发了广泛的讨论，艺术家们根据末日论预言创作的灾难电影《2012》，讲述了全球毁灭的故事，也曾创造了当时的票房纪录。

事实上，随着预言中的末日时刻的临近，不少国家都对预言可能引发的社会性危机发出了警告，并且采取了行动。例如，法国政府在2011年时就已对邪教借“末日说”制造危机、蛊惑人心的行为发出了正式警告。2012年12月，随着12月21日“世界末日”的临近，阿根廷科多瓦省政府宣布关闭乌里多尔科山，以避免出现与“世界末日”有关的大规模自杀事件。当年，各种与末日预言有关的讨论或新闻充斥于坊间和各类大众媒体中。

可见，灾难文化已经深深地印刻在了人类历史文明当中，即使科技发展进步到今天的程度，人类也无法逃脱对灾难的恐惧。甚至由于部分科技进步已经超越多数人的认知范围以及掌控能力，如核能、克隆技术、人工智能等，社会学家和部分精英群体已经开始对人类社会未来可能要面对的重大风险频频发声，并且开始采取预防性行动②。

---

① 法国跨部委极端教派监管委员会“警惕和取缔邪教活动任务团”（MIVILUDES）指出，自从罗马帝国灭亡以来，出现过183次有关地球灭亡的预测，而且由于新技术的出现和全球性的恐惧情绪，此类预言还在持续增加。

② 著名社会学家乌尔里希·贝克提出“风险社会”的概念，以警示人类科技发展可能带来的“反噬”效应。针对未来风险，亚马逊、脸书、谷歌、微软、IBM等科技巨头联合成立了一个关于人工智能的非营利组织，目的是促进公众对人工智能技术的理解，并组织人们更好地应对人工智能带来的挑战。

二、毁灭与发展

毁灭是对于已存在事物的一种消亡方式。城市作为人类文明发展到一定阶段的产物，时刻面临着各种可能导致毁灭的威胁。导致城市毁灭的方式有多种，少数极端自然灾害可以造成城市整体消亡（表 1-1）。

表 1-1 历史上被自然灾害毁灭的城市[①]

国 家	时 期	被毁城市	现地点	可能致灾因素
中 国	北宋朝	古都汴京	河南开封	洪灾
	约公元 376 年	楼兰	新疆	风沙旱灾
	约公元 994 年	统万		
	14 世纪末	昌邑		
	17 世纪末	四州		
	1976 年	唐山	唐山	地震
约 旦	约公元前 3223 年	索多玛、蛾摩拉	死海东南方海底	陨石雨
叙利亚	拜占庭时期、罗马时期、希腊波斯时期、青铜时代	五座古城	阿勒颇（同一地点）	地震
意大利	公元 79 年	庞贝古城	维苏威火山东南脚下 10 千米	火山爆发
印 度	1897 年	高哈蒂	高哈蒂	地震
埃 及	6—7 世纪	希拉克莱奥	埃及的阿布基尔湾海底	地面塌陷
希 腊	约公元前 227 年	罗得	罗得	地震
牙买加	1692 年	罗亚尔港	罗亚尔港	地震
土耳其	约 4 世纪	阿芙罗耿蒂斯	阿芙罗耿蒂斯	地震
智 利	1835 年	康塞普西翁	康塞普西翁	地震

① 根据网络资料整理，并参考文献——汤爱平，陶夏新，谢礼立，等. 论城市灾害管理模型［J］. 自然灾害学报，1999，8（1）：92-97.

续 表

国 家	时 期	被毁城市	现地点	可能致灾因素
美 国	1900 年	加尔维斯顿	加尔维斯顿	飓风、洪水
	2005 年	新奥尔良	新奥尔良	飓风

在更多情况下，城市面对的是各种人为因素的破坏。其中，战争是毁灭城市的一种重要形式。作为世界历史上延续和保存最为完整的文明，中华文明从古至今的发展历程中曾经历了无数次战争，很多文明成果在战火中被毁灭。例如，学界至今还在研究的传说中的阿房宫，相传是由项羽当年下令烧毁的。虽然考古界还未找寻到阿房宫遗址的具体位置，延续千年的传说可能仅仅是一种虚无，但中国历史上的确存在过许多优秀的城市文明成果，在受到王朝更迭的战火侵袭以及外来入侵者大规模的破坏后，今天早已不复存在。

战争对城市的破坏作用是无比巨大的，它可以让经过成百上千年发展沉淀的文明成果在极短的时间内彻底消失。随着科技手段的进步，人类对已有城市文明的破坏能力也越来越大。例如，第二次世界大战中美国向日本广岛投掷了一颗原子弹，原子弹爆炸造成一半以上的建筑物被摧毁，上万人双目失明，数万人当场丧生。

如果说人类文明发展到今天，人们对和平与发展的认识已经上升到了更高层次，再加上联合国等为了推动世界和平与发展的国际组织的存在，那么战争的风险或威胁是否能变得很小？但事实可能让人感到沮丧。叙利亚就是一个显著的事例。叙利亚是一个有着几千年历史的西亚文明古国，其首都大马士革是世界著名古城，在阿拉伯古书中有着“人间天堂”的美誉。但是从 2011 年开始，叙利亚政府与反对派之间爆发了旷日持久的冲突，叙利亚民众在战火纷飞中流离失所，整个国家开始面临崩溃。到 2016 年，其北部重城，阿勒颇省的省会阿勒颇，原本是一座令世界各国游客流连忘返的城市，现已满目疮痍，很多极具价值的历史遗产变成了一堆瓦砾。与之类似的还有乌克兰东部重城顿涅茨克市。作为顿涅茨克州首府，顿涅茨克是乌克兰的重要工业和经济中心，距离基辅、莫斯科只有 1 000

千米，有自己的港口，其铁路、公路以及航空体系都很完善，并且设有很多军工企业。2014 年，包括顿涅茨克在内的乌克兰东部三个城市发生了抗议者占领政府事件，顿涅茨克州在 2014 年 4 月 7 日爆发民众集会，部分议员成立“顿涅茨克人民委员会”并宣布组建“顿涅茨克独立共和国”，要求独立。对此，乌克兰政府开始进行“反恐怖”运动，冲突不断升级，战火导致大量平民伤亡，数十万人流离失所。到 2015 年，顿涅茨克这一曾经工业发达、人民安居乐业的城市，已然成为一片废墟。

战争的毁灭性后果引发了人们的恐惧和排斥，由此也激发了大量战争防御体系的构建，本书要研究的城市公共安全风险防控体系，从现代意义的角度而言，正是从抵御战争威胁的城市民防（防范空中打击）发展而来的。本书将在后续介绍西方城市风险防控体系的部分进行详细阐述。

从适应自然和改造条件以求得更好生存环境的角度来看，人类无疑具有非常优异的能力。广岛作为一座曾被原子弹毁灭的城市，现今早已发展成一座非常现代化的城市，它将人类在灾难之后的恢复和发展能力体现得淋漓尽致。类似的案例还有我国的唐山市。可以预见的是，无论当前还是今后，人类面对的各种风险威胁和挑战不会消失。随着人类社会日益复杂化的发展，城市安全风险面临的挑战只会不断增多，与此同时，人类应对城市安全风险的手段及能力也会得到相应的发展和提升。城市安全风险防控体系将是城市文明发展的永恒话题。

第二节 孕育风险的时代背景

历史发展到今天，人类已经充分认识到城市面临的各种风险，并且也采取了各种措施，努力将风险消灭于萌芽中。但是，客观的风险就摆在面前，我们无法逃避，唯一能够做的就是更好地认清形势，把握事物的演化规律，做到提前预防，并将无法完全避免的风险所带来的损失降到最低。

总的来说，人类社会已经进入高风险阶段，随着社会发展演进的日益复杂化，整个系统的脆弱性也越发显现，风险挑战常态化和公共危机常态化逐渐成为当前和今后很长时期内安全问题的主要特征。为了有效阐释这一判断的理论基础，我们将引用几种当今被广为关注的理论进行综合分析，它们分别是全球化理论、风险社会理论、非传统安全理论、社会转型理论以及危机管理理论①。

一、全球化造成的不稳定因素扩散

作为一个从 20 世纪 80 年代中期开始流行的词汇，“全球化”迅速取代“国际化”“跨国化”和“一体化”等术语，被用来描述跨边界的人类互动网络不断强化的事实。全球化带来的是一种广泛、深入的变革，这一切发生在政治、经济、文化、科技、军事、教育等几乎人类活动的所有领域。全球化来势凶猛，它的起始阶段是用军事手段叩开一个个封闭的国门，随后逐渐又采用了经济这一强有力的手段，将全世界各个国家和地区紧密地联系到一起。便捷的交通、通信工具，自由的人员流动，发达的商业网络，使整个世界缩小为一个“地球村”。全球化正是提供了这样一个平台，每天各地发生的事情都能非常迅速地传向世界，其中包括各类危机的影响。用偶然性与必然性来解释：一个地方偶然会发生危机，但从世界范围看，每天必然发生危机。很多危机的危害是可以通过全球化进行传导的，如疯牛病、SARS、禽流感以及其他恶性传染疾病，只要在世界上的某一个角落暴发，就有可能通过全球化的传导，演变成为人类共同的风险。

全球化不仅可以推动风险和危机的流动，它与风险社会、非传统安全问题的形成以及社会转型实际上也是一个相辅相成的过程。首先，全球化促进了全球风险社会的形成，而全球风险社会的形成又反过来推动了不同国家政府间的合作以及民间合作，进一步从政治、经济、文化等多个层面加剧了全球化。② 全球化作为一个历史进程实际上与现代意义上的风险是

---

① 刘晓亮，孔凡河. 中国公共危机常态管理的多理论视角解析［J］. 东南学术，2010（1）：57－62.

② 童星，张海波. 中国转型期的社会风险及识别［M］. 南京：南京大学出版社，2007.

同步出现的，并且当其成为当代这个历史时期的主要时代特征时，风险也就成为同一时期的基本特征。[①] 其次，非传统安全问题在某种程度上就是全球化所导致的结果。非传统安全理论所包含的问题中，一部分与全球化无关，如环境污染可以通过水、空气等进行跨越国境的传播，这是自然原因造成的。但是很多其他重要的威胁，如金融安全、公共卫生安全以及恐怖袭击等都与人为的全球化过程有着不可分割的联系。从更深的层次考虑，由于全球化导致世界工厂林立，对资源进行掠夺，破坏了自然环境，最终威胁到人类安全，自然因素中也就存有了人类行动带来的影响，因而全球化的过程也为非传统安全理论的发展提供了动力。最后，社会转型也与全球化有很大关联。世界上已有很多国家都经历过社会转型，当今中国也正处于社会转型的关键时期。转型虽然是一个国家社会发展到某一阶段就会出现的过程，但今天中国的社会转型却与全球化有着不可分割的联系。经济方面，为了适应全球化的要求，中国努力发展市场经济，融入世界贸易自由化体系，与市场有关的各项改革到目前仍然在持续不断地进行着。政治方面，国际社会关注的民主、人权等问题也是中国最近几十年里非常关注的问题，各种基层民主制度的建立和完善就是这一努力的结果。生活方面，全球化推动了现代化，中国城市人口数量增加，随之而来的转型期问题也日益突出。中国的社会转型必然是适应全球化转型的结果，其过程必然会受到全球化带来的各种影响。

全球化推动了人类社会的进步，也为危机和风险要素在全球范围的传播提供了平台。同时，全球化的方向还不确定，全球化自身也带来很多危机，例如，世界多样文化逐渐消失，经济发展越来越被捆绑到一起，大国主导世界兴衰的趋势有所增强，甚至反全球化的力量也在有意识地制造各种矛盾冲突，进一步增加了不确定性风险，等等。可见，全球化是一把双刃剑，在可见的全球联系加强的背后还隐藏着无数不可预测的风险。

二、从风险社会到世界风险社会

风险问题一直存在，只是当社会发展到特定阶段，人们的认知能力达

---

① 杨雪冬. 风险社会与秩序重建［M］. 北京：社会科学文献出版社，2006.

到一定水平，才开始将这一伴随人类社会始终的问题提炼出来，并且结合当下社会发展情况给予解读。众所周知，“风险社会”的概念应该是随着贝克的《风险社会》一书的全球畅销而得到广泛推广的。自“风险社会”的概念问世以来，人们对这一问题的讨论一直都很激烈，许多学者在论述公共危机时，都很自然地将其与风险紧密联系在一起。事实上，大量对风险的讨论都是在讨论可能发生的危机，相应地，对风险社会的讨论主要是在讨论可能发生的公共危机。

关于风险的争论从 20 世纪 50 年代就已开始，它最早源于对与环境相关的风险事件的讨论，到目前大体经历了四个阶段①：第一阶段是 20 世纪 50 年代，人们开始意识到核能的使用过程存在着风险，此时的争论主体是专家，公众被排除在外；第二阶段是 20 世纪 60 年代，此时关注焦点仍然是核能问题，但已经有公众声音参与到争论中，同时全球环境问题也成为一个争论主题；第三阶段是 20 世纪 70 年代，这一时期核能问题成为标志性问题，伴随着一些全球性问题，如公共卫生、水和空气污染的争论，公众开始对风险产生焦虑，并且开始注意从心理学角度来研究风险问题；第四阶段是从 20 世纪 70 年代后期至今，这一时期展开了全方位的风险讨论，特别是 1986 年切尔诺贝利核电站事件之后，关于自然、社会体制、科学、技术、专家意见以及发展等的稳定性预判受到了挑战，由此引起的极端不确定性、焦虑、冲突、对抗性和差异第一次受到人们的反思。此后，风险讨论的主题不断扩展和深化，风险分析涉及社会学、政治学、文化理论等众多学科领域，学者、工业界、协会、国家和广泛的社会成员都参与到讨论中来。风险已经成为 20 世纪后期和 21 世纪公共话语中的核心范畴。

只有当现实中的冲突和舆论达到一定程度，关于一种现象的争论才会在文化、社会和政治领域获得广泛展开。支持风险社会理论的学者们对今天人类将要面对的可能灾难做了理论上的概括。贝克将风险分为三个亚类，其中人为大规模的“后工业时代”的风险是他所讨论的风险社会，这种风险将是大规模的、生态的、核能的、化学的和基因的风险。他认为，

---

① 薛晓源，周战超. 全球化与风险社会［M］. 北京：社会科学文献出版社，2005.

我们所面对的最令人不安的威胁是那种"人造风险"，它们来源于科学与技术的不受限制的推进。科学理应使世界的可预测性增强，但与此同时，科学已造成新的不确定性——其中许多具有全球性。对这些捉摸不定的因素，我们基本上无法用以往的经验来消除。① 与此同时，由于全球风险的"飞去来器效应"（The Boomerang Effect），即生产风险的人迟早会受到风险的报应，即使那些将危险工业转移到较低工资的第三世界国家的发达国家也不能例外，因为工业污染和破坏是不理会国家边界的。② 与此不同的是，阿赫特贝格认为在风险社会中，地震和飓风等前工业社会的风险以及职业事故、疾病等古典工业社会的风险仍将继续存在。③ 这就从人类和自然两方面说明了风险的全面性。而吉登斯则直接全面地将风险分为外部风险和人为风险，在强调人为风险时，他提出了著名的"现代性的自反性"（The Reflexivity of Modernity）④，并将"自反性现代化"解释为创造性地（自我）毁灭整整一个时代——工业社会时代——的可能性。这种创造性毁灭的"对象"不是西方现代化的革命，也不是西方现代化的危机，而是西方现代化的胜利成果。⑤

风险社会理论家们描述的种种风险画面都是与公共利益紧密相连的，这些风险的发生往往会形成很大的触及面。风险社会与公共危机紧密对应，风险社会是公共危机频现的时代背景，公共危机则是风险社会无法回避的现实表现。在风险社会中，公共危机的频繁发生几乎是不可避免的，因此，对于任何国家的政府而言，管理公共危机都将成为风险社会这一历史时期的日常性工作。⑥

---

① ［英］安东尼·吉登斯. 现代性的后果［M］. 田禾，译. 南京：译林出版社，2000.

② Ulrich Beck. Risk society：towards a new modernity［M］. London：Sage Publications，1992.

③ ［荷］沃特·阿赫特贝格，周战超. 民主、正义与风险社会：生态民主政治的形态与意义［J］. 马克思主义与现实，2003（3）：46－52.

④ Anthony Giddens. The consequences of modernity［M］. California：Stanford University Press，1990.

Anthony Giddens. Modernity and self-identity［M］. Cambridge：Polity Press，1991.

⑤ ［德］乌尔里希·贝克，［英］安东尼·吉登斯，［英］斯科特·拉什. 自反性现代化：现代社会秩序中的政治、传统与美学［M］. 赵文书，译. 北京：商务印书馆，2001.

⑥ 童星，张海波. 中国转型期的社会风险及识别［M］. 南京：南京大学出版社，2007.

既是出于对风险社会思考的进一步深入，同时也是对全球化背景下人类社会发展风险问题的再次警醒，贝克在发表《风险社会》（1986）一书之后相隔十三年再次发表了《世界风险社会》（1999）。在其新著中，贝克已将风险上升到地球政治的高度展开讨论。无论现实情景究竟是何走向，风险社会成为影响当今时代社会运行的重要内在理论已经是无可争辩的事实。

三、非传统安全的系统性威胁

非传统安全问题在中国引起广泛关注是从 21 世纪初才开始的，导致这一重大转变的事件主要有 2001 年的“9·11”恐怖袭击事件，以及 2003 年的“非典”疫情。事实上，除了这两次在国际社会引起广泛震撼的危机事件，世界上其他国家和地区还发生了很多不安全事件并引发了各种公共危机，这些都可以被归结为非传统安全问题来进行研究。

联合国作为世界上最大的政府间合作组织，较早就开始关注非传统安全威胁。早在 20 世纪 60 年代，联合国就提出要重视环境、粮食、人口、贫困等非传统安全问题；20 世纪 70 年代，联合国发表《人类环境宣言》，强调安全的相互依赖性，呼吁将保护环境与经济社会发展的目标结合起来；20 世纪 80 年代，在联合国的文献中开始出现“环境安全”与“经济安全”等概念；1987 年，世界环境与发展委员会提交《我们共同的未来》的报告，提出“可持续发展”的概念；联合国《1994 年人类发展报告》又提出“人的安全”的概念，并阐述了经济安全、粮食安全、健康安全、环境安全、人身安全、共同体安全和政治安全等七大安全问题。除此之外，学术界也同样对此投入了关注，20 世纪 70 年代初，罗马俱乐部发表《增长的极限》，对人类面临的各种困境做了详细的描述。1972 年，来自 58 个国家的 152 位专家共同发表了《只有一个地球》，指出人类正在走上一条生态环境破坏、自然资源枯竭、人口增长、食物缺少的自我毁灭之路。① 非传统安全问题的突出，引起了学术、政治、经济等领域的广泛关

① 余潇枫. 非传统安全与公共危机治理［M］. 杭州：浙江大学出版社，2007.

注。此时，风险社会理论也在西方吸引了众多的关注，由此带来国际社会对人类未来的思考，并出现了一系列的努力措施，如曾经由世界156个国家和地区签署的《〈联合国气候变化框架公约〉京都议定书》，就是在保护环境方面取得的成果。

可以说，非传统安全问题与风险社会是融为一体的。目前，学术界仍然没有一个公认的对非传统安全的定义，西方学者也常常会用非常规安全（Unconventional Security）、非传统威胁（Nontraditional Threats）、非传统问题（Nontraditional Issues）和新安全（New Security）等几种短语来指称非传统安全。通过对目前各类非传统安全研究的汇总我们可以发现，非传统安全问题几乎涵盖了除军事武力安全之外的所有领域，包括自然灾害、经济、文化、社会、生态环境等众多领域，其中环境问题就与贝克的风险社会理论关注的工业造成的环境污染完全重合。此外，非传统安全关注的领域实质上也被划分为自然和人为两大类，这与吉登斯对风险社会的划分也完全一致。可见，非传统安全理论与风险社会理论就像一对孪生姐妹，后者基于社会学角度，前者则糅合了更多的学科，它们将关注的重点共同指向了当今世界广泛面临着的各种公共危机。只有非常突出的问题才会引起广泛关注，而能够吸引当今国际两大理论体系的共同关注，这充分说明了公共危机已经成为全球的时代性问题。同时，不同理论体系下不断涌现的大量个案研究也为公共危机常态化及公共危机管理的常态化做了最生动的注解。

四、社会转型的直接挑战

中国的改革开放实践引发了国内的社会转型。在思想和理论上，自1992年开始，转型概念逐渐开始在中国流行起来，在当时一个相对较长的时间里，凡是与社会实际联系较为紧密的研究都会冠以一个“转型背景下”的帽子。社会转型之所以获得如此重要的地位，主要是因为它为中国社会带来的是一场深刻的变革。对社会转型主要有三种理解：社会体制在较短时间内的急剧转变；社会结构的重大转变；社会发展的阶段性转变。[①]

---

① 宋林飞. 中国社会转型的趋势、代价及其度量［J］. 江苏社会科学，2002（6）：30－36.

这些理解中，都将经济作为一项基础因素，从经济基础扩展到社会体制和社会结构，其中一些明显的因素还包括社会分层结构的变化、人口城乡变化、文化层次结构变动以至意识形态多元化等。中国人口众多，社会结构复杂，在一个集中的时间段内同时出现如此多的重要转变，其难度之大和风险之高都是所有国家以往未曾遇到过的。

转型期对中国是巨大的考验，因为长期积蓄的矛盾、危机都可能在这一时期随时找到突破点而爆发出来；有的已经爆发出来并演变为灾难，阻断了社会的演进和转变过程。对此，有学者对中国社会转型过程中将面临的重大风险进行了罗列[①]，包括政府与市场化倾向的问题、政府与社会发展方向及速度的问题、金融体制与国有企业改革问题、突发经济危机的问题、失业问题、贫富分化问题等。不可否认，上述问题的确都是我国当前面临的重大挑战，它们中有的直接表现为公共危机，有的则是公共危机的间接触发因素；有的还没有转化为公共危机，但已经在某种程度上转化成一种可能被引燃的风险问题。部分问题还没有导致公共危机出现，但并不代表其不存在；很多问题都还处于酝酿期，没有达到一个临界点。当上述问题真正爆发，可能就会是在很大范围内发生的公共危机事件。

转型问题说到底是一个发展的问题。在社会转型这一特定时期，社会保障体系将成为协调国家和社会之间关系、精英和民众之间关系的重要手段。[②] 但我国由于起步基础条件的限制，从经济能力上还达不到相应的高度，从运作体制和机制上仍然处在改革过程中，并且改革也不是一帆风顺地进行，从思想上也仍存在一些保守因素，单纯依靠政府努力很难短时间形成一套良好的社会保障协调体系。此外，中国在 2008 年之前的较长一段时间内，一直保持着经济较高水平的增长。发展经济的确保证了中国人口的生存需要，但经济发展也带来了严重的后果，如水、空气、食物污

① 孙立平. 转型与断裂：改革以来中国社会结构的变迁［M］. 北京：清华大学出版社，2004.

② 童星，张海波. 中国转型期的社会风险及识别［M］. 南京：南京大学出版社，2007.

染，土地荒漠化以及生态恶化等。2008 年美国次贷危机引发了全球性金融危机，在经济全球化的背景下，中国经济也不可避免地被牵连进去。受此影响，中国经济结束了长期高速增长的阶段，步入下行压力区，过去长期保持的经济粗放型发展所隐藏的系列复杂问题也随之浮出水面，各种社会问题集中爆发，引发了一轮较为显著的社会风险。这些风险一直持续到今天仍在发酵，并且在不同的领域制造出各种新的问题。

当前，世界经济形势依旧严峻，全球经济格局正在经历新一轮的调整。中国的社会转型虽然在公开的研究中不再被显示在题目中，但供给侧结构性改革、聚焦发展高新技术等深层次的改革还在向纵深方向推进，转型进入深水期是当前和今后一段时期中国社会发展的真实写照。随着时间的推移，今后将要面对的转型内容更加艰巨，风险也随之提升。中共中央已在 2019 年 1 月的省部级主要领导干部坚持底线思维着力防范化解重大风险专题研讨班开班式上，将防范化解重大风险确立为当前需要摆在重要位置的一项工作，由此可见中国目前要面对的复杂风险环境。

五、危机管理理论与实践的常态化发展

风险和危机是一种自然或社会现象，人类社会的发展从未缺乏各类风险和危机的相伴。随着与危机抗争的经验的积累，危机管理的理论体系逐渐成形。理论的发展总是伴随着实践的需要而推进，反过来进行推导，从理论的发展我们就可以粗略还原出实践的状况。

首先，对危机的定义可以体现出危机管理常态化的趋势。在对危机的认识上，早期研究主要强调危机的突发性和紧迫性。但是慢慢地人们发现，很多危机具有复杂的症状，会有一个成长变化的周期，事实上，很多危机缺乏万能的或者快速的解决办法，危机同时具有特殊性和普遍性的特征。① 到了风险社会理论提出后，人们开始认识到危机与风险的孪生关系，风险是持续和常态的，危机也具有同样的特性。因而危机管理就从单纯的危机决策理论逐渐演变为危机预防理论，现在已经发展为全面危机管

① 高恩新，余朝阳. 试论危机管理的常态化趋势［J］. 云南行政学院学报，2008（1）：114－117.

理理论。[①]

其次，危机管理的主要理论显示出危机管理常态化的趋势。从管理的视角来看，目前危机管理理论主要有系统理论、“正常”事故理论、风险自动平衡理论、照常运作理论、风险矩阵理论、文化理论、解决结构不良理论、分解等级过程理论和灾难状况下决策理论等。[②] 这些理论从涉及点的即时决策，至涵盖面的等级与结构分析，到全面系统的立体管理，其中多数包含了系统、全面、常态的管理思想。从单纯的技术应对手段到系统、全面、周期性的管理，反映了人们对危机管理认识的深化和常态管理的思想观念更新。

最后，危机管理的应用领域显示出危机管理的宽泛化和常态化。在危机管理还未被认识的时代，人类已经非常自觉地在进行着最原始的危机管理实践。原始时代，人类最早是在与自然搏斗求生存中逐渐摸索形成一些危机管理的经验，钻木取火等原始手段都可以算作人类危机管理的成功结晶。进入阶级社会后，政治领域的危机管理充满了斗争和妥协。有了商业活动之后，经济领域中率先明确提出了通过危机管理确保商业利益的思想，而且这个领域也是最自由和活跃的，以至于很多著名的危机管理理论和思想都是从经济领域产生，随后被转用到其他领域。发展到今天，军事、政治、社会、自然等所有领域都在有意识地学习和研究危机管理，危机管理几乎成为跨学科最多、应用最广泛的理论。危机研究是在全球化与风险社会两大理论武装下东山再起的[③]，危机管理研究与全球范围的风险增加有着必然联系，而风险社会下的危机多数是影响范围广的公共危机。因此，危机管理研究受到当今社会的广泛关注，与其要解决风险社会、非传统安全、社会转型以及全球化所带来的各种公共危机有着不可分割的联系。

---

① 高恩新. 从非常态管理到常态管理——西方危机管理理论综述［M］//李瑞昌. 危机、安全与公共治理. 上海：上海人民出版社，2007.

② 竺乾威. 危机管理理论简述［M］//李瑞昌. 危机、安全与公共治理. 上海：上海人民出版社，2007.

③ 童星，张海波. 中国转型期的社会风险及识别［M］. 南京：南京大学出版社，2007.

透过多重理论分析我们可以发现，当今城市无法逃脱上述任何一个理论的影响覆盖范围，甚至理论中涉及的大量现实问题的主要发生场域，都与城市有着空间上不可分割的联系。可以说，城市已经成为各类安全风险的主要生成和爆发地，安全风险治理已成为城市治理的一项重要内容。

第三节 城市的安全风险挑战

城市面临的安全风险挑战是现实且多元的。随着城市化规模的不断扩展，城市在空间体量和人口数量上的膨胀，必然使得其触及的安全风险呈现出几何级数的增长。

一、城市扩张与风险加剧

无论是何种安全挑战，最终只有对人构成负面影响才会被视为安全威胁。伴随着全球人口由农村向城市的迁移，承灾主体也越来越多地转移到城市空间以及城市人口中，从而构成城市安全风险持续上涨的基础性动因。

根据联合国《2007 年世界人口状况报告》①，20 世纪世界城市人口增长非常迅速，从 2.2 亿增长到了 28 亿，而发展中国家的城市规模在进入 21 世纪之后的数十年里更将会出现前所未有的增长，尤其是在非洲和亚洲，城市人口将在 2000—2030 年翻一番。到 2030 年，发展中国家的城市和城镇人口将占世界城市人口的 81%。2008 年更是人类文明发展史上具有划时代意义的年份，有史以来第一次，世界一半以上的人口，即 33 亿人进入城市地区生活。到 2030 年，这一数字将有望达到 50 亿。随着城市人口数量的激增，城市安全风险不可避免地同步攀升。在过去的 20 年中，自然灾害越发频繁和严重，影响了若干大型城市。根据《日本经济新闻》的报道，联合国国际减灾战略（United Nations International Strategy for

① 2007 年世界人口状况报告［EB/OL］.［2019-9-25］. https://www.un.org/chinese/esa/swp/2007/.

Disaster Reduction，UNISDR）2018 年 10 月 10 日发布的数据显示，最近 20 年（1998—2017 年）自然灾害给全球造成的经济损失比上一个 20 年增加 2.2 倍，这 20 年里全球发生重大自然灾害 7 255 件，其中 91%为气象灾害，特别是洪水和暴风是频繁发生的两大灾害，这些灾害共造成 130 万人死亡，44 亿人受伤。① 瑞士再保险公司 Sigma 报告显示，最近几年全球灾害事件造成的经济损失总额均达到甚至远超千亿美元，其中亚洲持续成为损失最大的地区，而这与其人口高度密集具有不可分割的重要联系。

中国的城镇化率曾经长期在低水平徘徊，如图 1－1 所示。1949 年，中国的城镇化率仅有 10.64%，1960—1980 年的 21 年间一直非常接近但低于 20%。后来，在改革开放的政策激励和市场机制等多重作用力的共同努力下，城镇化发展步入快车道。2011 年，中国城镇人口数首次超过农村，越过 50%的分界线。而根据国家统计局的《中华人民共和国 2018 年国民经济和社会发展统计公报》，截至 2018 年年末，中国总人口已经达到 139 538 万人②，比 2017 年年末增加 530 万人。其中城镇常住人口为 83 137 万人，比

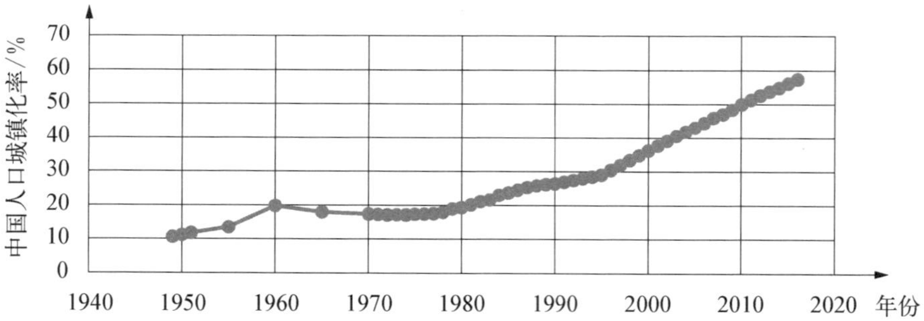

图 1－1　1949—2018 中国人口城镇化率③

① 联合国报告：过去 20 年自然灾害共造成约 2.9 万亿美元经济损失［EB/OL］.（2018－10－11）［2019－9－25］. http：//news. xmnn. cn/xmnn/2018/10/11/100438389. shtml.

② 包括 31 个省、自治区、直辖市和中国人民解放军现役军人，但不包括香港、澳门特别行政区和台湾地区以及海外华侨人数。

③ 1981 年及以前数据为户籍统计数。1982、1990、2000、2010 年数据为当年人口普查数据推算数。其余年份数据为年度人口抽样调查推算数据。总人口中包括现役军人，计入城镇人口。

2017 年年末增加 1 790 万人，城镇人口占总人口比重（城镇化率）为 59.58%，比 2017 年年末提高 1.06 个百分点[①]。

在中国，因城市化发展带来安全风险加剧的问题尤为突出。以城市水灾为例[②]，近年来，城市频频遭遇一下雨就“看海”的窘境，每逢暴雨，城市就一片“汪洋”，这似乎已经成为一个难以打破的怪圈。2011 年，国家住房和城乡建设部对全国 351 座城市进行了调研，结果表明，在 2008—2010 年，62%的城市都曾发生过内涝，发生 3 次以上内涝的城市达到了 137 座。内涝灾害最大积水深度超过 50 厘米的城市占 74.6%，积水深度超过 15 厘米的超过 90%。积水时间超过半小时的城市占 78.9%，其中有 57 个城市的最大积水时间超过 12 小时。北京、上海、广州、重庆、南京、杭州、武汉、西安等城市都因此遭受过严重损失。根据国家防汛抗旱总指挥部办公室的统计数据，2013—2015 年，全国平均每年有 180 座城市遭遇水淹，其中 2015 年更是高达 360 座。从媒体公开报道的数据来看，近年城市“看海”现象呈现出从沿海城市向内陆城市扩散、从南方城市向北方城市蔓延的趋势。除了东南沿海地区，南京、太原、保定、邢台、邯郸、西安等城市受到的内涝威胁也开始加剧，多数城市已从“几年一涝”变成“一年数涝”，原来的罕遇灾害如今变成常遇灾害。

伴随着工业化进程的加速，中国城镇化建设取得了巨大成就，城市数量和规模都有了明显增长。为适应城镇化发展等新形势的要求，2014 年国家对城市规模划分标准进行了调整，新的划分标准为以城区常住人口为统计口径，将城市划分为五类七档。城区常住人口 50 万以下的城市为小城市，其中 20 万以上 50 万以下的城市为Ⅰ型小城市，20 万以下的城市为Ⅱ型小城市；城区常住人口 50 万以上 100 万以下的城市为中等城市；城区常住人口 100 万以上 500 万以下的城市为大城市，其中 300 万以上 500 万以下的城市为Ⅰ型大城市，100 万以上 300 万以下的城市为Ⅱ型大城市；

---

① 刘红霞，陈炜伟. 我国大陆 2018 年年末总人口接近 14 亿［EB/OL］.（2019－1－21）［2019－9－25］. http：//www. gov. cn/xinwen/2019－01/21/content_ 5359797. htm.

② 全国 360 个城市逢雨必涝现象 专家：因地面不透水［EB/OL］.（2015－8－17）［2019－9－25］. http：//news. youth. cn/gn/201508/t20150817_ 7013625. htm.

城区常住人口500万以上1 000万以下的城市为特大城市；城区常住人口1 000万以上的城市为超大城市。① 目前，在中国的600多座城市中，已有重庆、上海、北京、成都、天津、广州、深圳、南阳、临沂、石家庄、哈尔滨、苏州、保定、西安、郑州、杭州等16个人口过千万的超大城市。②

与超大城市不断增多相伴随的是高层建筑的不断涌现。③ 根据公安部数据，全国现有高层建筑34.7万幢，百米以上超高层6 000余幢，数量均居世界第一。其中，重庆有1.9万幢，北京有2万多幢，上海达到3万幢。④ 世界高层建筑与都市人居学会发布的《2018年高层建筑回顾报告》显示，中国建成了世界上数量最多、高度最高的摩天大楼。2018年，中国各地共建成88座200米以上的摩天大楼，占全球总数的61.5%。随着528米北京中信大厦的完工，中国连续四年成为拥有当年建成最高建筑的国家。并且，中国在过去十年全球高层建筑的建设中一直保持着高速增长态势。到2018年年底，全球200米及以上的高层建筑总数达1 478座，相较于2010年的614座增长了141%。而这一数据很大一部分是由中国贡献的，在全球目前所有建成的200米以上高层建筑中，中国拥有678座。2016—2018年中国建成的200米以上高层建筑分别达到86、80、88座。⑤ 高层建筑体量庞大、功能复杂、人员密集、危险源多、火灾荷载大，给火灾防控带来严峻挑战。近十年全国共发生高层建筑火灾3.1万起，死亡

---

① 国务院关于调整城市规模划分标准的通知［EB/OL］.（2014-11-20）［2019-9-25］. http://www.gov.cn/zhengce/content/2014-11/20/content_9225.htm.

② 宪瑞. 中国又一个城市突破1 000万人口：阿里巴巴老家杭州［EB/OL］.（2019-7-13）［2019-9-25］. http://news.mydrivers.com/1/636/636051.htm.

③ 在美国，24.6米或7层以上的建筑被视为高层建筑；在日本，31米或8层及以上的建筑被视为高层建筑；在英国，等于或大于24.3米的建筑被视为高层建筑。中国《高层建筑混凝土结构技术规程》（JGJ3—2010）1.0.2条规定，10层及10层以上或房屋高度大于28米的住宅建筑以及房屋高度大于24米的其他高层民用建筑混凝土结构为高层建筑。

④ 李豪. 公安部：近十年全国共发生高层建筑火灾3.1万起［EB/OL］.（2017-7-10）［2019-9-25］. https://www.chinacourt.org/article/detail/2017/07/id/2917785.shtml.

⑤ 汤子帅. 中国今年建成88座摩天大楼 数量、高度均全球第一［EB/OL］.（2018-12-21）［2019-9-26］. http://www.bjnews.com.cn/graphic/2018/12/21/532497.html.

474人，直接财产损失15.6亿元。其中，特别重大火灾3起、重大火灾4起、较大火灾24起，2010年“11·15”上海静安区高层住宅大火就是较为典型的严重火灾。

事实上，水灾和高层火灾仅仅是城市众多安全威胁中的一个微小组成部分，在城市化的发展过程中，由于空间的铺开以及财富的累积，即使在灾害总量不增加的情况下，城市的灾害损失也将面临逐步抬升的局面。此外，除了各类自然因素灾害对城市造成的威胁，由人所构成的复杂社会运行体系在城市空间扩张的过程中，更是催生了大量不稳定因素，为城市公共安全埋下了更多风险隐患。

二、城市安全风险的分类

对城市安全风险的划分，各国因国情以及政府治理体系的不同而有所差异。有些安全风险对某些国家或地区而言并不存在，在其分类体系中自然会被排除。我国疆域辽阔，面临的自然灾害种类繁多，人口数量居世界首位，复杂的社会运行体系内产生的各种安全风险更加数不胜数，对安全风险进行梳理和分类，有助于更好地对各类风险开展防范和管理工作。

1. 国家层面的分类

根据国家早期应急管理体系[①]，我国将各类突发公共事件分为自然灾害、事故灾难、公共卫生事件和社会安全事件四大类[②]，如表1－2所示。公共危机管理既强调突发事件的应急管理，也更重视针对各类突发事件的事前监测、预警和预防准备工作，即公共安全的风险管理。因此，从上述四大类出发，也演化出了早期全国最基础的安全风险分类标准。

---

① 国家早期应急管理体系是指2003年“非典”疫情之后逐步建立的一套以国务院应急管理办公室（以下简称“应急办”）（2006年正式设置）为核心的国家应急管理运行体系。该体系在2018年中华人民共和国应急管理部（以下简称“应急管理部”）建立之后，其管理运行体系发生了重大转变。

② 2006年1月国务院颁布的《国家突发公共事件总体应急预案》规定，根据突发公共事件的发生过程、性质和机理，突发公共事件主要分为自然灾害、事故灾难、公共卫生事件、社会安全事件四大类。

表 1-2 突发公共事件分类

类 型	事件内容
自然灾害	水旱灾害，台风、冰雹、暴雪、高温、沙尘暴等气象灾害，地震、山体崩塌、滑坡、泥石流等地质灾害，森林火灾和重大生物灾害等
事故灾难	民航、铁路、公路、水运、轨道交通等重大交通运输事故，工矿企业、建筑工程、公共场所及机关、企事业单位发生的各类重大安全事故，造成重大影响和损失的供水、供电、供油和供气等城市生命线事故以及通信、信息网络、特种设备等安全事故，核辐射事故，重大环境污染和生态破坏事故等
公共卫生事件	突然发生，造成或可能造成社会公共健康严重损害的重大传染病疫情、群体性不明原因疾病、重大食物和职业中毒，重大动物疫情，以及其他严重影响公众健康的事件等
社会安全事件	重大刑事案件、涉外突发事件、恐怖袭击事件以及规模较大的群体性突发事件等

从表 1-2 的突发公共事件内容可以看出，四类事件中的绝大多数都可以在城市空间找到踪迹。

事实上，上述四大类划分的表述尚有不足，即存在一些风险未被纳入上述内容的问题。现实中遇到的最主要的风险是资源、能源和生活必需品严重短缺，金融信用危机，以及其他严重经济失常、经济动荡等涉及经济安全的突发事件。随着经济社会的快速发展，城市往往在区域经济中处于中心地位，特别是上海、纽约、伦敦等国际性大都市，更是扮演着全球性金融中枢的角色。全球性金融危机也往往是在这些中心城市发生，涟漪效应[①]般向全球扩散。2017 年，美国雷曼兄弟和美林两家华尔街上的巨无霸公司崩盘，次贷危机爆发，引发美国股市大地震，迅速波及全球市场，大量机构破产、公司倒闭，引发失业潮，城市经济高速发展的光环迅速暗淡。像这类危机，在国家原有的四大类划分中并不明确，将其归入社会安全事件又并非完全符合，因而也有民间观点认为应该在公共危机分类中增加经济安全事件大类。随着国家应急管理部的建立，国家机构进行重大调

① 涟漪效应是指一个事物造成的影响渐渐扩散的现象，类似物体掉到水面上，所产生的涟漪渐渐扩大的情形。

整改组，由国务院下设应急办负责协调全国的应急管理模式发生改变，对公共危机事件类型的划分也随之不同。①

在应急管理体系之外，我国还有一套国家安全管理体系的分类。2014年4月15日，习近平在主持召开中央国家安全委员会第一次会议时提出，坚持总体国家安全观，走出一条中国特色国家安全道路。总体国家安全观是包括政治安全、国土安全、军事安全、经济安全、文化安全、社会安全、科技安全、信息安全、生态安全、资源安全、核安全等11种安全于一体的国家安全体系。② 这是一种从国家治理的更高站位角度对安全风险问题进行的分类。在党的十九大报告中，有55次提到“安全”，其中18处为“国家安全”，因此，总体国家安全观的分类体系是当前符合中国实践的重要指导性理论体系，它在各领域的安全风险管理中都将发挥重要引领性作用，也必然作为指导城市安全风险管理的重要指针，对城市政府的安全风险管理工作发挥实质性的影响。

2. 地方与民间研究

在民间的学术研究和具体实践中，对城市安全风险的分类也有不同认识。金磊较早地对城市灾害进行过全景描述，他认为城市就如同一个巨大的承灾体，几乎所有灾害都集中在城市层面③。他结合大量城市灾害实例，将城市灾害源归纳为地震灾害、洪灾、气象灾害、火灾与爆炸、地质灾害、公害致灾、“建设性”破坏致灾、高新技术事故、噪声灾害、室内“综合病”、古建筑防灾、城市疾病及流行病灾、交通事故、工程质量致灾等共计14类。④ 可以看出，该分类主要关注了基于自然科学的自然灾害以及理工类风险，而对于城市运行中由人所构成的人文社科类的安全风险则

① 应急管理部整合了自然灾害和事故灾难两类事件的应急的相关部门职能，对于公共卫生事件和社会安全事件的应急职能未纳入其中。中国应急管理研究领域资深专家薛澜表示，将来的应急管理部职能会更偏重自然灾害和生产事故应对。

② 中央国家安全委员会第一次会议召开 习近平发表重要讲话［EB/OL］.（2014-4-15）［2019-9-26］. http：//www. gov. cn/xinwen/2014-04/15/content_ 2659641. htm.

③ 金磊将灾害定义为，由于某种不可控制或未能预料的破坏性因素的作用，使人类赖以生存的环境发生突发性或累积性破坏或恶化，引起人群伤亡和社会财富灭失的现象和过程。

④ 金磊. 中国城市安全警告［M］. 北京：中国城市出版社，2004.

基本未曾触及。

作为典型的城市安全风险管理实践的经验总结，曾任上海市减灾领导小组副组长、市减灾办公室常务副主任、市民防办公室主任的于根生，从统计学的角度对上海的常见灾害进行了梳理，其中自然灾害包括台风、暴雨、风暴潮、龙卷风、赤潮、浓雾、高温、雷击、地质、地震；人为灾害包括道路交通事故、火灾、化学事故、生命线工程事故（供水、供气、供电、通信）。①

随着时代的变迁，各种环境条件均在发生着缓慢的变化。一定时期之后，原本存在的某些安全风险类别逐渐消失或降低到不足以构成显著威胁的程度，而有些新的风险又逐渐上升成为需要关注的重要问题。2019 年 4 月 17 日，上海市人民政府印发《上海市气象灾害预警信号发布与传播规定》，调整了预警信号种类、分级、标准以及防御指南。新规于 2019 年 6 月 1 日起实施，这是上海气象灾害预警信号自 2007 年以来的首次调整。这次调整充分结合了数据统计和预报经验，新版气象灾害预警信号分为台风、暴雨、暴雪、寒潮、大风、低温、霜冻、高温、雷电、冰雹、大雾、霾和道路结冰 13 类。其中新增了“低温”预警信号，这是因为近年来频发的极端低温对上海市民生活造成了较大影响。② 而自上海实施气象灾害预警信号以来，没有发生过“干旱”“沙尘暴”等相关灾害，所以相关预警信号此次被剔除。由此可见，在地方治理实践中，每个城市基于实际安全问题的不同，出于解决问题的适用角度也会对城市安全风险进行不同的分类。

此外，也有民间研究从一般意义上对城市安全风险进行了更多细致类别的划分，例如，从法律、社会心理、政治、经济金融、文化、恐怖主义、网络信息、人才、环境、能源、大型国际活动、国际安全合作等角度对城市安全风险进行了分类研究。③

无论是国家层面的整体框划，还是地方层面的分类治理，或是学术研

① 于根生. 21 世纪上海城市安全思考［M］. 上海：学林出版社，2002.

② 上海市调整气象灾害预警信号发布标准 新增低温预警信号［EB/OL］.（2019－4－29）［2019－9－26］. http：//sh. people. com. cn/n2/2019/0429/c134768－32892093. html.

③ 沈国明. 城市安全学［M］. 上海：华东师范大学出版社，2008.

究的领域探索，反映的都是一定阶段凸显的主要安全风险，以及特定时期政府治理的实现路径。城市安全风险分类是一个相对稳定但又需要动态变动的体系，随着社会的发展演进以及技术的不断创新，一些新的风险逐渐上升成为城市的主要风险，例如，老龄化加剧带来的人口结构性风险，技术进步导致的涟漪负效应，包括技术鸿沟、人工智能抢占人的就业机会等所造成的新的社会不稳定性风险。因此，相对而言，传统自然灾害一直存在并在城市风险中长久保持了细分类别的相对稳定，人为因素有关的城市安全风险却一直在缓慢地发生着改变，特别是复杂的城市社会系统运行过程中孕育的各种安全风险，逐渐成为新时代城市安全治理需要重点关注的对象。

三、城市安全风险的特征

城市已成为当今人类社会最主要的生活空间以及庇护场所。要维持一座城市的稳定，使之有序运行，就要探究其内在规律，把握城市的运行轨迹。从风险管理的角度分析，城市安全风险呈现出以下主要特征。

1. 多元性

城市安全风险的多元性特征体现在致灾多元和承灾多元两个方面。致灾多元是指引发城市安全风险的因素多元。由于城市遍布地球的各个角落，已知的各种自然灾害几乎都能给城市带来灾害性影响。而与各种人为因素相关的安全风险，也因为城市人口的高度聚集以及人口结构多元化的特质，成为城市安全风险多元化的重要基础。恐怖袭击、疾病疫情、各类生产安全事故、群体性抗争、文化冲突、阶层对抗、技术风险等诸多安全风险因素，为城市带来了多元化的安全风险威胁。

承灾多元指的是城市空间的大量人口以及财富使得承灾对象多元。城市的扩张包含了人口数量的增长以及城市空间体量的扩大。公共安全除了指人身安全，还包括与人的生活、生产紧密相关的财产安全。城市空间中包括商业楼宇、普通住宅、公共道路、桥梁、车站、码头等人以外的所有物化形态都是安全风险的承灾对象，甚至很多重要的非物质文化遗产也被包含在内。这些承灾对象受到破坏，也会造成相关个人或群体的利益受损。因此，随着城市的不断发展，安全风险多元化的程度也在不断加深。

2. 基础性

城市安全风险是城市不可分割的基础组成部分。因为人类社会无法从根本上彻底摆脱各种安全风险，只要有人的交往活动，就必然会带来各种问题。要维持成百上千万人口的正常生活，城市每时每刻都在不停地运转，其间存在的各种突发的不可控因素会导致安全问题的发生。首先，城市生命线工程，即水、电、气、交通等的稳定运行对城市而言都是一个个巨大的挑战。高温对城市用电的要求、暴雨对城市排涝的考验、早晚高峰期对道路交通的挑战，这些都是城市治理者不可回避的风险点。不仅如此，还有很多安全风险一直都是城市安全治理中的“牛皮癣”，比如火灾，根据 2017 年的数据，全国每天平均有 879 起火灾，其中绝大多数都发生在城市当中。

城市安全风险的基础性强调了安全隐患与城市运行不可分割的联系。客观而言，虽然无法从根本上摆脱城市安全风险，但进行城市安全风险管理，就要从风险存在以及发生的基础性规律的视角出发，认识到城市生产、生活等相关领域安全风险可能隐藏和发生的角落与环节，尽最大努力做到监测预警和提前预防，努力将风险发生的概率或负面影响降至最低。

3. 特殊性

特殊性亦可被视为独特性或差异性。每一座城市都有其独特的历史文化以及风土人情，它们会对城市风险的孕育和应对造成一定的影响。例如，地处沿海的城市可能会面临海啸的威胁，处于山岭地带的城市则会面对泥石流、山体滑坡等风险的威胁，而我国东南沿海一带每年夏季都会频繁面临台风的威胁。这些都是自然条件导致的城市安全风险的差异性。

此外，文化传统与观念认识也会导致城市安全风险的特殊性。例如，1988 年上海暴发甲型病毒性肝炎（以下简称“甲肝”）疫情，短短一个月的时间里有约 30 万人感染甲肝，专家认为，上海居民习惯生食已被甲肝病毒污染的毛蚶是造成本次甲肝疫情的主要因素。① 2008 年年初，我国南方大部分地区遭遇罕见雨雪冻雨灾害，造成大面积的严重损失。导致这

① 1988 上海甲肝大爆发　一个月病倒 30 万［EB/OL］.（2014－1－16）［2019－9－26］. http：//history. eastday. com/h/20140116/u1a7888858. html.

一结果的原因除了极端天气以外，也跟我国南方城市没有应对此类情况的经验，城市基础设施建设和配置不到位，居民居家应对准备不足等因素有关。我国北方城市在面对此类灾害时，一般不会产生如此严重的后果。因此，城市安全风险具有差异性，要充分结合城市所处的特殊地理人文环境，结合历史与现实条件，对城市可能面对的主要安全风险进行科学细致的研究，做到有的放矢、精准预防。

4. 复杂性

城市安全风险的复杂性首先指向其形成过程，很多风险的出现是基于多重复杂的关系。例如，近两年来欧洲变得极不稳定，很多城市都爆发了非常严重的社会治安事件甚至恐怖袭击事件，安全状况令人担忧。究其原因，表面上与全球性经济危机以及欧洲经济几乎陷入停滞、失业率不断攀升有关，但其深层原因还与宗教、政治、种族、难民、移民等一系列问题有着错综复杂的关系。① 由于城市安全问题成因的复杂性，要想成功消除城市安全风险，同样也是一项非常复杂的工作。

由于一种安全风险的形成通常涉及诸多要素，因而在寻求解决方案的过程中，势必要对涉及的各种因素在其中所发挥的作用有充分的研究，有时即便透彻了解了事物的诸多影响因素，在解决问题的过程中还会面临要凑齐诸多有利条件才能顺利解决问题的困境。

基于现实，在很多城市问题的治理过程中，我们会遇到两难的选择。在政府内部协调不利，社会动员参与不足，少数个体或群体还会出于特定利益考虑进行干扰的情况下，城市安全风险的应对处置过程无疑也极具挑战性。因此，城市安全风险管理需要有专业化的机构负责。在应急管理部成立之后，目前全国主要城市的市级层面都已建立了应急管理局，区级层面的应急管理体系也在进行相应的调整。这一过程目前仍然存在很多问题，既有多部门整合后的磨合障碍，也有体系打乱重组后的工作内容以及重心重新梳理的难点。总之，城市安全风险无论从其发生、发展和应对的过程角度，还是从防范应对的主体和客体层面来看，都有十分复杂的因素

---

① 史志钦. 欧洲为什么越来越不安全 [EB/OL]. (2018-4-3) [2019-9-26]. http://www.rmlt.com.cn/2018/0403/515618.shtml? from=groupmessage.

需要研究和协调。

5. 联动性

联动性是一种传导关系，即当一个安全问题发生之后，引发或激活了另一个或多个安全问题，使其以类似蝴蝶效应的方式传导开来。在城市安全风险管理中经常会遇到此类现象。例如，城市停电会导致地铁停运，交通信号灯失灵，引发城市交通危机；停电还会同步导致网络瘫痪，很多依靠网络进行的沟通交流、资金交易等无法正常进行，城市高层电梯停运，人员无法正常进出，等等。电力系统作为城市生命线之一，与其他城市生命线工程一样，对城市的安全稳定运行起到牵一发而动全身的作用。城市自身如同一个生命有机体，在正常情况下，该有机体的各项机能都在合理有效的范围内正常工作，城市就能保持其正常有序的运行，而一旦某项功能失调，就会引发系列症状。这是城市内部自身运行体系所呈现出的联动性。

从全球一体化的角度而言，作为城市外部环境的危机或风险有时也会联动传导。在美国次贷危机的大背景下，2011 年，一群对美国金融寡头不满的年轻人发起了“占领华尔街”运动，抗议活动逐渐在美国 120 多个城市全面展开。并且在随后一个多月的时间里，“占领运动”迅速在欧洲、亚洲等 80 多个国家和地区蔓延开来，全球超过 700 多座城市都发生了示威行动，参与者通过在伦敦、巴黎、马德里、首尔、雅加达等城市举行示威活动，抗议全球经济危机，追究政治家和银行家的责任。① 联动性特征让城市安全风险具有了全球性的隐性特质，启发我们在关注自己所在城市安全风险的同时，也不能忽略其他城市或地区发生的事件可能给我们带来的负面影响。

6. 时代性

时代性强调的是城市安全风险随现实条件的演变而发生改变的特性。城市所处的客观环境总会因为一些特殊强大的因素而发生改变，从而赋予这个时代新的内容。城市安全风险所面对的能够体现时代性影响力的显著

---

① “占领华尔街”运动蔓延至欧洲［EB/OL］.（2012-10-16）［2019-9-26］. http://world.people.com.cn/n/2012/1016/c157278-19274811.html.

因素主要来自人和科学技术。人的因素对城市安全治理而言具有强大的影响力。其中，人口规模、年龄结构、性别结构、种族结构、文化水平、宗教信仰、家庭收入、社会分层等，都是时代性因素中的重要组成部分。例如，“80 后”曾一度被当作社会话题进行过广泛讨论，以说明 1980 年之后出生的一代人具有与 20 世纪 60、70 年代出生的人群不一样的特征。同样，后来的“90 后”甚至“00 后”也都曾经被社会媒体打上了不同的特征标签。不同时代出生的人，其家庭条件、社会环境、受教育理念等都不同程度地发生了改变，会导致他们的行为处事方式有所不同，也就带来了对城市治理的变化性冲击。

科技因素更能体现时代性的特征。自从进入互联网时代，大数据、人工智能等技术的广泛应用，为城市安全风险管理提供了更多高级工具，同时也带来了新的风险。当科技因素与人的因素结合到一起，就又引发了一系列新的风险。例如，不法分子通过互联网进行诈骗、窃取信息，还有人工智能对城市大批产业工人的取代所造成的冲突，等等。

城市安全风险呈现出的诸多特征综合指向了城市安全风险治理的艰巨性与挑战性。只有加强对城市安全风险的更深层次的细致研究，才可能做到更准确的理解与把握，并且制定更有效的策略，应对各种未来风险的挑战。

第二章　城市公共安全风险的来源

城市犹如一个个生命有机体，每座城市都有其特定复杂的内在运行体系，同时它们又都受到外部大环境的影响。基于不同的资源禀赋、治理体系、生态构成、人口结构、物理形态、环境机遇，对每座城市进行安全风险溯源都会得出不同的具体结论，并且随着时间的推移，城市安全风险的来源也会随之发生变化。为从根本上把握城市安全风险的形成规律，本章尝试从致灾因子和脆弱性的视角进行分析。

第一节　城市发展与脆弱性

城市在快速发展的同时也带来了“城市病”的增加，城市的脆弱性加大。进入21世纪后，全球发生了一系列公共风险事件，包括美国“9・11”恐怖袭击事件、印度洋大海啸、新奥尔良水灾、巴黎“11・13”恐怖袭击事件等。中国也有2003年“非典”疫情、2008年“5・12”汶川特大地震、2015年“8・12”天津港特大火灾爆炸事故，以及一下雨就“看海”等城市奇观。人类社会经历长时期发展，早已在应对各种问题的过程中不断总结并完善了科学的应对方案，但为何城市安全问题依然频发？面对这些现状，越来越多的学者以及城市治理实践工作者都开始思考城市的脆弱性问题。大量事实表明，灾害的破坏性除了与事故灾难的源发强度有关，还与城市自身的脆弱性以及预防能力有关。灾害强度越大，脆弱性越高，灾害的破坏性就越强。另外，脆弱性还具有放大灾害的作用，当一些较小的事件发生后，如果管理者和承灾体存在系统结构上的脆弱性，甚至可以使灾害行为变异、扩展和加速，以致损失增加、恢复困难。[①]

一、脆弱性理论

脆弱性一词来源于拉丁文“Vulnerare”，意思是物体易受攻击、易受伤和被损坏的特性。按照中文对脆弱性的解释，“脆”是易破碎的性质，“弱”是弱小并易受挫。脆弱性最早被应用在流行病学领域，研究的是哪些地区更容易发生流行病或更易被流行病所感染。从20世纪70年代开始，各国学者逐渐将“脆弱性”应用于生态领域研究。随着全球变暖、生态破坏以及环境污染等全球性问题的出现，脆弱性一词越来越多地被应用到全球环境生态变化和可持续发展的研究中，并逐步延伸到灾害学以及社会经济领域。[②] 近几年，脆弱性在应急管理领域的学术研究以及实践当中高频率地出现，脆弱性已成为公共安全领域研究的一个专有名词，在城市安全管理中也得到非常广泛的运用。

（一）脆弱性的不同界定

目前，脆弱性已被应用到很多研究领域，如灾害管理、生态学、公共安全、应急管理、可持续性科学等。由于研究对象和学科视角的不同，在对“脆弱性”概念进行界定时，不同学科的角度和方式就呈现出较大差异，不同研究领域赋予了脆弱性以不同的内涵。例如，在可持续性科学等社会科学领域，有学者认为脆弱性是系统承受不利影响的能力，注重对脆弱性产生的原因进行分析。而在自然灾害、气候变化等自然科学领域，学者们将脆弱性理解为由于灾害等不利因素导致系统所遭受损害的程度，侧重研究单一扰动产生的多重影响。归纳众多学者对脆弱性的不同界定，可将脆弱性的概念划分为以下四类，如表2-1所示。

① 刘铁民. 事故灾难成因再认识——脆弱性研究［J］. 中国安全生产科学技术，2010，6（5）：5-10.

② 李莉，王晓婷，王辉. 脆弱性内涵、评价与研究趋势综述［J］. 中国渔业经济，2010，28（3）：161-169.

表 2-1 脆弱性的概念分类①

种类	类型界定	侧重点
脆弱性是暴露于不利影响或遭受损害的可能性	脆弱性是指个体或群体暴露于灾害及不利影响的可能性。脆弱性是指由于强烈的外部扰动事件和暴露组分的易损性，导致生命、财产及环境发生损害的可能性	与自然灾害研究中“风险”的概念相似，着重于对灾害产生的潜在影响进行分析
脆弱性是遭受不利影响损害或威胁的程度	脆弱性是系统或系统的一部分在灾害事件发生时所产生的不利影响的程度。脆弱性是指系统、子系统、系统组分由于暴露于灾害（扰动或压力）而可能遭受损害的程度	常见于自然灾害和气候变化研究中，强调系统面对不利扰动（灾害事件）的结果
脆弱性是承受不利影响的能力	脆弱性是社会个体或社会群体应对灾害事件的能力，这种能力基于他们在自然环境和社会环境中所处的形势。脆弱性是指社会个体或社会群体预测、处理、抵抗不利影响（气候变化），并从不利影响中恢复的能力	突出了社会、经济、制度等人文因素对脆弱性的影响，侧重对脆弱性产生的人文驱动因素进行分析
脆弱性是一个概念的集合	脆弱性应包含三层含义：一是它表明系统、群体或个体存在内在的不稳定性，二是该系统、群体或个体对外界的干扰和变化（自然的或人为的）比较敏感，三是在外来干扰和外部环境变化的胁迫下，该系统、群体或个体易遭受某种程度的损失或损害，并且难以复原。脆弱性是指暴露单元由于暴露于扰动或压力而容易受到损害的程度以及暴露单元处理、应付、适应这些扰动和压力的能力。脆弱性是系统由于暴露于环境和社会变化带来的压力及扰动，并且缺乏适应能力而导致的容易受到损害的一种状态	包含了“风险”“敏感性”“适应性”“恢复力”等一系列相关概念，既考虑了系统的内部条件对系统脆弱性的影响，也包含系统与外界环境的相互作用特征

鉴于众多研究领域的学者在脆弱性概念上的界定各不相同，导致学界在研究运用这一概念时出现不同程度的混乱，于是部分学者开始呼吁建立

① 李鹤，张平宇，程叶青. 脆弱性的概念及其评价方法［J］. 地理科学进展，2008(2)：18-25.

一种关于脆弱性的通用概念框架，以便不同领域学者间可以更好地相互交流[①]。因此，学术界围绕脆弱性概念及其构成进行了深入探讨，不同研究领域的专家学者就“脆弱性”概念初步达成部分共识。① 脆弱性呈现客体的多层次性。至今，脆弱性概念已经被应用到家庭、社会、国家等不同层次，研究对象涉及人群、动植物群落、特定区域、市场、产业等多种有形或无形的客体。② 脆弱性客体受到的影响具有多元化。系统通常会遭受多重因素的影响，它们既有源自外部的，也有源于内部的，并且不同影响因素之间还存在复杂的相互作用。③ 脆弱性概念界定中包含一些共同术语。例如，敏感性、应对能力、恢复力、适应能力等，这些已成为脆弱性概念的重要构成要素。④ 脆弱性总是针对特定的影响因素而言。系统并非在面对任何一种影响因素时都是脆弱的，而是在面对不同因素时会表现出不同的脆弱性。因此，脆弱性总是与施加在系统上的特定影响要素密切相关。[②]

（二）脆弱性理论的价值

从方法论角度看脆弱性理论的价值，我们更多的是将“脆弱性”当作一种研究方法、切入点和研究范式，或者说把它作为一种具体而独特的“场域”，从而更好地理解公共危机事件产生的机理等问题。脆弱性理论研究虽然和脆弱性具有一定的相关性，但本质不是研究脆弱性本身，而是通过脆弱性研究，分析公共危机事件或重大风险灾难生成背后的机理，从而为治理公共危机事件或重大事故风险提供理论指导。

首先，脆弱性理论为剖析风险问题提供了一个有价值的视角。很早人们便认识到风险问题并开始将其作为研究对象。风险最早出现在阿拉伯语中，意思是“寻找未来”。英文“Risk”最早被运用在博彩业，后来受到保险业的关注。保险业认为，风险是指“保险金预付”和“理赔费支出”存在的函数关系。[③] 19 世纪，经济学家开始关注风险并提出了一系列经济

---

① Barry Newell, Carde C Crumley, Nordin Hassan, et al. A conceptualtemplate for integrative human — environment research [J]. Global Environmental Change, 2005, 15 (4): 299 - 307.

② 李鹤，张平宇，程叶青. 脆弱性的概念及其评价方法 [J]. 地理科学进展，2008 (2): 18 - 25.

③ 任鲁川. 关于灾害实质的若干哲学思考 [J]. 东方论坛，1995 (4): 45 - 49.

学的风险理论。自20世纪起，灾害学领域开始引入风险概念。这时，不同学科对风险的定义出现了很大的分歧。有学者主张从致灾因子或灾害事件发生概率的角度来定义，如威尔逊（Wilson）认为，风险是关于可能发生的损失及损害程度大小的不确定性。① 有人则主张从一定概率下的损失角度来定义风险。② 还有学者从灾害系统的角度出发，认为风险是致灾因子、脆弱性以及暴露性三者共同作用的结果，并重视脆弱性对人类社会风险演化的影响，在暴露度和脆弱度一致的情况下，致灾因子作用性越强，风险越大；同理，在暴露度和致灾因子一致的情况下，承灾体脆弱度越大，风险也将越大。③ 脆弱性理论为致灾因子与风险之间架起了理论连接的桥梁，进一步拓展了风险的研究领域。同时，脆弱性理论也讨论分析受灾体本身暴露度及其适应力，为公共安全风险的生成机理提供了多重分析视角，促进了公共安全研究的发展。

其次，脆弱性理论为理解公共安全风险的生成机理提供了理论工具。脆弱性是各类公共安全事件产生的内在基础，研究脆弱性可以更好地把握危机事件的发生机理和演变规律，进而采取对应措施降低系统的脆弱性，防范和抵御突发事件的冲击，降低危机事件的负面影响。④ 随着对脆弱性相关理论研究深度的不断挖掘，学者对脆弱性、干扰以及暴露度等要素之间关系的把握日益精密，已经可以据此提出一系列风险预防、准备、应对以及消解的有效策略，对指导公共安全风险防控工作发挥着非常重要的作用。

再次，脆弱性理论为公共危机事件应对研究提供了分析框架。基于脆弱性理论，有学者构建了公共危机事件的风险分析框架，并计算了突发事件风险分析函数。例如，朱正威等专家根据脆弱性理论提出“脆弱性-能

---

① Richard Wilson, E A Crouch. Risk assessment and comparison: an introduction [J]. Science, 1987, 236 (4799): 267 - 270.

② 容志. 从分散到整合：特大城市公共安全风险防控机制研究 [M]. 上海：上海人民出版社，2014.

③ 石勇，许世远，石纯，等. 自然灾害脆弱性研究进展 [J]. 自然灾害学报，2011，20 (2)：131 - 137.

④ 董幼鸿. 系统脆弱性理论视阈下重大事故的生成机理探讨及运用——以25起特别重大事故为例 [J]. 甘肃行政学院学报，2018 (1)：15 - 32.

力”这种体现综合性视角的评价框架，从脆弱性和应对能力的综合视角出发，把定性研究与定量研究有机结合，再引入系统动力学，提出了一种动态评价公共安全管理的新思路，构建了一个公共安全管理的动态评价和识别框架，在公共安全评价工具及方法等方面开拓了新的思路和视角。①

最后，脆弱性理论为公共安全风险评估指明了方向。在社会学研究领域，根据社会脆弱性理论，可以构建不同的模型来评估社会脆弱性，从而找到降低社会脆弱性的方法。而在公共安全研究领域，同样可以引入脆弱性理论来对风险进行评估。社会脆弱性评估是指评估一个地区、系统或社会群体在面对某一现存灾害时的脆弱性，或在经过事前评估分析后确定将会发生的灾害脆弱性，并以此决定该地区、系统或社会群体如何受到影响及应该如何面对形成中的灾害。② 脆弱性理论分析了公共安全风险产生的根源，明确了脆弱性的影响因素，提出了系统抗逆力的思路。这对于提高公共危机事件善后评估的质量和效率有着深远意义，有助于不同领域的管理者根据脆弱性的影响因素，有针对性地采取有效防范措施，从源头上防控各类公共安全风险。

综上所述，脆弱性理论可以发挥灾害风险分析、量化研究、灾害预测以及灾后评估等作用，不仅有助于我们采取措施加强灾害风险防范，提升抵御能力，还有助于理解灾害风险的本质及社会对致灾因子的承受力，因而对于防灾、减灾及救灾也具有极为重要的现实意义。③ 与此同时，脆弱性理论对公共危机管理研究同样发挥着重要价值，便于我们从公共危机事件生成机理的角度来探讨风险源、脆弱性诱因等因素的影响，从源头上探讨公共危机的治理策略。同时，我们也可以借助脆弱性理论的工具分析重大事件背后的脆弱性、评估脆弱性程度等，找出控制重大事故风险和隐患

---

① 朱正威，蔡李，段栋栋．基于“脆弱性-能力”综合视角的公共安全评价框架：形成与范式［J］．中国行政管理，2011（8）：101－106.

② 周利敏．社会脆弱性：灾害社会学研究的新范式［J］．南京师大学报（社会科学版），2012（4）：20－28.

③ 周利敏．从自然脆弱性到社会脆弱性：灾害研究的范式转型［J］．思想战线，2012，38（02）：11－15.

的对策与思路，从而降低事故发生概率，增强公共安全系统的抗逆力。①

（三）脆弱性理论的应用

美国学者麦肯泰尔（McEntire）采用列表的形式对脆弱性在各个学科的分类应用进行过归纳，中国学者刘铁民根据我国的实际情况对其作了修订，以大致反映脆弱性在各个学科的要点及对策建议（表2-2）。

表2-2　不同学科脆弱性要点及对策建议②

学　科	脆弱性要点	对策建议
地理学	取决于对灾害多发区域开发	土地规划中需要考虑风险
气象学	缺乏先进的灾害性天气预警	建立有效的预警系统
工程学	结构或者基础设施不能抵御灾害	科学设计建筑结构基础设施
人类学	源于价值观、态度和行为制约等方面	改变态度，抑制冒险性和易感性
经济学	与贫穷相关，导致无法灾难恢复	改善财富分配和保险，提高“抗逆力”
社会学	关乎种族、性别、宗教问题等	更加关注特殊群体的需求
心理学	由于忽略风险而无法应对	认识风险，危机辅导，快速恢复
流行病学	易患疾病或者受到伤害	改善公共卫生和公共医疗服务
环境科学	环境退化、改变气候以及产生灾害	节约资源，保护绿色空间，管理废弃物
政治学	政治体制和不正确的决策	完善体制结构，教育政治家和立法者
公共管理	存在错误法律，无法执行政策规定	提高决策执行力，加强应对和恢复能力

① 董幼鸿．系统脆弱性理论视阈下重大事故的生成机理探讨及运用——以25起特别重大事故为例［J］．甘肃行政学院学报，2018（1）：15-32.

② 刘铁民．脆弱性——突发事件形成与发展的本质原因［J］．中国应急管理，2010（10）：32-35.

续 表

学 科	脆 弱 性 要 点	对 策 建 议
法 学	由于疏忽所导致的法律责任	了解法律，在应急管理中遵守法律
新闻学	缺乏风险公众意识及灾害沟通能力	提高媒介影响能力，对公众进行教育
应急管理	灾害发生之前、之后，执行不力（如疏散、搜寻和救援、公众信息等方面）	进行风险和脆弱性分析，通过预案培训和演习培养公众灾害意识和应对能力
国土安全	文化误解、边缘地区渗透、基础设施和灾害管理结构薄弱	纠正错误的外交政策，加强反恐措施，保护边界和基础设施
信息网络	语言传播、网民非议、黑客攻击等	增加政府工作透明度，关注舆情动态

实际上，由于受到经济、政治、文化、历史、地理、民族和宗教等诸多因素的影响，各个国家和地区的脆弱性来源以及形态均表现出很大的差异，甚至完全相悖，认识和发现差异对了解脆弱性具有重要意义。

二、城市脆弱性

（一）城市脆弱性的概念

城市脆弱性的概念大多是在脆弱性概念的基础上衍生出来的。基于对脆弱性概念的不同理解，学者们对城市脆弱性概念的理解也存在差异：气候学者认为脆弱性是指气候变化对城市造成冲击的可能性和程度①，社会学者则倾向于把人们应对扰动的能力以及从不利事件中恢复的能力视作脆弱性。通过对这些概念的理解与分析，我们能从多角度来认识城市脆弱性。王岩等学者根据研究对象和研究视角的不同，将城市脆弱性概念归纳为 8 类②，如表 2－3 所示。

① 林冠慧，吴佩瑛．全球变迁下脆弱性与适应性研究方法与方法论的探讨［J］．全球变迁通讯，2004（43）：33－38．

② 王岩，方创琳，张蔷．城市脆弱性研究评述与展望［J］．地理科学进展，2013，32（5）：755－768．

表 2－3　城市脆弱性的不同定义

研究视角	典　型　定　义	代表学者/机构
基于经济系统的城市脆弱性概念	区域经济发展的脆弱性是衡量区域经济发展水平的一种标准，指某个地区经济发展的稳定性差，对外部经济条件改变反应敏感，在外部条件的干扰和变化下遭受各种损失的程度比较大	冯振环
基于生态系统的城市脆弱性概念	生态系统的脆弱性是指系统在面临外界各种压力和干扰（包括人类活动的扰动）时，可能出现系统损伤和退化特征的程度	於琍
基于社会系统的城市脆弱性概念	由于社会系统对内外各种扰动的敏感性和缺乏应对不利扰动的能力而使该系统容易向不可持续方向发展的一种状态，是系统的一种内在的本质属性，在系统遭受扰动时才表现出来	苏飞
基于自然灾害的城市脆弱性概念	城市面对自然灾害（如地震）的脆弱性是人类行为的函数。它描述了城市社会经济系统和物理环境受自然灾害的影响程度或从中恢复的能力	法恩伯格（Fineberg）等
基于气候变化的城市脆弱性概念	脆弱性是一个自然的或社会的系统容易遭受来自气候变化（包括气候变率和极端气候事件）的持续危害的范围或程度，是系统内的气候变率特征、幅度和变化速率及其敏感性和适应能力的函数	联合国政府间气候变化专门委员会（Intergovernmental Panel on Climate Change，IPCC）
广义与狭义视角的城市脆弱性概念	狭义的城市脆弱性是指来自自然界和人类自身的威胁与破坏，导致城市在自然环境和社会环境中表现出不利于城市可持续发展的各个方面的问题；广义的城市脆弱性还包括城市在其发展过程中所表现出的不如其他城市的弱势和缺陷	喻小红
结构型和胁迫型视角的城市脆弱性概念	结构型脆弱性是城市系统存在着内在的不稳定性；胁迫型脆弱性是外界的干扰和胁迫（自然的或人为的）易使城市系统遭受损失或产生不利变化	陈倬
对资源型（矿业）城市脆弱性的理解	在城市内外扰动因素作用下，矿业城市在经济、社会、生态环境等方面表现出高度敏感并缺乏应对能力，从而使城市结构功能容易受到损害	李鹤

结合以往学者对城市脆弱性的探讨可以发现，目前学界广泛认可两种观点。一种观点认为，对城市脆弱性的定义可以从狭义和广义两个方面进行理解：狭义的城市脆弱性是指来自自然界和人类自身的威胁与破坏，导致城市在自然环境和社会环境中表现出不利于城市可持续发展的各个方面的问题；广义的城市脆弱性还包括城市在其发展过程中所表现出的不如其他城市的弱势和缺陷。换言之，任何一个城市都有脆弱性的一面，城市脆弱性有其共性。但每个城市的脆弱性又表现在不同的方面，都有自己的偏重。① 另一种观点认为，城市脆弱性是对城市发展水平的一种综合度量，是指在自然因素和人为因素的共同作用下，城市发展过程中出现的人口增长、经济发展、资源利用、环境污染、生态破坏等问题超过了现有社会经济和科学技术水平所能维持城市长期发展的能力。过度的人类活动、不恰当的人类活动以及不合理的经济发展方式等，都会导致城市系统发生改变，达到脆弱点时，脆弱性就会在某些地方出现，使整个城市系统进入脆弱性状态。②

（二）城市脆弱性表现

作为一个结构异常复杂的巨大系统，城市与自然条件和社会环境间不断发生各种交互作用，给城市带来各种影响。伴随着城市人口的不断集聚，城市开始面临资源短缺以及环境恶化等系统性问题。由于城市人口生产生活的反馈效应日益强化，城市对各种人为因素变化的敏感度随之不断增强，同时自身承受能力的弹性空间也变得日益紧缩，使其受外界干扰的程度持续提升，脆弱性也随之增加。

首先，从城市的输入来看。城市作为现代化的某种象征，不断吸引着大量人口流入，但是其存在着规模上限。虽然社会学、人口学及经济学等众多领域学者纷纷发表过不同观点，也进行过不同国别城市人口数量的对

---

① 喻小红，夏安桃，刘盈军. 城市脆弱性的表现及对策［J］. 湖南城市学院学报，2007（3）：96－98.

② 王岩，方创琳，张蔷. 城市脆弱性研究评述与展望［J］. 地理科学进展，2013，32（5）：755－768.

比，但很难得出一个令人普遍信服和接受的城市可容纳人口的数字。不过，自2016年以来，北京、上海、广州等特大城市纷纷提出人口“天花板”的控制规划：北京提出2020年常住人口控制在2 300万以内的“红线”，上海提出2020年人口不超过2 500万人的控制目标，广州提出适度控制人口规模。[①] 虽然专家对政府提出的“上线”持不同观点，但很明显，政府根据实际管理能力，已经按照相关计划开展了系列人口控制行动。从城市对人口设置“上线”这一行为本身来看，很明显，超过限度的人口数量会被城市政府认为超出了城市的承载力，这种承载力的评判依据或许是出于对政府管理能力的评估，但无论如何，其反映出城市人口承载能力是有其脆弱性一面的，即城市不可能无限度地容纳人口流入。

基于城市庞大的人口数，城市的另一项输入为城市庞大的日常需求。仅就维持生命基本需求而言，城市每天需要消耗的物资就十分惊人。以上海为例，上海每天蔬菜一项的消费量就达1.5万吨，而由于庞大的人口数量导致的每天出行需要消耗的其他资源同样为海量。回顾近些年发生在不同城市的各类“抢水”“抢盐”事件，包括城市下雨“看海”等问题，可以发现，城市有着众多脆弱点，往往会在特殊条件下突然爆发，从而使城市陷入短期“失序”状态。

其次，从城市的输出来看。城市的输出主要指城市人口每天的消耗与排出，最直接的就是每天生活垃圾的处理。据统计，北京每天产生近2.6万吨生活垃圾，上海每天的生活垃圾产生量大约为2万吨，其他城市大致也与其人口规模成相关比例。面对每天如此之多的垃圾产出，如何处理就成为一项有挑战性的工作。垃圾对大气、土壤、水以及周边生活的人群都会产生影响，为避免垃圾围城，就需要在城市中布点设置垃圾收集、转运以及集中处理的场所。但在人口聚集的城市空间，这类场所往往容易引发各种矛盾冲突，邻避事件不断发生，成为城市治理中的“顽疾”。此外，人的交通需求也会带来严重问题。北京作为首都又被戏称为“首堵”，反映的就是大城市交通拥堵的窘况。城市人口增加，使交通出行需求量加

① 人口红线规划：2020年上海人口控制不超过2 500万人［EB/OL］.（2016－1－26）［2019－9－27］. http：//sh. bendibao. com/news/2016126/154022. shtm.

大，同时经济消费能力的提升使得私家车的保有量不断提升，这也同步增加了城市交通的负担。到目前为止，全国县级以上的城市基本上都存在交通拥堵的问题，省会级以上的城市尤为显著。每到上下班高峰期，全国城市一片拥堵。北京、上海、杭州等大城市均早已推出外地车牌的限行策略，甚至包括新购机动车办理车辆牌照都早已推行摇号、拍牌等措施，以限制城市机动车辆的大规模增长。

再次，从城市自身突变来看。任何复杂系统的运行都不可避免地存在发生意外的可能，人口众多的大城市更是如此。“墨菲定律”指出，凡是可能出错的事就有很大概率会出错。城市运行的每时每刻都存在无数个环节点，这些环节中总会有个别环节发生故障，呈现出来的情景有的是微小问题，如小的交通事故，而有的则可能是严重的事故灾难，如 2010 年上海胶州路火灾、2015 年天津滨海新区爆炸、2019 年江苏响水爆炸等。突发事件可以使城市的局部地区甚至整体陷入危机，如 2003 年的“美加大停电”。美国东部时间 2003 年 8 月 14 日下午约 4 时 12 分，纽约市曼哈顿首先发生大面积停电，继而底特律、克利夫兰和波士顿等美国东部几大城市相继停电，同时加拿大首都渥太华和商业中心多伦多也没能幸免于难，受影响地区包括美国东北部部分地区以及加拿大东部地区，大约有 2.4 万平方千米的范围，加拿大三分之一的人口和美国七分之一的人口都直接受到本次大停电的影响。类似的事件于 2019 年 7 月 13 日再次发生，当天傍晚 6 时 47 分，美国纽约曼哈顿中城与上西区发生大规模停电，曼哈顿中心地带的时代广场、地铁站、电影院、百老汇等大片区域陷入黑暗，最严重时大约有73 000 名用户受到影响，当晚 10 时左右电力才获得恢复，而最后查明停电原因为一变压器起火。突如其来的城市停电让不少人被困在电梯中，高层等待急救的人得不到及时医疗转移，十字路口的红绿灯停止工作，交通陷入瘫痪……城市运行过程中的突发问题还有很多，都暴露了城市的脆弱性。

最后，从城市外部环境突变来看。现代城市也是全球一体化环境中的一个组成部分，城市的开放性使得其不可避免地要与外界时刻保持联系，从而也无法逃避地要受到外界突发事件的影响。从外部环境的突变来看城市的脆弱性，与内外因的逻辑分析有所相似。当全球化体系中的某个地点发生某一突发性事件，就会激发某些与之相关的城市脆弱性暴露出来。例如，2008 年美国次贷危机爆发，随后金融危机向全球蔓延，全球主要城市都因连锁反应而造成不同程度的企业倒闭及工人失业问题。在我国也有着同样的传导效应。例如，某蔬菜主产区遭受严重自然灾害导致蔬菜产量大幅下降，城市菜价可能上涨，对价格敏感的城市低收入群体就会对政府发出不满的声音，引发社会问题。这就犹如“蝴蝶效应”，只不过这种影响被我们用来指向对城市脆弱性的分析。贝克关于风险社会的相关描述早已向我们展示了现代社会风险的普遍性，任何一个个体都无法逃脱它的影响。同样，城市作为一个由众多人口组成的庞然大物，在外界发生任何风险之时，往往都会在内部产生与之呼应的某些反应，难免会激发城市自身存在的很多问题，从而转化为这个城市自身的严重危机。

第二节　多元交叉的风险因素

致灾因子与脆弱性是一对类似矛与盾的对应因素，城市脆弱性是针对城市安全风险的防护因素，而致灾因子则是作用于城市运行体系并导致风险发生的攻击性因素。建立在现代工业化快速发展基础之上的城市，普遍面临着多元交叉的复合性致灾因素的威胁。

一、自然致灾风险因素

人类世代生活的环境无法回避自然条件变化带来的影响。总结城市所要面临的自然致灾风险因素，包括干旱、高温、低温、寒潮、洪涝、山洪、台风、龙卷风、冰雹、霜冻、暴雨、暴雪、冻雨、大雾、大风、结冰、雾霾、地震、海啸、泥石流、浮尘、扬沙、沙尘暴、雷电、雷暴、火山喷发等众多形式。在大自然面前，人类的力量是渺小的，本书第一章中就已经提及了部分历史上因遭受各种自然灾害而被摧毁的城市。有些力量可以在短时间内毁灭一座城市，而有些力量的作用形式则相对缓慢，需要经过一个相对长的时期才会对城市构成显著威胁。

（一）地震

在众多自然灾害当中，地震无疑是对城市安全影响最大和最直接的致灾因素。据地震学家考察，一次 7 级左右的地震发生在城市及其周边，足以摧毁整座城市。仅从 20 世纪的记录来看，已有近 20 座城市被毁于地震。其中，中国在 20 世纪发生过两次影响特别巨大的地震。第一次是 1920 年 12 月 16 日的海原地震，地震强度达到 8.5 级。当时强烈的震动持续了十余分钟，世界上有 96 个地震台都记录到了这场地震，被称为“环球大震”。海原地震释放的能量相当于 11.2 个唐山大地震，其造成的死伤人数非常巨大。1921 年 4 月 3 日《新闻报》报道称，县城半边坍陷，甘肃海原县（海原当时归甘肃辖下）旅京学生冯君翰英接到家函曰：“初七日黄昏地震，吾乡受害尤重，全城房屋俱被荡平，人民死伤十之八九，吾家花涯湾山庄，全行覆没，山崩土裂，山河更变……吾家四十余口，除父与汝祖母外，俱归浩劫。房屋倒尽，什物无存。全县死伤人民共计六万余人……”与此同时，在 1922 年第五期美国《国家地理》杂志上，有一篇克劳斯、麦考米尔合撰的《在山走动的地方》报道，其中描述了海原大地震时发生的几个现象：在夜间移动的大山，似瀑布飞落般的山崩，陷进房屋和骆驼的大裂缝，以及把村庄席卷进升起的松软海土里的一切……海原地震导致的死亡人数达到 23 万多人①，其中海原县死亡 7 万多人，占全县人口 59%，有 4 个县城在地震中几乎完全损毁。② 另一次大地震为 1976 年 7 月 28 日的唐山大地震，这次地震强度为 7.8 级，造成 24 万多人死亡，16 万多人重伤，整个唐山市沦为一片废墟。

到目前为止，科技的进步也未能阻止地震继续制造灾难。进入 21 世纪，短短的 20 年间，人类又经历了多次惨重的地震灾害。其中，2008 年 5 月 12 日发生的汶川地震震级达到 8 级，共造成 6 万多人死亡，37 万多人受伤，1 万多人失踪，是中华人民共和国成立以来破坏力最大的地震，

---

① 由于距今时间较久，在当时的特殊时期，统计存在很多问题，后来也有研究者得出死亡 27 万人的结论。

② 海原大地震——被遗忘了 90 年的“环球大震”［EB/OL］.（2010－12－18）［2019－9－26］. http：//www. sx. chinanews. com/news/2010/1218/29813. html.

也是唐山大地震后伤亡最严重的一次地震。汶川地震影响非常巨大，处于极重灾区的有 10 个县（市），较重灾区有 41 个县（市、区），一般灾区涉及 186 个县（市、区）。

地震一直都是城市安全的最大威胁之一。20 世纪以来，中国因地震造成死亡的人数，占国内所有自然灾害，包括洪水、山火、泥石流、滑坡等总人数的 54%。从造成的死亡人数来看，地震是群害之首。而我国又处在世界两大地震带——环太平洋地震带与欧亚地震带之间，受太平洋板块、印度板块和菲律宾海板块的挤压，地震断裂带十分活跃。由于我国人口众多，城市人口高度密集，城市分布也较为集中，未来一旦在城市区域或周边发生较大规模地震，仍将造成难以预估的巨大损失。因此，自汶川地震发生之后，很多大城市都已将防震工作列为城市安全风险防控的重要内容。

（二）海啸、海平面上升与城市下沉

人类社会的绝大多数城市都靠近大的水源。无论江河湖泊，人们总喜欢在靠近水源地聚居。而在现代社会，随着全球贸易的快速发展，很多世界一流大城市都在沿海一线分布。便利的海上交通运输也为沿海一带城市的发展提供了更有利的条件，世界人口的 60%都居住在距海岸 100 千米左右的沿海地区。但事物都有两面性，沿海地区的城市也面临着严重的威胁。

首先是海啸的威胁。海啸是由海底地震、火山喷发、海底滑坡或气象变化而引发的破坏性海浪。海啸可以对沿海地区产生严重的破坏作用。2004 年 12 月 26 日的印度洋海啸袭击了印度洋附近的许多国家，主要是印度尼西亚、斯里兰卡、泰国和印度，来自 14 个不同国家的 23 万多人失去了生命。2011 年 3 月 11 日发生的东日本大地震，震中位于日本宫城县以东太平洋海域，震源深度为 20 千米。此次地震引发的巨大海啸对日本东北部岩手县、宫城县、福岛县等地造成了毁灭性破坏，并引发福岛第一核电站核泄漏。到目前为止，全球有记载的破坏性海啸大约有 260 次，平均六七年发生一次。发生在环太平洋地区的地震海啸占比约 80%，而日本列

岛及附近海域的地震又占环太平洋地区地震海啸的60%左右，日本是全球受地震海啸灾害影响最大的国家。

其次是海平面上升的威胁。2007 年 3 月 27 日，IPCC 发布的一份报告指出，人类面临着地球升温造成海平面上升的威胁，从纽约到东京，全球人口超过 500 万的城市约有三分之二可能遭淹没，影响人口达 6 亿。在报告中，科学家们列出了一连串令人震惊的数字：全球 10%的人口生活在海拔 10 米以下的地区，随着气候变暖，他们的生存面临巨大威胁；在人口超过 500 万的城市中，将近三分之二的城市部分处于 0~10 米的海拔，其中包括东京、纽约、孟买、上海及雅加达。亚洲可能是在海平面上升与洪水威胁面前最脆弱的地区，6.34亿低地居民中，大约四分之三生活在亚洲。有 21 个国家超过一半的人口生活在近海平面的区域，其中 16 个是小岛国。更令人感到担心的是，一些科学家警告，随着格陵兰海域、北冰洋西部冰层加速融化，海平面上升的速度会越来越快，每百年上升的高度可能在 1 米以上。IPCC 的报告草案指出，按照目前人口分布的状况，到 2080 年左右，每年大约 1 亿人口会遭遇洪灾。①

在海平面每年不断上升的同时，有些城市更在下沉。2019 年 8 月 26 日，印度尼西亚正式宣布将在 2024 年“迁都”，而实施这项宏大工程的重要原因之一，就是该国当前的首都雅加达已是一座“危城”，平均每年沉降 25 厘米，位居全球之首。美国国家航空航天局（National Aeronautics and Space Administration，NASA）的一份研究显示，新奥尔良近年出现了明显的下沉趋势，沉降速率约每年 5 厘米。据了解，该市部分区域本就处在海平面 4.5 米以下，照此发展，市内大片区域将在 2100 年没入水下。与新奥尔良的遭遇类似，新泽西州大西洋城也饱受飓风及洪水的摧残。比大西洋城命运更为堪忧的是美国东南沿海港口城市查尔斯顿，地方媒体早在 10 多年前就已断言，该市将在 2050 年沦为一座“半淹没的

① 海平面百年上升 1 米 世界沿海大城市真会被淹？[EB/OL].（2007-4-1）[2019-9-26]. http://www.china.com.cn/world/txt/2007-04/01/content_8042920.htm.

鬼城”。①

（三）台风（飓风）

台风与飓风本质无区别，都是一种热带气旋，只是在我国和西太平洋地区称为台风，而在大西洋和东太平洋地区则称为飓风。台风灾害的主要影响是大风、强降水以及风暴潮，往往对台风经过的沿海城市造成非常严重的损失。

近年来，城市遭受台风（飓风）损失最严重的案例当属2005年“卡特里娜”飓风对美国新奥尔良市的破坏。2005年8月23日，“卡特里娜”飓风开始在巴哈马群岛附近生成，24日增强为飓风，在佛罗里达州以小型飓风强度登陆。随后数小时，该风暴进入了墨西哥湾，在8月28日增强为5级飓风，路易斯安那州、密西西比州相继进入紧急状态。一些城市随后宣告进入紧急状态，并开始组织市民大规模撤离，8月28日，路易斯安那州的新奥尔良市市长雷·纳金（Ray Nagin）下令居民撤离，但仍然有许多老年人、残疾人和没有汽车的人无法离开这座城市。风暴潮对路易斯安那州、密西西比州及亚拉巴马州造成灾难性的破坏。用来分隔庞恰特雷恩湖（Lake Pontchartrain）和路易斯安那州新奥尔良市的防洪堤因风暴潮而决堤，城市的绝大部分地区遭洪水淹没。陷入困境的新奥尔良市自9月1日开始出现了无政府状态的混乱局面，部分地区的抢劫之风越刮越猛。飓风最终造成该市近2 000人遇难。灾害过后，围绕是否重建新奥尔良，美国国会中产生了激烈争议。尽管旅馆重新开张，难民也陆续返回，但人口却很长时间无法恢复到灾前状态。

台风每年对我国沿海城市也都曾带来不同程度的严重影响。过去20年里，平均每年大约有7次台风影响我国，特别是东南沿海一带的城市，每当台风来临前夕，都要对交通运输、生产经营等采取临时措施，每年也都有部分城市因台风造成城市内涝等衍生灾害。因此，防台抗汛工作一直

① 杨征，郝树华. 全球数十座都市正在下沉？美媒：21世纪末，美国多地可能被淹［EB/OL］.（2019-8-29）［2019-9-26］. https://world.huanqiu.com/article/9CaKrnKmvRA.

都是我国沿海城市夏季的一项重要任务。

（四）雨雪冰冻

2008年春节期间，我国南方经历了一场大面积的雨雪冰冻灾害，这场灾害给南方很多城市造成严重影响。2008年1月10日，我国天气形势发生了显著变化，即从晴暖、少雨天气转为低温、雨雪和冰冻天气。直至1月31日，大气环流稳定少变，西南水汽与北方不断南下的冷空气在黄河及其以南地区交汇，造成了1949年以来罕见的持续低温、雨雪、冰冻天气，对贵州、湖南、湖北、江西、安徽、广西、重庆、广东、浙江、四川、陕西、江苏、云南、甘肃、河南、青海、西藏、山西、上海等19个省（自治区、直辖市）造成严重影响。

这次持续低温、雨雪和冰冻天气主要分为三个阶段，发生的时间段分别为1月10日至16日、1月18日至22日和1月25日至29日。在这一过程中，湖南、贵州、江西和安徽南部等地出现冻雨或冰冻天气，河南、湖北、安徽、江苏、湖南和江西西北部、浙江北部出现大到暴雪。1月10日至30日的累计降水量，在河南南部、湖北东部和南部、湖南大部、安徽、江苏、浙江大部、福建北部、江西、广西大部和云南南部等地都达到50毫米以上。其中，江苏南部、安徽南部、江西北部、广东西部、广西东部和云南西部的部分地区降水量超过100毫米，安徽铜陵和江西九江都超过150毫米，云南贡山达205毫米。1月28日，我国气象卫星遥感积雪监测显示，上海、江苏、安徽、浙江、江西、山东、河南、湖北、湖南、广西、重庆、四川、贵州、云南、陕西等15个省（自治区、直辖市）积雪覆盖总面积为128.21万平方千米。其中上海、江苏、安徽、河南、湖北、陕西积雪覆盖面积均占其省面积90%以上，贵州、湖南、重庆占40%~75%。1月29日积雪观测中，安徽中部、江苏南部等地出现了30~45厘米的积雪。持续低温、雨雪、冰冻天气给南方诸多省份造成重大灾害，特别是对交通运输、能源供应、电力传输及人民群众生活造成严重影响和损失。当时正值春运，广州滞留了80多万旅客，铁路运输面临极为严峻的困难和挑战。很多城市电力供应告急，取暖问题窘迫，同时正常通信也受到灾害影响。湖北武汉、荆州、宜昌等地水管冻裂导致 280 万人饮水困难。[①] 这次灾害对中国南方城市冬季的应急管理体系都产生了重大影响，上海就在气象预警中增加了“低温预警”一项。

2008 年的严重灾情后来虽然没有再次在我国大规模出现，但在欧美等地却有类似情况发生，如纽约暴雪封城、欧洲极端严寒等。

除了上述情景，暴雨、暴雪、冰冻等单独的灾害，也会对城市安全正常运行构成严峻挑战。这些现象均说明，自然因素在全球范围内对城市带来的威胁不因科技进步而出现丝毫减缓。

（五）干旱与水资源短缺

玛雅文明与楼兰古国为何会在历史上消失？学者对此均提出了“干旱原因”的猜测。虽然历史很难完整地得到还原，但至少说明了水对一个城市的存在和发展有着至关重要的作用。城市要维持庞大数量的人口的正常生产和生活，就必须消耗大量的水，这也是为何超大规模的城市都需要靠近水源地的重要原因。根据统计，中国 660 座城市中有 400 多座城市缺水，三分之二的城市存在供水不足的问题，中国城市年缺水量为 60 亿立方米左右，其中缺水比较严重的城市有 110 个，大多分布于华北和东北南部，特别是北京、天津等大城市。从全国范围看，旱情是普遍存在的，如表 2－4 所示。

表 2－4　2003 年以来全国主要的旱灾情况

时　间	涉及省（自治区、直辖市）/地区	旱　　情
2019 年	江西、云南，华北地区	局部地区遭受旱灾
2017 年	山东	河道干涸，多地生活用水困难
2015 年	广西、贵州	局部地区遭受旱灾

① 2008 年南方罕见雨雪冰冻灾害［EB/OL］.（2014－5－9）［2019－9－26］. http：//zj. weather. com. cn/zt/tqzt/2116841. shtml.

续　表

时　间	涉及省（自治区、直辖市）/地区	旱　　情
2014 年	河南	63 年来最严重的“夏旱”，多地供水告急，居民抓阄排号取水
2013 年	长江以南大部分地区	夏季高温少雨，高温酷热天气日数为近 50 年来之最，旱情普遍
2011 年	湖北、湖南、江西、安徽、江苏等	湖北 989 万人、湖南 66 万人、江西 33 万人饮水困难
2010 年	云南、贵州、广西、四川及重庆	百年一遇的特大旱灾
2009 年	中国多省（自治区、直辖市）	连续 3 个多月，华北、黄淮、西北、江淮等地区的 15 个省（自治区、直辖市）未见有效降水，城市用水告急
2008 年	云南	昆明 13 多万人饮水困难
2007 年	22 个省（自治区、直辖市）	全国耕地受旱面积 2.24 亿亩①，897 万人发生临时性饮水困难
2006 年	重庆	百年一遇旱灾，直接经济损失为 71.55 亿元，815 万人饮水困难
2005 年	华南南部地区，云南	严重秋冬春连旱，云南发生近 50 年来少见严重初春旱
2004 年	中国南方大部分地区	53 年来罕见干旱，造成经济损失 40 多亿元，720 多万人出现饮水困难
2003 年	华东、华南、西南等地区	严重伏秋连旱，部分地区发生了伏秋冬连旱

面对城市缺水的局面，1952 年毛泽东就曾提出“南方水多，北方水少，如有可能，借点水来也是可以的”宏伟构想。1979 年，第五届全国人民代表大会（以下简称“全国人大”）第一次会议通过的《政府工作报告》正式提出，“兴建把长江水引到黄河以北的南水北调工程”。南水

① 1 亩 = 0.000 667 平方千米。

北调重大战略工程分东、中、西三条线路，东线工程起点位于江苏扬州江都水利枢纽，中线工程起点位于汉江中上游丹江口水库，供水区域为河南、河北、北京、天津四个省（直辖市），西线工程尚处规划阶段。

除了供水紧缺，我国还面临着水污染的严重问题，海河、辽河、淮河、黄河、松花江、长江和珠江 7 大江河水系，均受到不同程度的污染。可见，城市不仅要解决“有水”的问题，还面临着保持“干净水”的严峻考验。

现实中不仅有上述列举的自然致灾因素对城市构成安全威胁，还有如森林大火、火山喷发等自然灾害。凡是与人发生关系的自然因素，都有可能在一定条件下对特定的城市构成威胁。人类只有在不断增强自身抵御能力，同时学会更好地与自然相处的过程中，才能不断提升化解自然因素威胁的能力。

二、人为致灾风险因素

大量人口聚居到城市之后，由于人类活动的多样性，各种人为致灾风险因素多不胜数。根据国家对公共危机事件的分类，除了自然灾害，与人有直接关联的包括事故灾难、公共卫生事件以及社会安全事件三大类，本小节对城市中人为致灾风险因素的分析也按照这三类标准大致梳理。

（一）事故灾难

1. 生命线

城市生命线是指公众日常生活必不可少的水、电、燃气、交通、通信等基本设施。首先，城市的供水、供电、供气工程关系到市民每天的日常生活，一旦出现问题，影响的就是基础性的城市稳定系统，前文提及的多起案例都关系到城市用水、用电问题及其带来的危机。其次，现代城市交通已是高度复杂的综合体系，包括地面、高架、地下、水上等多个层面。城市交通如果在某个重要节点发生突发事件，能够使城市局部甚至大部分区域的运行严重停滞。最后，通信保障也构成现代化城市运行的基础条件。中国已经成为全球在线消费水平程度最高的国家，人们的日常生活已经无法脱离网络，而城市作为金融中心节点的运行也离不开通信系统的有效保障。2019 年 3 月 23 日 16 时左右，上海一个施工队在作业过程中挖断一条光缆，到当晚 8 点才逐渐恢复，这导致腾讯游戏因断网损失过亿元。

2. 火灾

已发生的火灾中，多数是由人为因素导致。火灾是排在前列的城市重要风险因素之一，全国每年发生的火灾当中，接近一半发生在城市，同比造成的人员伤亡和财产损失也是城市明显超过农村地区。如 2010 年上海“11·15”特大火灾、2011 年沈阳“2·3”皇朝万鑫酒店大火、2017 年天津“12·1”城市大厦火灾等，一系列严重事件不断提醒我们要防范城市火灾。2019 年，全国发生商业场所火灾 6 015 起，宾馆和饭店火灾5 872 起，学校火灾 722 起，医院和养老院火灾 346 起，公共娱乐场所火灾 384 起，虽然同比数量都有所下降，但高层建筑和建筑工地发生火灾的比例却仍在上升，分别达到 6 974 起和 2 926 起，同比上升 10.6% 和 5.8%。据有关部门公布的数据，我国每年在建建筑面积为 130 多亿平方米，高层建筑已达 62 万栋，开通地铁等轨道交通的城市已有 40 座，里程为 6 700 多千米，城市火灾的防控压力及难度仍将持续增大。①

3. 危险化学品

危险化学品本身就是一种潜在的安全风险因素，危险化学品的生产、储存、运输、经营、使用以及废弃处置等，整个链条有太多环节都可能因管理不善而发生危险。现代化的城市布局往往通过设置化工区，试图将城市的大部分人口与危险化学品进行有效隔离，但在城市日常运行过程中却不可避免地存在大量人与危险化学品发生接触的机会。例如，每家每户的燃气本身就是一种危险化学品。另外，在各种工业生产过程中运用到的强酸和强碱、各种工业气体、园林使用的农药、高校科研院所等使用和研制的各种危险化学品材料等，都构成了城市的风险源。如 2015 年天津“8·12”滨海新区爆炸事故、2019 年江苏盐城化工厂“3·21”特大爆炸事故等，都在不断地警示着城市危险化学品安全管理的重要性。

① 2019 年全国接报火灾23.3万起 伤亡人数近七年来最少［EB/OL］.（2020－1－11）［2020－1－26］. http：//news. xmnn. cn/xmnn/2020/01/11/100652124. shtml.

4. 建筑施工

每个城市都避免不了新建、维修以及拆除等工程项目，城市规模越大，此类项目就越多，而隐藏的风险也随之增多。近年来，在城市建筑施工过程中发生了一系列严重事件。例如，近几年各地层出不穷的“楼倒倒”“楼脆脆”，多个城市在地铁开挖过程中发生塌陷，老旧建筑改造升级过程中频频出现严重垮塌，外立面装修过程中不断引发大火，等等。城市只要一直存在和不断发展，各类建设就将永远存续，因此，建筑施工领域的风险也会伴随城市的始终而存在。

5. 人群密集场所

人员密集处的安全风险管控也是城市日常管理过程中的重要防控点。城市中分布着很多旅游景点、交通枢纽、大型综合体、社区活动场所等人流量大的区域，这些地区需要安排更多的管控人员和准备更严密的防控措施。一方面，世界各地发生的大量踩踏事件提醒我们，在人群密集的场所极易发生踩踏事件，如北京密云迎春灯展踩踏事故等。另一方面，随着全球恐怖主义活动的猖獗，城市人群密集场所的反恐风险防控也成为需要特别关注的风险防控内容。

6. 社区安全

对城市中生活的每个人而言，社区当中也存在很多安全风险。高空抛物已成为近年来城市中的一种“顽疾”，虽然媒体多有报道，但抛物现象一直未得到有效遏制，很多人因为高空坠物而受伤。2018 年 8 月 12 日 21 时 40 分左右，上海南京东路一个商铺的广告牌掉落砸到路人，致伤 6 人，致死 3 人，引发了上海针对户外广告牌的全市大整顿行动。另外，电梯事故也在近些年不断发生，各种电梯夹人、伤人事件频发，引发了社会的广泛恐慌。社会安全隐患还包括各种公共设施故障伤人、消防隐患繁多等。楼道里被各种电瓶车、废旧物挤满的现象在城市中也常常可见，但在中国的大部分城市，该问题一直都难以得到有效解决。这些都给社区安全埋下了各种隐患。

除了以上列举的多个方面，还有诸如地下空间安全，包括城市中的大量民防工程、地下交通工程、地下建筑工程等的安全风险管理；城市中的大量特种设备管理，如锅炉、压力容器、压力管道、起重机械、客运索道、大型游乐设施，等等。总之，城市运行过程中存在大量可能导致事故灾难发生的因素，我们可以从历史经验中总结提炼，不断提升防控水平。

（二）公共卫生事件

由于城市人口大量聚集，一旦爆发公共卫生事件，影响往往较为严重。根据以往经验判断，随着人类技术的不断进步，虽然对公共卫生领域的诸多疾病有了更好的应对办法，但也新出现了大量更棘手的问题，包括转基因问题给人类带来的巨大阴影，到目前为止还无法给出明确判断。

1. 传染病事件

城市的特质决定了一旦暴发严重的传染疾病，就将对城市的基础运行构成严重破坏。历史上有些城市曾经暴发过甲类、乙类传染疾病，造成的影响都是毁灭性的。众所周知，黑死病带来的死亡和恐惧，超过了人类史上任何一场战争。14 世纪 20 年代，黑死病开始在欧洲各地扩散。对于那些感染上该病的患者来说，痛苦的死去几乎是无法避免的，没有任何治愈的可能。1348 年 1 月，黑死病侵袭威尼斯和热拉亚两个港城，然后蔓延至整个意大利。佛罗伦萨受灾最重，城里的 95 000 人死亡了 55 000 人。我国也有典型的传染病事件，1988 年上海市甲型病毒性肝炎流行，共计约 30 万人患病。2003 年“非典”疫情在全球暴发，北京被迫封城。2020 年春节期间，武汉爆发新冠肺炎疫情，快速蔓延至全国，武汉被封城，全国被迫进入停工停学状态，全面进行封门闭户的疫情防控工作。可见，疫情对城市的影响是极其严重的。

2. 食品和药品安全事件

城市有大量食品和药品生产企业，同时也有着最大的消费群体，无论两个环节中的哪一个出现问题，都将引发规模效应，导致严重社会危害。2008 年，国内重要奶粉厂商三鹿集团生产的奶粉被曝光含有三聚氰胺，引发国内奶粉市场恐慌，三鹿企业倒闭。2018 年长春长生疫苗事件被曝光，导致全国众多家长紧急寻找国外疫苗，曾一度引发因为打疫苗而出国的热潮。围绕食品和药品这两类必需品的安全质量问题，除了不合格产品本身能够导致的伤害，其所引发的社会连锁反应同样也能造成严重的社会负面效应。

3. 群体性中毒事件

随着化工技术的发展，人类生活中接触到越来越多的化工产品，随之而来的各种中毒事件就不断增多。影响最为普遍的是各种装修、家居等材料中都含有甲醛，其导致的污染几乎遍布城市中的每一个角落。另外，还有很多日常生活工作中会接触到并能够对人体构成伤害的物质。例如，北京、苏州、无锡、南京、常州、深圳、上海等地从2014年开始，多所学校发生“异味跑道、异味操场”的现象，有的造成学生流鼻血、过敏、头晕、恶心等症状。经调查，造成“毒跑道”现象的原因是一些企业生产相关产品时使用了不合格的原材料。“毒跑道”引发了广大家长的担心，全国各地纷纷开始检测学校跑道的环保质量。此事件透露出的仅仅是问题的一个侧影。在很多加工厂中，也存在工人长期接触有毒物质而发生慢性中毒或群体性中毒事件，这类问题往往隐藏在企业的日常生产过程中，只有当问题集中爆发才能被发现，但其造成的社会负面危害不容小觑。

4. 动物疫情事件

动物疫情主要指向城市庞大人口的食物链供应。在中国的肉食结构中，猪肉占据非常重要的比重。2018年8月非洲猪瘟疫情在我国暴发，短时间内扩散到17个省市，全国猪肉价格飞涨，严重影响了城市肉食供应。直至2019年7月疫情在我国的发展势头才得以控制，25个省区的疫区才逐渐解除封锁。与此类似的还有“疯牛病”“禽流感”等，在近二十年里多次发生。这类动物疫情除了对人们的日常餐食构成重要冲击，还会对相关经济造成致命性打击，对城市居民的日常生活构成严重负面影响。

5. 精神卫生健康

城市生活的高节奏压力也同时提高了精神卫生健康风险。现代社会分工日益细化，竞争加剧，大量人口聚集在城市，使得把握机会与争取成功变成了一种作用于人的精神层面的重要力量。近年来，各种精神健康问题爆发较为频繁。2018年，在高强度的工作压力下，法国共有35名警察和

33 名宪兵自杀。进入 2019 年，截至 2019 年 7 月 28 日，又有 44 名法国警察以自杀的方式结束了自己的生命。在我国，精神健康问题同样严峻。城市中有大量已确诊的精神疾病患者，同时还有不少隐藏的未显现精神问题的人员。他们其中的一部分在日常生活过程中可能会选择极端方式，给自己及他人带来威胁，也会给周边造成恐慌。其中，压力问题已经向中小学生以及高校大学生群体蔓延，教育系统统计数字表明，学生群体中的抑郁症患者逐年增多，自杀和有自杀倾向的数量也在同步增长，这一现象值得引起政府的充分重视。

（三）社会安全事件

社会安全事件类型繁多，各类大小事件每天都在城市中发生，对社会治安体系构成较大压力。总体而言，除了自生社会安全事件，其他事件，如自然灾害、事故灾难、公共卫生事件等，也都可能成为诱发社会安全事件的因素。

在各种社会安全事件中，较为典型的包括：① 群体性事件，城市中各种邻避事件和围绕特殊利益诉求事件等都极易引发群体性事件；② 刑事案件，包括杀人、纵火、抢劫等；③ 金融突发事件，银行、证券业等金融突发事件，如美国次贷危机；④ 民族和宗教事件，城市中大量人口汇聚，很容易被特殊势力利用，导致一些矛盾上升为民族、宗教冲突事件；⑤ 恐怖袭击事件，从全球已发生的涉恐事件来看，极端恐怖主义已经将他们的攻击目标转向城市密集的普通平民，他们往往愿意选择袭击公共集会场所、城市基础设施等，以实现其制造大规模恐慌的目的；⑥ 信息安全事件，城市各种公用事业控制网络系统、城市商业网络系统、居民家庭网络系统等，都可能遭受黑客攻击或其他突发性破坏，一旦陷入瘫痪，也将导致严重损失。

第三节 复杂系统的运行风险

城市运行所呈现的永远不是单一要素导致的风险，每时每刻都有无数种作用力在城市空间相互作用、相互影响，交织形成各种各样的突发事件。整个城市管理就如同在精心维护着一台超级庞大而又高度复杂的精密仪器，需要把握其内在的运行机理，以便提早抓住可能导致失误的关键环节，并及时做出有效的行动干预。因此，城市风险防控不能仅仅盯住单一致灾因子或脆弱性，而是应该从城市整体运行的系统性角度开展整体性治理。

一、风险传导与放大

理解城市作为复杂系统的运行风险可以借助两个理论。一个是蝴蝶效应。最早提出这一理论的是美国气象学家爱德华·罗伦兹（Edward Norton），他在 1963 年提交纽约科学院的一篇论文中分析了这个效应，用来解释复杂的气象变化，如图 2-1 所示。现在，这一理论已经被扩展运用到很多领域。我们可以将蝴蝶效应理解为在一个动力系统中，初始条件

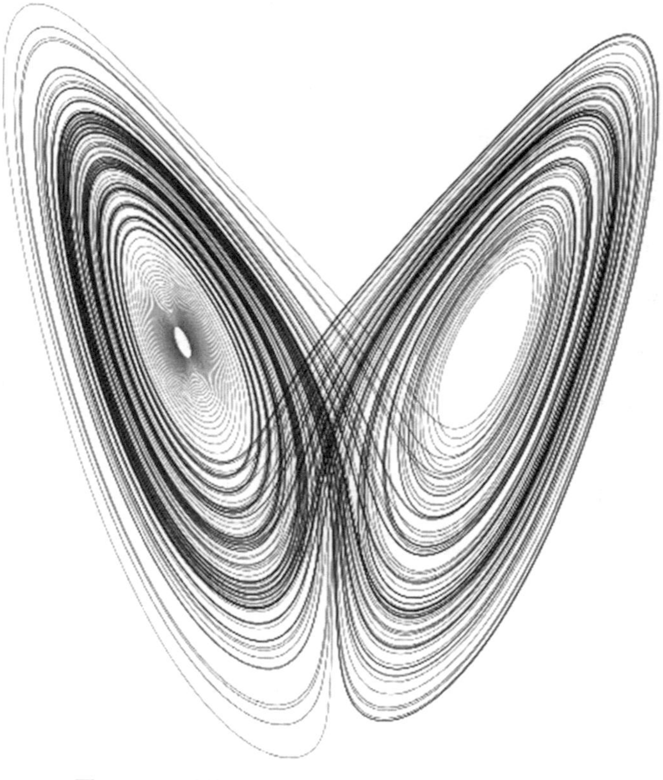

图 2-1　爱德华·罗伦兹蝴蝶效应理论示意图

下微小的变化能带动整个系统长期巨大的连锁反应。它是一种混沌现象，说明了任何事物的发展均存在定数与变数，事物在发展过程中，其发展轨迹既有规律可循，同时也存在不可测的“变数”，往往还会适得其反，一个微小的变化就能影响事物的发展，从而说明了事物的发展具有复杂性。

在公共安全领域有很多能够借助蝴蝶效应理论加以阐释的案例。例如，2011 年 3 月 11 日，在靠近日本的西太平洋国际海域发生里氏 9.0 级地震。强震破坏作用显著，造成日本本州岛向东移动大约 3.6 米，同时地震还引发了海啸，对日本部分沿海地区造成严重经济损失。受此地震影响，日本福岛第一核电站发生放射性物质泄漏，多个机组相继发生氢气爆炸，3 月 20 日，日本官方宣布福岛第一核电站将被废弃。地震造成的影响还远不止于此。在经济方面，亚洲股市 3 月 11 日全面下跌，全球电子、汽车等行业的生产、采购供应链受到明显冲击，很多企业采取了紧急采购方案。中国也同样受到显著波及，地震之后的一段时期，国家环境保护部对国内可能受日本核泄漏影响的省份采取了密切监测措施。同时，日本核泄漏还引发我国国内谣“盐”风波，全国许多城市掀起一股“抢盐潮”，甚至武汉一位市民囤积了 6 500 多千克食盐，被网络戏称为“抢盐帝”。可见，一次地震竟然引发了一连串的危机事件，造成系列惨重损失，蝴蝶效应的威力在此得到充分展现。

另一个是风险的社会放大理论。1988 年，克拉克大学决策研究院的研究者们共同提出了风险的社会放大框架（Social Amplification of Risk Framework，SARF）。该理论的起点假设是“除非人类观察到并将其传播给其他人，可能包括实际的或假设的意外和事故（或者甚至对现存风险的最新报道）的‘风险事件’的影响力在很大程度上将是无关紧要的，或是非常局部化的。”①

SARF 认为，风险的社会放大过程有两个主要的机制发挥作用：信息机制和反应机制，如图 2－2 所示。风险或风险事件的信号通过信息系统

① 尼克·皮金，罗杰·E. 卡斯帕森，保罗·斯洛维奇. 风险的社会放大［M］. 谭宏凯，译. 北京：中国劳动社会保障出版社，2010.

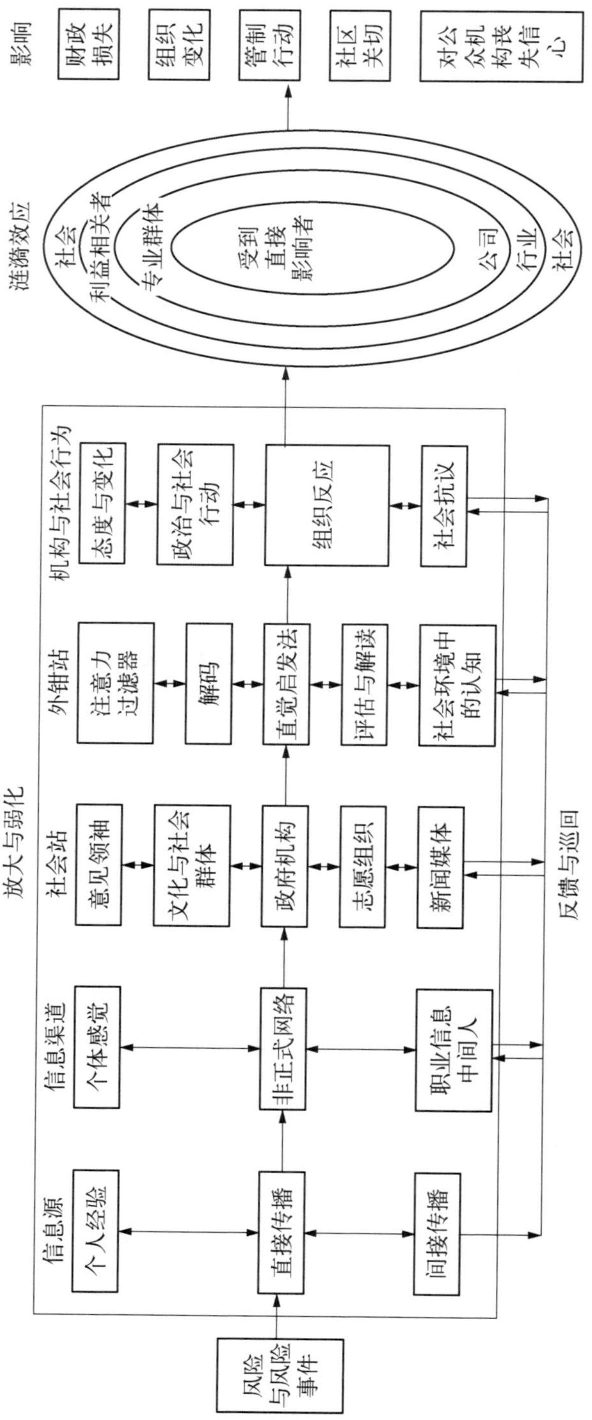

图 2－2 风险的社会放大理论示意图

进入社会放大站，被进行放大转换之后传播开来，引发社会体系中其他参与者的行为反应，形成风险放大的初级影响。社会的行动反应可能导致超出原有风险事件直接影响范围的次级影响。次级影响的重要性在于它产生一些持久的效应，包括对风险的感知、想象和态度，对经济的影响，政治和社会压力。接下来，风险社会放大的波及效应可能不会停止，而是继续传递到其他方面、地区甚至未来社会，形成持续放大的“涟漪效应”。“涟漪”向外扩散，首先波及的是直接受害者，然后是相关责任组织层面，并达到有着类似问题的社会层面。这种“涟漪效应”展现了风险社会放大的内在过程和相互关联。

学者已经运用风险的社会放大理论解释了诸多领域的风险传导及放大影响问题。例如，近年影响十分巨大的各类邻避事件，以厦门 PX 项目事件为个案，借助风险的社会放大理论可解释该案例的发展演变，并进一步分析该案例在全国造成的“风险放大”效应。一方面，厦门 PX 项目事件之后“集体散步”的抗争形式日益普遍，从网络论坛的讨论中可以看出，这是厦门案例提供了成功经验的传导结果；另一方面，“集体散步”的方式也给社会提供了启示，在后来全国其他城市的各类群体性事件中就频繁出现“集体散步”的抗争行动，并且还进一步演化出了市民“集体购物”，出租车司机“集体喝茶”“集体休息”等“温和”的抗议形式。①

城市运行的复杂性有时超出了上述理论所描述的程度，即使运用其他更加复杂的理论进一步解释，都难以全面呈现其最真实的一面。在这样一个复杂的系统内，各种要素的作用发挥都可能发生微小的变化，使得我们仅凭借过去经验总结出来的规律，或许在下一刻就将遭受严峻的现实挑战。因此，我们需要做好随时应对复杂系统运行“出轨”的风险挑战。

二、从起始到终结

在城市自形成到不断延续发展的“新陈代谢”过程中，有无数个“规划-建设-维护-废弃”的过程，经历着从开始到终结的不断演变，这一

---

① 刘晓亮，张广利. 从环境风险到群体性事件：一种“风险的社会放大”现象解析[J]. 湖北社会科学，2013 (12)：20－23.

进程充满了各种不确定的因素，会导致正常演化的暂停、迂回甚至直接步入终结。有时候是突发外力因素导致，如一场无法预料的地震或者一次超强度的台风，又或者某次突如其来的金融危机。这些超常规因素有的是我们无法预知的，有些则是我们知道却又无力改变的，只能在其影响下努力求生。而接下来我们要讨论的则是按照事物的生命运行周期，在城市发展的轨道上由内在因素导致自然发生的过程。

中华人民共和国成立之后，很多城市建设都是围绕着某一重点工业项目进行发展，如钢铁、煤炭、综合化工等。随着技术不断发展进步以及国家经济的转型升级，依靠传统重工业发展的大量城市开始遭遇困境，在新经济技术发展中掉队严重的城市更是面临着严重的挑战。当前，东北老工业基地①就是其中的典型。虽然早在 2003 年 10 月发布的《中共中央 国务院关于实施东北地区等老工业基地振兴战略的若干意见》就提出，帮助东北地区老工业城市进行转型，但是局面并未取得明显好转。近些年，“东北衰退”已成为媒体的热议话题之一。人们对此的看法相当一致，毕竟现实摆在眼前：1978 年全国经济总量前十的城市中，东北占据四席，但到 2000 年前后就全都退出；近年东北人口持续外流，资本却又吸引不进来，民间甚至有“投资不过山海关”的说法，“振兴东北”也喊了多年，“老工业基地”的衰退却是不可否认的事实。② 城市整体衰落带来的影响是全面且巨大的。有南方某知名高校的教授一次出差东北某三线城市，回来后感叹大街小巷很难遇到几个年轻人，绝大多数都是四五十岁以上年纪的人。现实或许并非真正如此，但感觉上就给人一种城市步入暮年的体验。城市整体衰落，“留守”的人口将要如何面对今后的生活，这可能会给城市治理留下一个短时间内难以回答的问题。

除了城市的整体演变，在快速发展的大城市内也同样存在局部的变迁演化。东部沿海地区某一线城市，过去选择在其远离中心人口聚居区的郊

---

① 东北老工业基地是对辽宁、吉林、黑龙江三省以及内蒙古呼伦贝尔市、兴安盟、通辽市、赤峰市和锡林郭勒盟等东北地区的老工业基地的统称。

② 维舟. 东北衰退的原因究竟是什么？［EB/OL］.（2018－4－20）［2019－11－26］. https：//baijiahao. baidu. com/s? id = 1598242391629652945&wfr = spider&for = pc.

区建立化工基地。随着园区人员家属在此长期生活，医院、学校、超市等逐渐建立并成熟，越来越多的其他人员被吸引过来，经过几十年的发展，这里原本相对人烟稀少的周边地区已经人口密布，厂区被居民区包围。近年来，全国各地化工园区不断受到邻避事件的冲击，特别是系列 PX 项目事件以及化工园区爆炸、泄漏等事件发生之后，人们开始“谈化色变”，当地居民开始要求化工园区整体搬迁，矛盾冲突由此不断。从时间序列来看，事件的发展在某种程度上有“鸠占鹊巢”的意味，但城市运行逻辑就是如此复杂，新陈代谢到一定程度就要出现变化，有时候可能是颠覆性的冲击。

城市的发展正是如此，经历了过去近三十年的超快速发展之后，中国城市目前已经普遍高楼耸立、高架环绕、地铁四通八达。但是，任何工程到了一定年限，总会进入其生命周期的问题高发期，特别是在中国经济快速发展的背景下，城市的诸多工程在满负荷使用一定周期之后，已开始暴露出一些问题。2010 年 10 月，无锡高架桥侧塌事件之后，社会主流声音都在讨论超载治理问题，而此时，行业内专家就已经开始研讨中国即将集中迎来的各种建筑寿命问题，以及如何应对大量问题集中爆发带来的严峻挑战。

三、现代化与传统问题

现代化意味着技术进步和将更多过去的不可能变为现今的可能，城市中汇聚的大量现代化元素正推动着城市更快地向前行进。但是，正如贝克在其《风险社会》一书中所要表达的，技术进步带来的不仅仅是进步，同时也蕴含着更多的风险。虽然在城市运行过程中所谓的风险并非指向核泄漏这样的极端事件，但城市中除了现代化的拥护者，还同时存在着大量传统问题的受困扰者，他们也是城市“共同体”中的一员，当他们的问题因为现代化而陷入困顿之时，城市运行的风险也就产生了。

现代化与传统问题相冲突的一个日常表现为城市出行。近年来，随着智能手机软件的快速发展，其已经具备了非常强大的服务功能，几乎日常所有生活需求都可以通过相应的手机软件获得网络另一端某个存在对象的支持。其中之一就是各种打车软件。人们在手机软件中输入目的地之后，系统就能通过平台向周边出租车发送车辆需求信息，从而实现精准定位服务，这种服务深受青年群体的喜爱。但是，作为另一个庞大的群体，老年人却在很大程度上被排除在外。很多老年人难以掌握相应的操作技术，或者因为其他身体原因难以顺利操作手机，他们只能沿用路边伸手扬招的方式寻找出租车。通过现实观察，不少情况下老年人很难顺利拦到出租车，多数车辆都顶着“电调”字样空车驶过。有老年人感叹，他们已经被时代抛弃了。这种情况还在很多其他领域存在着，例如，地铁车站都增设了网络充值设备，同时大量减少人工服务，也给很多不熟悉网络支付操作的人带来了使用屏障。

技术发展与人的需求之间甚至出现了对立的局面。城市中原本充满了大量的就业机会，但随着科技的发展，机器人技术与人工智能的合作迅速抢占了大量原本需要人工来完成的工作，劳动力的需求在很多大城市都发生了根本性的转变，由劳动密集型向高级智力型转变，由人海战术向精兵骨干模式转变。机器的不知疲倦与微乎其微的出错率使得大量城市人员面临着下岗失业的问题，各行各业都出现了类似情况，人的工作需求如何被满足？社会风险正在不断积累。

现代化还与城市严峻的老龄化走到了一起。一方面，医疗技术的发展大大延长了人的寿命；另一方面，大量的老年人需要人工照料。但是，技术发达的今天已经越来越难找到更多愿意投身老年护理工作的人员。党的十九大报告指出，中国特色社会主义进入新时代，我国社会主要矛盾已经转化为人民日益增长的美好生活需要和不平衡不充分的发展之间的矛盾。技术发展推进了现代化，而现代化也进一步提升了人的需求，但是人的很多需求仍然需要由其他人来满足，在这两者竞相提升而又无法由技术完全满足人的需求的情况下，矛盾或者说断裂也就形成了。这种关系会造成群体分层、不满，从而可能造成社会矛盾上升，使城市治理风险加大。正如城市中虽然建设了大量高级护理养老院，但真正能够排队进入的人只占据极少数，这是同样的道理。

现代化与生老病死这类传统问题交织在一起，看似温和，实质却会带来城市社会内在结构的大风险。这类问题蕴含在城市治理结构的深层，要想解决，归根结底还要回到城市管理与制度设计这一层上。希望在城市管理中，管理者除了能关注到并有效应对那些显性的风险冲突点，还能够深入城市运行的复杂系统内部，基于人的根本需求，从政策制度角度提出更加合理完善的方案，防止社会深层问题爆发出来，带来更加严重的社会风险。

第三章　城市风险防控体系的发展历程

本章对城市风险防控体系的发展历程的讨论，主要针对的是近现代[①]以来的演变。近现代是一个较为模糊的概念，事实上，真正具有现代意义的城市风险防控体系诞生于第一次世界大战期间，是战争催生了一套体系结构较为严密的民防制度（Civil Defense）。在非战争时期，自然灾害的频发推动了国家应急管理体系的发展和相关法律体系的完善，进而在国家治理体系内部演化出了城市安全管理架构，并逐渐发展出城市特有的安全风险防控体系。在城市风险防控体系诞生的早期，世界各国普遍经历的是一个国家应急管理体系建设的过程，随着短期应急管理经验的积累，逐步走向着眼事前的风险防范体系构建阶段。因此，在讨论城市风险防控体系发展历程的过程中，不可回避地要从各国国家层面应急管理体系发展的艰辛历程中来寻找城市风险防控体系发展的路径，最后基于相对静态的角度对比分析世界主要城市安全风险防控体系现今的主要状态，从中可以分析出各国动态历史轨迹行进到达当今形态的内在规律。

第一节　西方的风险防控体系路径

西方国家现代意义上的城市化建设要早于东方，其在城市治理的很多

---

① 国内外在近代和现代的历史时段划分上存在区别。中国历史的近代是指 1840—1949 年，现代是 1949 年以后，近现代是从 1840 年至今。世界史的近代传统上是以 1640 年英国资产阶级革命为开端，现代则以 1917 年俄国十月革命为起点，1640 年至今为世界史的近现代。

方面都有着独特甚至先进之处值得我们学习借鉴，在城市安全风险防控方面同样如此。在众多西方国家当中，美国的应急管理体系被世界众多国家效仿，包括中国现在的应急管理体系，就有很多体制上的设计借鉴了美国的经验。同时，西方现代意义上的危机管理体系最早开始于英国的民防体系建设。因此，在回顾西方的风险防控体系建设路径的过程中，本小节重点以美国和英国为典型分析对象，结合我国的具体实践，从中探寻一些有益的发现。

一、美国应急管理体系的发展历程

美国应急管理体系的发展历程主要围绕联邦应急管理署（Federal Emergency Management Agency，FEMA）的建立和发展而展开。美国联邦应急管理署负责联邦政府对国内所有灾害（包括自然灾害、人为灾害或恐怖行为等）的规划、预防、减轻和响应，以及在灾后恢复方面发挥协调作用。

（一）早期（1803 年—20 世纪 30 年代）

在早期，美国灾害救助的工作一直由地方政府负责，只有在超出地方政府的能力范围时，才会向州政府或联邦政府求助，但由于法律没有明确规定参与主体和责任界限，联邦政府或州政府往往反应迟缓、准备不足，甚至不情愿参与救灾工作。

从国家层面开始着手协调地方政府处理救灾工作的历史最早可以追溯到 1803 年的国会法案。这项法案被看作美国的第一部防灾法规，其主要目的是给美国新罕布什尔州遭受大火灾的乡镇提供重建援助。在随后的一个世纪里，美国也经历过许多自然与人为灾害，例如，1811—1812 年的密苏里州新马德里地震、1873 年的芝加哥大火、1889 年的宾夕法尼亚州约翰斯敦崩坝、1900 年的加尔文斯敦飓风、1906 年的旧金山地震和大火等。[①] 针对飓风、地震、洪水和其他自然灾害的应急处理，有关减灾防灾的法规被调整过 100 多次。

---

① 王宏伟. 美国应急管理的发展与演变［J］. 国外社会科学，2007（2）：54－60.

第一次世界大战期间，大规模空袭轰炸和化学武器的恐怖打击催生了美国民防制度的建立。1916 年，美国国会颁布了《美国军队拨款法案》，并成立了“国防理事会”，在理事会下设“战争工业委员会”，并要求各州政府和地方政府成立相应的机构，美国的民防制度体系由此开端。

（二）20 世纪 30—40 年代

20 世纪 30 年代，罗斯福总统为应对美国严重的经济危机，出台了一系列新政措施。1933 年 5 月，国会通过《联邦紧急救济法》，成立联邦紧急救济署（National Emergency Council），其主要职责是处理经济危机带来的后果，并救助自然灾害中的灾民，将各种救济款物迅速拨往各州。第二年，又把单纯救济改为“以工代赈”，为失业者提供从事公共事业的机会，维护了失业者的自力更生精神和自尊心。同时，联邦政府授权复兴银行（Reconstruction Finance Corporation，RFC）向发生自然灾害的地区发放贷款，用于灾后公共设施的修复和重建，并且设立“田纳西流域管理局”，以减轻洪灾的影响并发展水电。1934 年，公路管理局（Bureau of Public Roads）也获得了联邦政府的许可，可以通过发放长期债券的方式为遭受自然灾害破坏的公路和桥梁提供资金。当经济开始复苏时，联邦紧急救济署于 1939 年更名为“应急管理办公室”（Office of Emergency Management），这些零散的灾难援助法规明显不可避免地存在诸多问题，因而迫切需要以立法的方式加强联邦机构之间的合作，并授权总统协调这些活动。

第二次世界大战期间，应急管理办公室负责战时生产的安全保卫工作，并随着战争形势的不断发展，职能也不断扩大。1941 年，罗斯福总统在成立“民防办公室”的同时，取消了联邦“国防理事会”的机构设置，新成立的民防办公室和应急管理办公室联合办公。该民防办公室下辖 44 个州、1 000 个地区的国防理事会，为美国赢得反法西斯战争的胜利做出了突出贡献。第二次世界大战后，应急管理办公室被解散。

（三）冷战前期

第二次世界大战结束之后，美国和苏联作为两大超级大国，为争夺世界霸权，在政治、经济和军事上展开了长达 44 年的冷战对峙。在此期间，美国的应急管理深受国际安全形势，特别是美苏关系变化的影响，并且以应对苏联的核打击为核心，开展相关应急管理工作。

1947 年，美国颁布了《国家安全法》，并成立了“国家安全资源委员会”，主要向总统通报国家工业生产能力和关键性战略物资的储备情况等战时动员的协调情况。1949 年，苏联原子弹爆炸成功，打破了美国在世界上的核垄断地位。应对苏联的核打击成为美国风险防控的第一要务，应急管理办公室又作为民防办公室的一部分而被重新建立起来，并且杜鲁门政府在应急管理办公室下又成立了联邦民防局来为民防事务提供技术支持。

1950 年，美国出台《联邦灾害救援法》，规定面对灾害时，联邦政府有责任向州政府或地方政府提供必要的援助。这标志着美国开始以联邦法律与政策的形式来抵御自然灾害对民众和社会的影响，对于推动灾害救援乃至应急管理体制的改变都起到了很大的作用。同年，朝鲜战争的爆发使得美国国会迅速通过了《1950 年民防法》（*Civil Defense Act of 1950*），规定联邦政府有权向各州及地方政府提供与装备和给养采购相关的指导、援助、协调、培训和贷款。① 1951 年，联邦民防局成为联邦政府的独立机构，并接管了国家安全资源委员会的职责，与国防动员办公室联手，共同保障战时所需的快速动员。1958 年，联邦民防局与国防动员办公室最终被合并为“民防与国防动员办公室”。

20 世纪 50 年代，美国的自然灾害频发，弗吉尼亚州、北卡罗来纳州、路易斯安那州、北得克萨斯州等先后遭受严重的飓风侵袭。而美国政府对此的应对策略只是通过临时立法向灾区增加援助，依然把重心放在朝鲜战争和应对苏联的扩军备战上。

20 世纪 60 年代初，为应对三场大规模的自然灾害事件②，肯尼迪政

---

① 闪淳昌，周玲，方曼. 美国应急管理机制建设的发展过程及对我国的启示 [J]. 中国行政管理，2010（8）：100－105.

② 1960 年，美国蒙大拿州发生了里氏7.3级地震；1960 年，飓风“唐娜”（Donna）袭击了佛罗里达西海岸；1961 年，飓风“卡拉”（Carla）袭击了得克萨斯州。

府在白宫内部成立了专门应对自然灾害的“应急规划办公室”（1968 年改称“应急准备办公室”），主要行使资源调配与利用、灾害救助与恢复、经济稳定与政府持续性的职责，而民防职责由国防部内的民防办公室行使，从而实现将民防事务和其他应急事务区分开来。

1962 年，古巴导弹危机使冷战中的美苏争霸达到了高峰，民防也再次占据美国应急管理的主导地位。加之越南战争爆发，战中及战后相关费用支出高昂①，挤占了应急管理的投入。而在此期间，美国大规模的自然灾害依旧频繁发生②，对此，美国政府只是被动地在灾后进行相应的法规修改，而灾后修复和重建工作主要由住房和城市发展部直属的联邦灾害救援管理局承担。值得一提的是，美国国会于 1968 年通过了《国家洪水保险法》，并依据此法案创建了联邦保险管理局，以洪水保险的形式分担灾害损失，降低政府的灾后援助负担。到了 1970 年前后，美国已经建立起相当规模、数量、种类的应急救援项目和体系，大量的联邦政府部门或机构参与其中。

由此可见，20 世纪 50—60 年代，美国的应急管理以民防为重点，民防预算的增减主要取决于受冷战的威胁程度，原因除了应对苏联的核打击之外，还因为 1950—1972 年，国防部负责所有民防项目，因而项目要优先考虑国防部的需求。③

（四）冷战后期

20 世纪 70 年代初，冷战局势相对缓和，在此情形下，为响应美国国内许多州长要求增加自然灾害预防和应对举措的提议，1972 年，民防办

---

① 官方实际军事支出是 1 347 亿美元，为同期美国国防支出的 21.2%。1968 年和 1969 年的越南支出更是达到了美国当年国内生产总值的 3%。战争结束后，政府约支出2 200 亿美元用于对越战退伍军人的补助。

② 1962 年，风暴“圣灰节”（Ash Wednesday）席卷美国东海岸 620 英里（1 英里 = 1.61 千米）的沿海地带，导致的经济损失高达三亿美元；1964 年，阿拉斯加发生里氏 9.2 级地震，并在太平洋沿岸引起海啸，造成 123 人死亡；1965 年和 1969 年，飓风“贝齐”（Betsey）和飓风“卡米尔”（Camille）造成墨西哥湾数百名美国公民丧生及巨大的经济损失。

③ 闪淳昌，周玲，方曼. 美国应急管理机制建设的发展过程及对我国的启示［J］. 中国行政管理，2010（8）：100 - 105.

公室被更名为“国防民事整备署”（Defense Civil Preparedness Agency），批准各州及地区获得的拨款一半用于民防，另一半用于应急，并且民防工作人员要协助各州及地方政府制订应对自然灾害及核打击的计划。同时，议会还增加了不同法案和项目，如1974年的《减灾救助法案》（*Disaster Relief Act*），确定了总统对重大灾害声明的程序。

但当时美国的应急管理尚处于碎片化状态，无论是中央层面还是地方层面，应急管理职能都分散在多个部门之中，导致职责交叉重叠，彼此相互推诿。以美国联邦政府为例，当发生与核电厂相关的灾害和涉及危险物质的自然灾害时，有100多个联邦机构参与了风险及灾害的应对和处理。20世纪70年代，美国相继遭受了严重的自然灾害。特别是1974年美国中西部发生的龙卷风使得数百人毙命，1977年田纳西河流域遭受巨大洪灾引发多起崩坝事件，1979年三里岛发生核电站事故。这些都使得美国政府在愈加重视对灾害和事故应急处置的同时，也对其加强应急管理的整合提出了要求。

地方政府对成立一个独立的应急管理机构的呼声也日渐增高。1977年，全美州长联合会（National Governors Association）指出，美国缺少一个全国性的综合应急体系，国家应急职能的分散，削弱了各州管理灾害的能力。1978年，该联合会发表了《1978年应急准备计划：最终报告》（*1978 Emergency Preparedness Project Final Report*），提出以下重要建议：第一，联邦、州及地方政府建立平等的伙伴关系以推行“综合应急管理”（Comprehensive Emergency Management）方式；第二，在联邦政府内部设立一个专门的联邦应急机构，其职能包括对灾害的减缓、准备、响应与恢复；第三，在各州建立相应的机构配合对灾害的应急处理。[①] 这份报告成为后续美国应急管理变革的蓝图和脚本。

1979年4月1日，卡特总统签署了成立FEMA的行政命令，对分散的应急管理部门和项目进行重组，包括联邦准备局、国防民事整备署、国家消防管理局、联邦灾害援助局、联邦广播系统、联邦保险管理局等。FEMA

---

① 王宏伟. FEMA的演变与发展——透视二战后美国应急管理的四次大变革［J］. 中国应急管理，2007（4）：56－60.

设立之初，其主要有三项职能：① 整合联邦政府资源；② 协调联邦政府内部部门之间，及其与州政府、地方政府之间的合作；③ 管理应急救援中的公共与私营组织。FEMA 的成立体现了美国“综合性应急管理”的理念，即由单灾种向多灾种转变的全风险管理与从减缓、准备、响应到恢复的全过程管理的结合，并首次实现了联邦政府层面的从分散的应急救援力量到集中统一管理的转变。然而，FEMA 也存在一定的局限性：一方面面临多头管理的问题，组织结构决定了它需要向国会 23 个委员会进行汇报；另一方面也面临着如何正确协调内部部门之间及其与组织机构之间关系的挑战。

1980 年，里根当选美国总统，对苏联采取强硬政策，大力扩充军备，使得美国国防年度预算一度突破一亿美元，而 FEMA 的主要职能也再次转向应对苏联的核威胁。所幸的是，从 FEMA 成立后的近 10 年间，美国并没有严重的自然灾害发生。其间，美国综合应急管理模式最为突出的成果是 1988 年通过了《罗伯特 · 斯坦福减灾与应急救助法》（*Robert Stafford Disaster Relief and Emergency Assistance Act*，以下简称《斯坦福法》）。它赋予了 FEMA 在更多领域的权限，并且在修订了 1974 年《减灾救助法案》的基础上，创建了沿用至今的总统救灾声明流程，即通过总统签署对指定州政府或地方政府的救灾声明来调动 FEMA 开展对受灾地区的物质和财政援助工作。国会试图通过该法来鼓励各州和地方政府制定全面的备灾计划和在救灾中使用保险等手段，从而为救灾过程中加强政府间协调做准备，并为灾害造成的损失提供联邦援助计划。

（五）20 世纪 90 年代

20 世纪 80 年代末至 90 年代初，东欧剧变、苏联解体标志着冷战的结束，而美国国内再次遭受大规模的自然灾害，在这样的情形下，美国的应急管理焦点逐渐从民防转向救灾。

虽然《斯坦福法》扩展了 FEMA 在救灾工作中的法定权力，但由于法律过于笼统，缺乏操作性（如灾害的分类、援助的层级与标准等），导致 FEMA 在应对巨灾时反应缓慢，甚至有时对小灾害不做反应。并且

FEMA 本身也在 20 世纪 80 年代末陷入了组织危机，具体表现为士气低落，组成部门之间各自为政，与各州及地方应急机构在经费支出问题上龃龉不断。[①]

这些问题都在美国发生的两场大规模飓风中逐渐暴露出来。1989 年 9 月，“雨果”飓风袭击美国东南部加勒比海地区的维尔京群岛，造成至少 18 人死亡，数千人受灾，经济损失超过 100 亿美元。1992 年 8 月，“安德鲁”飓风席卷了佛罗里达州、巴哈马群岛和路易斯安那州等地区，在长达两周的袭击中，造成超过 30 人死亡，17 500 余人居无定所，近 8 万人背井离乡，150 多万人断电，仅南佛罗里达州累计经济损失就多达 200 亿美元。灾害发生之后，政府不仅没有对这些灾害建立相应的应急方案，而且在救援行动中表现得相当低效、混乱，甚至可以说非常失败。袭击加勒比海地区之后，“雨果”飓风又快速席卷了南卡罗来纳州。虽然在飓风来临之前，不同层级政府的应急管理部门就已经投入灾害应对和救助工作，但是他们之间的行动缺乏有效协调。此外，政府既定的应急响应方案与飓风灾害的严重性极不匹配，整个应急响应过程拖沓迟缓，难以奏效。[②] FEMA 对这两场飓风的失败应对，受到美国媒体的大规模报道和美国公民的强烈谴责，并引发许多人呼吁 FEMA 进行脱胎换骨的改革，甚至主张解散该部门。对此，美国公共管理国家研究院和美国总审计署于 1993 年分别发布了相关灾害应急管理的报告，探讨了 FEMA 如何改进职能和发挥作用等问题。

1992 年 11 月 4 日，克林顿当选美国总统，任命拥有丰富应急管理经验的詹姆斯·李·威特（James Lee Witt）为 FEMA 新一届领导人，对美国应急管理体系进行大刀阔斧的改革。其中，最主要的有两个方面：第一，对 FEMA 的组织架构进行调整，建立了一套覆盖不同层级政府部门、非营利组织和私营组织的应急管理框架以及新的快速

---

① 王宏伟. 美国应急管理的发展与演变［J］. 国外社会科学，2007（2）：54－60.

② Schneider S K. Reinventing public administration：a case study of the federal emergency management agency［J］. Public Administration Quarterly，1998，22（1）：35－57.

响应机制[①]；第二，将风险减缓和预防提升为国家应急管理的重要工作，并在减灾救灾领域积极应用新技术。这些改革措施取得了显著成效，特别是当1993年密西西比河大洪水和1994年洛杉矶大地震时，FEMA都能快速响应，与州政府和地方政府之间密切配合，并协助非营利组织和私营组织展开救援，从而再次赢得公众对FEMA的信任。

除此之外，针对《斯坦福法》过于宽泛笼统的缺点，《联邦响应计划》（*Federal Response Framework*）作为应对灾害的操作性文件于1992年出台，并于1999年进行了第二版修订。该计划明确了各级政府部门的响应前提和职责范围，再次强调了属地原则，并涵盖了风险的准备、减缓、响应和重建的全过程的内容界定，包括采用"突发事件指挥系统"（Incident Command System，ICS）来为不同部门提供应对灾害的统一技术标准，从而为后续《国家响应计划》和《国家突发事件管理系统》的制定奠定了基础。

ICS是一套基于突发事件应急管理的现场指挥、控制和协调的标准化方法，它规定了事件管理的组织结构，并将流程、人员、设备、设施和通信进行有效集成，其组织结构如图3－1所示，主要分为指挥成员和参谋成员两大部分，并设有突发事件指挥官进行整体领导。在指挥成员中，公众信息官主要负责对外发布有关突发事件的官方信息，以及对内保持计划部与有关机构之间的联系。安全官主要负责安全监控与评估，确保应急行动和应急人员的安全，有权终止不安全的行动。联络官主要负责联络和协调外界的非营利组织、私营部门等机构。在参谋成员中，常设执行部、计划部、后勤部和财务/行政部等，当事件涉及犯罪或恐怖主义行为以及其他非执法情报或调查工作（如流行病学调查）时，有的地方会增设情报调查科。其中，执行部负责指挥和协调战术层面的应急行动，考虑相对短期的应急行动，往往会使用最多的应急资源。计划部负责态势监控、预测分析、资源跟踪、计划方案制定，考虑中长期的应急行动，并负责制定人员轮换计划以及与专家的沟通。后勤部负责应急队伍的通信保障、视

① 无论发生什么突发事件，FEMA都必须在24小时之内组建应对工作组。

频医疗保障、设施补给和交通运输保障。财务/行政部主要负责监控应急过程产生的人力、物力费用，管理采购过程。① 值得注意的是，当突发应急事件涉及不同区域（如不同县之间）时，突发事件指挥官的职能由各区域派代表进行联合指挥。

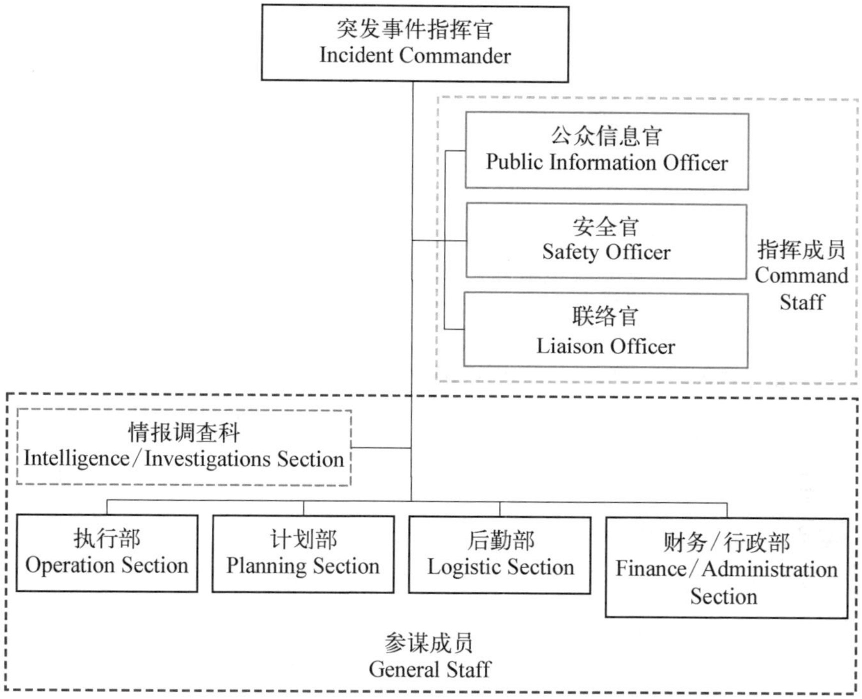

图 3-1　美国突发事件指挥系统组织结构

1997 年，FEMA 首次提出了“抗灾社区”的理念，并向全国推广以社区为单位的全新灾害减缓计划，建立涵盖商业部门等利益相关者的伙伴关系，将减灾和防灾工作纳入社区的日常管理运营，以实现社区的可持续发展。该计划得到了国会和民众的认可，并取得了显著的减灾和防灾效果。

由此可以看出，FEMA 在 20 世纪 90 年代被公众所诟病的行动缓

① 陈涛. 标准化的应急指挥体系与专业化的应急队伍——从伊利诺州看美国应急指挥体系和培训情况［J］. 中国应急管理，2009（2）：47－50.

慢、业务流程混乱、协作无力等方面的问题，在威特改革后有所改善，并且把应急管理的重心转向救灾、防灾方面，从而有效地应对了组织危机。

（六）“9・11”之后的美国应急管理

20 世纪 90 年代的威特改革中，FEMA 的工作职能里并没有包含国家安全委员会提出的防范恐怖袭击的准备任务，这推动国防部和司法部在 1998 年共同成立了“国内准备办公室”。2000 年布什当选美国总统，组建了国家准备办公室，与国内准备办公室共同工作，但随后的“9・11”恐怖袭击事件却对这些都造成了强烈冲击。

“9・11”恐怖袭击事件之后，反恐工作上升成为美国应急管理工作的第一要务。2001 年 10 月，美国国会通过了《反恐怖主义法》，并发动阿富汗战争以推翻塔利班政权。2002 年 11 月 25 日，布什总统在白宫签署了《国家安全法》，并正式启动了美国 50 年来最大规模的政府改组计划。2 个月之后，将 FEMA 与海岸警卫队、移民与规划局等其他 22 个联邦政府机构合并，成立美国国土安全部（Department of Homeland Security，DHS），统一应对国家危机事件（包括自然灾害和人为灾害事件）。其中，FEMA 的国家防范办公室与新成立的国土安全办公室配合，主要负责帮助国家的第一响应人员接受训练并具备处理大规模杀伤性武器的能力。

2003 年 2 月 28 日，根据国土安全第 5 号总统令（HSPD－5），要求新成立的国土安全部制定《国家响应计划》以应对国家级重大事故的全方位资源调动和整合计划，并发布《国家突发事件管理系统》等文件以规定美国各级政府对突发事件应急的统一标准和规范。2004 年发布的《国家响应计划》形成了一套覆盖联邦政府与州政府、地方政府的国家应急体系框架，同时将以往应急法律和总统令整合至国家应急计划当中，并通过《国家突发事件管理系统》提供可操作性指南，进行实际运行，从而有效协调各级政府部门进行灾害救援。《国家响应计划》规定国土安全部要在 1 年后对其进行实施情况评估，并每 4 年一次召集有关单位对其进行全面恢复与修订完善，并可能根据实际情况提高更新频率。

然而在《国家响应计划》实施 1 年之后，2005 年 8 月“卡特里娜”飓风的到来让美国新成立的应急管理机制中存在的漏洞和缺陷暴露无遗。“卡特里娜”飓风是美国历史上破坏最大的飓风，至少造成 1 833 人死亡，整体造成的经济损失可能高达 2 000 亿美元，被称为“天灾版 9 · 11”。在灾害发生前，美国国家大气海洋局就及时发布了飓风预警，但 FEMA 的救援迟缓对灾害扩大负有一定责任。2005 年 9 月 1 日，新奥尔良市出现了无政府的混乱局面，劫匪们公然在警卫队和警察面前大肆烧杀抢掠，并与警方展开激烈的枪战。尽管 300 名从伊拉克撤回的国民警卫队队员抵达受灾地区维护治安，但局势依然相当混乱，该市警察面临沉重压力，导致 2 名警察自杀身亡，200 人主动交出警徽提出辞职。同时，灾区有 30 多万名儿童无家可归，两处航天设施遭到破坏，从新奥尔良至奥兰多的铁路路段出现中断。

灾害结束后，面对公众的质疑和批评，美国对相关部门展开调查，并撤去当时的 FEMA 领导人迈克尔 · 布朗的职务。众议院特别委员会的报告指责了国土安全部的指挥和控制系统，认为联邦官员与州政府和地方政府的相关应急救援机构之间，以及与非营利组织和灾区的应急管理人员之间，都存在严重的沟通与协作问题。除了体制因素之外，从“9 · 11”恐怖袭击事件之后，美国的应急管理重心一直在反恐任务上，缺乏对减灾救灾的足够重视和投入，并对外发动阿富汗战争和伊拉克战争，导致灾害发生后各州的国民警卫队力量不足，无法维持社会秩序，也缺少先进的运输工具和工程设备。为此，2006 年，美国出台了《后卡特里娜时期应急管理改革法》（*the Post-Katrina Emergency Management Reform Act*，PKEMRA），规定在紧急状态下 FEMA 直接对总统负责，代表总统协调灾难救助工作。同年，《国家响应计划》进行了第二版修改。

2008 年 1 月，美国国土安全部发布了《国家响应框架》，并于同年 12 月对《国家突发事件管理系统》也进行了完善，修订为第二版《国家突发事件管理系统》。此版修订不仅将财产与环境保护等领域囊括进“响应”内容中，也将非营利组织、民营企业列为突发事件的应对主体，并提出了分级响应，注重行动的灵活性和标准化，建立多元协作关系等原则。

美国突发事件的分级响应如图 3 - 2 所示，最高级别的联邦响应援助活动如图 3 - 3 所示。

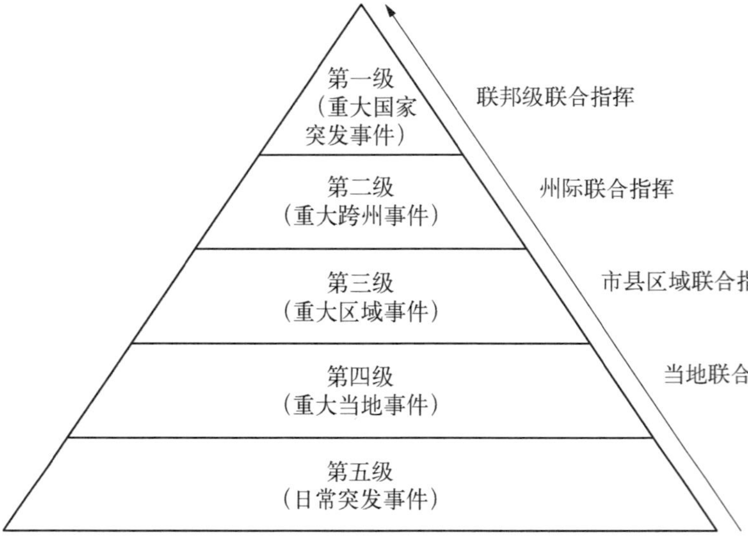

图 3 - 2　美国突发事件的分级响应

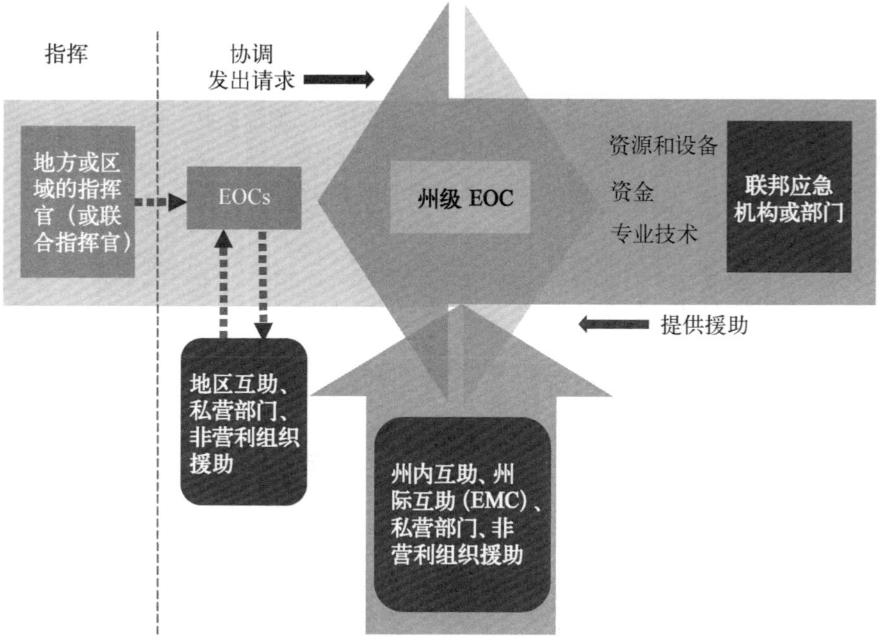

图 3 - 3　联邦响应援助活动

当危机事件发生时，当地应急人员会使用《国家突发事件管理系统》的原则和规定来开展应对。但当紧急事件影响范围扩大或具有较大威胁时，应急操作中心（Emergency Operation Center，EOC）会被启动，同时接受多机构协调组织（Multiagency Command Center，MAC）的职员任命。建立联合信息中心（Joint Information Center，JIC）有助于确保准确的公共信息传递和协调。如果 EOC 人员无法从当地获得相应足够的资源，他们可以根据签订的邻近地区或州的互助协议来获取资源。州级 EOC 可以支持突发事件的信息管理和资源需求活动，通过专业人员使用标准词汇来传递信息，以便请求支援地区能够准确了解他们将收到的内容。当资源（人员、团队、设施、设备或补给）到达突发事件现场时，救援人员可以使用通用的标准系统（如 ICS）无缝地与它们进行对接。在图 3-3 中，提供援助的联邦应急机构或部门主要是根据灾害的具体情况和种类划分。例如，FEMA 在总统签署救灾声明后对自然灾害和紧急事件进行救助；卫生部主要负责联邦突发公共卫生和医疗事件；危险材料泄漏的位置决定了是由环境保护局还是美国海岸警卫队来作为主要领导机构；司法部部长和联邦调查局局长负责有关应对恐怖主义威胁和刑事案件的调查。

自 2011 年日本“3·11”大地震之后，美国联邦政府正式提出全社会参与的应急管理工作理念，并把应急防范工作上升为美国国家安全的一项基本战略。从 2012 年开始，国土安全部每年发布《国家防范报告》（*National Preparedness Report*），以评估上一年度国家安全防范目标的进展情况。同时，为加强应急救援工作中的通信保障能力，2012 年年初，美国联邦政府投资超过 1 500 亿美元建设“第一响应人员网络”（First Responders Network）项目，旨在保障警察、消防队员、应急医疗人员等现场应急响应人员间的高效沟通，提升整体响应效率，并在“桑迪”飓风发生之后加快部署“网络应急操作中心”。[①]

2016 年 6 月，《国家响应框架》进行了第三版修订，为应急能力建设

---

① 游志斌. 美国第三代全国突发事件管理系统的变革重点：统一行动［J］. 中国行政管理，2019（2）：135-139.

和资源整合提供了更具针对性的指导方针和流程。2017 年 10 月 17 日，美国联邦政府又发布了第三版《国家突发事件管理系统》，新增“统一行动”这一指导原则，并将应急操作中心和多机构协调组织群（MAC Group）独立分开，以加强在场外支持现场指挥业务的能力，包括向现场或下级应急操作中心提供信息管理、资源分配以及高级规划支持工具的建设等方面的支持。

EOC 可以是地方常设机构，也可以是应对突发事件临时成立的组织，或者相关人员参与的远程虚拟组织，其应对突发事件时的组织结构与 ICS 类似，如图 3-4 所示，而地方常设 EOC 的组织结构如图 3-5 所示。为了在发生紧急事件时实现各部门之间的快速响应以及灾后重建工作中的协调与合作，地方政府希望各部门与机构在日常工作中也保持沟通及协作，从而产生了常设 EOC 的组织架构。在这种组织结构中，常设 EOC 通常只需要较少的培训，并强调所有部门和机构在协调配合和平等的关系中做出决策。在图 3-5 中，作为 EOC 主管的应急事件管理者负责相关促进 EOC 的计划和报告，而部门代表负责部门职能范围内有关应急风险防范的事宜。例如，自然资源部负责历史文物保护、空气和水质、公园和娱乐、野生动植物和野火等方面的风险防范工作；健康与公

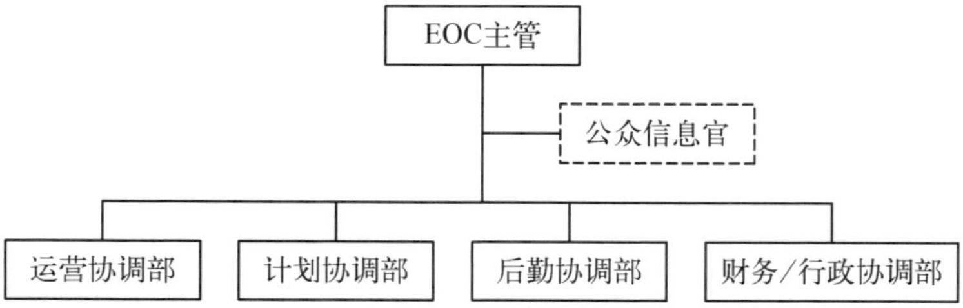

图 3-4　EOC 的组织结构

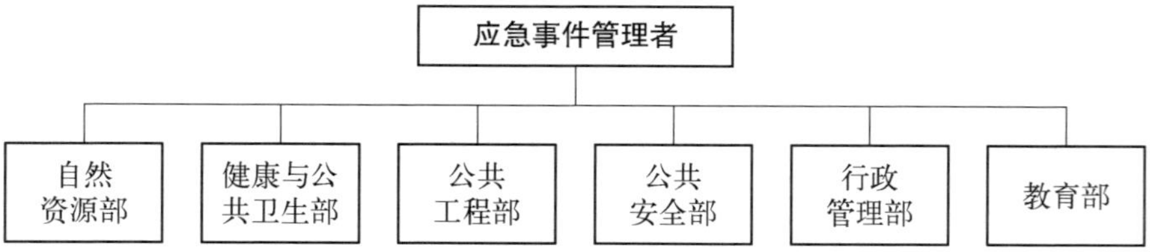

图 3-5　地方常设 EOC 的组织结构

共卫生部负责提供为老服务，以及社区医院、诊所和医疗服务，进行疾病调查并与人道主义救济组织联络；公共工程部负责包括道路和地面、下水道和卫生设施、水净化、燃料、公用设施、运输和固体废物等方面的风险防范工作；公共安全部负责协调警察、治安官、消防或紧急医疗服务机构之间的资源和配合；行政管理部负责协调公共信息、与私营部门等联络，并进行相关风险文化工作；教育部则主要负责日托服务、学校设施（可能用作紧急避难所）和学校交通等方面的风险防范工作。

二、英国应急管理体系的发展历程[①]

英国是英美法系的发源地，其应急管理体系的发展与法律体系的建立紧密结合，依靠相关法律的发展，英国至今已经形成了较为完善的应急管理体系。英国最早的应急管理相关法律可以追溯到《1920 年紧急状态权力法案》（*Emergency Powers Act of 1920*），但英国真正的应急管理体系始建于第二次世界大战后。第二次世界大战后英国应急安全管理体系的发展大致经历了三个阶段。

第一阶段：第二次世界大战后至 20 世纪末。该时期的应急管理体系主要以地方层面为主，各郡区的警察、消防、医疗单位为管理主体。管理重点是防范核打击下的平民伤亡以及零星的自然灾害与北爱尔兰的恐怖袭击。[②]

1948 年《国民防务法案》（*Civil Defence Act*）的颁布奠定了英国应急风险管理的立法框架，其主要目的是在冷战的紧张局势下防范平民遭受核打击的风险，并将应急管理权下放给地方政府。1986 年，英国正式通过《和平时期民事防务法案》（*Civil Defence in Peacetime Act*），在法律层面明确了英国中央和地方政府在应急安全管理方面的责任和义务，但缺乏具体操作

---

① 英国的应急管理发展历程较多参考和引用了英国政府官方网站（https：//www.gov. uk）的相关官方文件，文中不逐一列出。

② 李格琴. 英国应急安全管理体制机制评析［J］. 国际安全研究，2013，31（2）：124－135,159.

机制，从而导致20世纪80年代发生的一系列危机事件没有得到有效应对。① 在英国政府一系列救援行动的弊端逐渐显露之后，英国政府也开始建立内部联动和外部合作机制。在20世纪90年代发生的一起危险化学品突发事件中，由于消防局的应急救援不当导致了较为严重的环境污染，英国环境保护部门向法院起诉，要求责令救援的消防局赔偿相关环境污染损害。而双方在1994年达成和解，签订了谅解合作备忘录，建立起环境保护和消防部门的环境应急联动机制②。在对外与志愿部门的合作方面，1998年颁布的《政府与志愿及社区组织合作框架协议》对政府与志愿组织的合作行为进行了有效规范，并坚持应急志愿组织的独立性，弱化政府对其的干预和控制程度。

第二阶段：2001年至2008年前后。该时期的应急管理体系在立法与中央、地方的整体建制上实现飞跃发展。

2000年的英国大洪灾以及2001年的英国口蹄疫疫情等公共危机事件再次暴露了英国在中央与地方关系协调上的应急管理体制缺陷，从而促使英国政府改革应急管理的组织机构。为强化英国在突发危机事件中的准备、反应和恢复能力，2001年7月，英国在内阁办公室下设立国民紧急事务秘书处（Civil Contingencies Secretariat，CCS）作为英国应急管理工作的最高机构，主要负责风险防范演习、风险评估，组织和协调跨部门和跨机构的相关利益方共同参与突发事件的处理，以及事后的恢复工作。同年，英国政府颁布了《国民突发事件应急计划》。

“9·11”恐怖袭击事件后，为了有效应对各类危机事件，建立一套覆盖英国中央到地方的应急管理框架和法律体系被提上日程。2004年11月，在整合已有的专门应急法律的基础上，英国议会通过了《国民应急法案》

① 1987—1988年，北爱尔兰地区频繁遭受恐怖袭击造成多人死亡；1988年，北海阿尔法石油勘探设备出现故障致使167人遇难；20世纪90年代后期，威尔士、英格兰北部和中部地区的洪灾频发，导致英国遭受巨大的财产损失。

② 西双版纳傣族自治州人民政府.借鉴英国经验强化我国部门间环境应急联动机制建设的思考［EB/OL］.（2016-6-2）［2019-10-27］.https：//www.xsbn.gov.cn/178.news.detail.dhtml?news_id=32850.

(*The Civil Contingencies Act*)，成为英国应急管理的最高法律文件。该法案在界定紧急事件范围的基础上，重点对地方国民保护安排和紧急权力两部分进行阐释。第一部分主要明确从中央到地方的应急管理机构在应急准备和应急响应方面的责任和义务，并强调灾害预防的重要地位；第二部分基于对《1920 年紧急状态权力法案》的修改，规定了英国政府在紧急状态时期为应对突发事件的临时立法权。为加强该法案的可操作性，2005 年英国政府出台了《国民应急法案执行规章草案》《中央政府对突发事件响应的安排：操作手册》《应急准备指南》和《应急响应和恢复指南》作为应急管理机制的指导法规和文件，并于次年通过了《2006 年反恐法案》，以对《国民应急法案》中打击恐怖主义的应急管理工作进一步细化。这些法律文件共同构成了英国应急风险管理的体系框架（表 3－1），并基于综合应急管理（Integrated Emergency Management，IEM）和业务持续性管理（Business Continuity Management，BCM）的理念在后续不断进行修订。

表 3－1　英国应急风险管理相关法律文件的层次划分和内容概述

应急管理法律体系	代表性法律或文件	主 要 内 容
核心法案	《国民应急法案》	界定中央和地方的政府应急部门和机构的主要职责
补充性法规	《中央政府对突发事件响应的安排：操作手册》	基于《国民应急法案》规定了政府行为规范和细化职责分工
	《国民应急法案执行规章草案》	
操作性指南和标准	《应急准备指南》	包括《国民应急法案》在风险预测、风险评估、危机预防和应急准备方面的具体规程
	《应急响应和恢复指南》	包括《国民应急法案》在应急响应和应急恢复方面的具体规程
	《国家业务连续性标准（BS25999）》	明确介绍 BCM 的体系构建、实施、演练、维护和评审流程

续 表

应急管理法律体系	代表性法律或文件	主 要 内 容
规划性文件和经验总结性材料	风险登记册、应急预案、业务持续管理计划书、灾后重建计划书	包括基于法案和文件规定的地方政府应急管理部门或机构的具体工作内容
	优秀应急管理的实践报告、事前事后评估报告、学术报告等	包括政府应急部门或独立研究机构发布的突发事件总结报告

第三阶段：2008 年至今。这一时期的应急管理被纳入国家“大安全”框架，努力实现传统安全与非传统安全、国际安全与国内安全管理的整合。[①]

如何加强英国应急管理部门与其他机构部门之间的协调和信息共享成为继 2004 年《国民应急法案》颁布后的难题。2005 年 7 月伦敦地铁发生爆炸，2006 年 4 月高致病性禽流感疫情暴发，以及 2007 年夏季洪水灾害等，这些危机事件都促使英国政府不断加强风险评估工作，以及进一步强化应急管理整合的机构改革。

2008 年 2 月，英国内阁办公室战略中心发布报告《实现英国的潜力：英国未来的战略挑战》，对英国未来将面临的战略风险进行评估，认为英国在全球化、老龄化、社会安全、个性化的公共服务、气候变化等方面面临着战略风险，必须加强战略风险管理能力，才能保障社会安全与繁荣。[②] 同年，英国政府发布首份《国家安全战略报告》，将恐怖主义列为英国最大的安全威胁。为应对恐怖主义威胁，英国迫切需要整合安全、外交、国防、情报等部门在安全问题上的资源和权限，减少各部门之间的沟通不畅以及决策成本，避免各自为政和互相推诿的现象。[③]

① 李格琴. 英国应急安全管理体制机制评析［J］. 国际安全研究，2013，31（2）：124－135,159.

② 游志斌. 英国政府应急管理体制改革的重点及启示［J］. 行政管理改革，2010（11）：59－63.

③ 许超. 英国国家安全委员会的建立、运作及展望［J］. 江南社会学院学报，2018，20（1）：18－24.

2010 年 5 月，卡梅伦就任英国首相后，宣布建立国家安全委员会（National Security Council，NSC），将其作为英国应急管理的最高领导机构，并将国民紧急事务秘书处纳入国家安全委员会的大国家安全管理框架，主要负责促进跨政府部门的资源整合与协作，统筹考量国际和国内安全问题，确认国家安全战略重点及优先性问题。NSC 由首相担任主席，每周举行一次会议，其常设成员包括副首相、财政大臣、外交大臣、国防大臣和其他内阁大臣，其他内阁部长按会议内容要求参加。从组织结构上看，NSC 设有 4 个部长级小组委员会和国民紧急事务秘书处，其主要结构如图 3－6 所示。其中，国家安全秘书处作为 NSC 的专门办事机构，负责应急管理日常工作和在紧急情况下协调跨部门、跨机构的应急行动，其下又设置外交和国防政策工作组、国家安全项目和战略工作组、安全和情报办公室、网络安全办公室和国民紧急事务秘书处这 5 个部门，负责对相关部门应急安全管理的具体指导、监督和审查工作。除此之外，国民紧急事务秘书处作为国家整体风险管理的核心领导机构，与相关部门合作负责识别、描述、量化和评估所有可能影响国家安全的风险，并每年发布《国家风险登记册》。

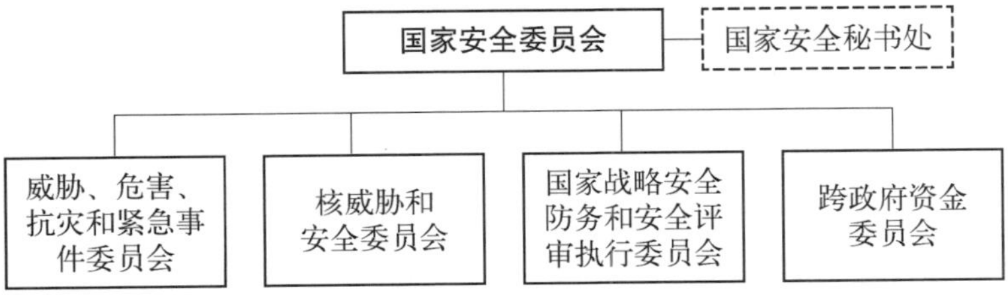

图 3－6　英国国家安全委员会组织结构

国家安全委员会的建立是英国自第二次世界大战以来应急管理体制的重大调整，自此形成了较为完善的英国应急管理体制。2011 年，英国发布《国家网络安全战略》，并在 2015 年出台了新的《2016—2021 年国家网络安全战略》，为进一步加强英国网络安全提供了更为明确的战略规划。2013 年英国成立了专门的国家打击犯罪局，并推出应对严重组织犯罪的相关战略。2015 年颁布的《国家安全战略和战略防务与安全评估》中列出了英国国家安全风险清单，并将严重的自然灾害、恐怖主义、网络安全、公共健康等风险列为英国国家安全委员会未来工作的主要议题。同年又推出了最新的国家反极端化战略，并于2017年成立打击极端主义委员会。[①] 在国家安全委员会的领导下，英国的应急安全管理体系建设不断走向深入。

基于综合应急管理理念，英国将应急管理分为风险预测、风险评估、危机预防、应急准备、应急响应和事后恢复六个阶段，其应急管理机制也相应地围绕这六个方面分别展开工作。由于英国内部的英格兰与北爱尔兰、威尔士及苏格兰之间的应急管理机制稍有不同，这里重点介绍以英格兰为代表的英国应急管理机制。

（一）应急响应和恢复的指导原则

前瞻性原则：持续的风险识别和分析对于预测和管理紧急情况可能导致的直接或间接后果至关重要。这也是综合应急管理的第一阶段。

系统备灾原则：所有可能在应急响应和恢复中发挥作用的组织和个人，都应做好准备并明确其角色和责任。

辅助性原则：中央政府和上级政府只有在必要情况下才会通过提供资源和协调各部门配合来辅助当地响应者，地方机构是应对任何规模紧急情况并进行恢复的基石。中央和上级政府开展必要的顶层协调，尽量避免对具体行动进行决策。

统一方向原则：基于战略目标和所有相关方的商定，明确目标并支持目标。这将有利于快速确定响应和恢复工作的重点和优先次序。

信息的一致性和及时性原则：信息对于应急响应和恢复至关重要，信息的整理、评估、验证和传播必须以适当的信息管理系统为基础。这些系统需要支持单一机构或多机构做出决策以及对外传达信息，使公众能够做出明智的决定以确保其安全。

整合性原则：应在不同组织和各级政府之间及其内部进行有效的协调，从而产生连贯一致的综合效果。

① 许超．英国国家安全委员会的建立、运作及展望［J］．江南社会学院学报，2018，20（1）：18－24．

合作原则：灵活性和有效性取决于所有机构和各级政府之间的积极参与和信息共享。

连续性原则：应急响应和恢复应以组织日常履行的职能和熟悉的工作方式为基础，因而需要通过培训和锻炼来实现日常履行的职能和行使方式即使在严重的紧急情况发生时也不会做出巨大调整。因为即使他们在应急响应过程中可能以不同的方式部署工作或获得邻近地区支持，但它们建立的经验、专业知识、资源和社会关系将是至关重要的。

（二）应急响应机制

英国的应急响应机制以自下而上的方式进行运作，即地方应急机构和部门是危机事件发生时的主要响应者，这一原则在事后恢复阶段同样适用。实际上，地方层面处理大多数紧急情况，中央层面只有在非常严重的紧急情况发生时才会参与到应急响应和恢复的资源提供及协调工作中。

1. 英国地方应急响应机制

在地方响应层面，英国的应急管理通常也是以自下而上的方式建立地方“金、银、铜”三级响应机制，如图 3－7 所示。其响应级别主要以辅助性和主动性两大原则为指导。

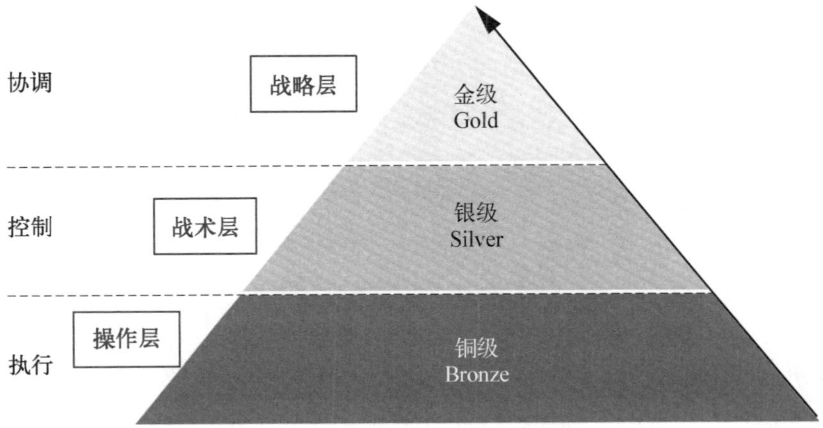

图 3－7　英国地方分级响应机制

“铜级”主要负责操作层的应急响应工作，是指在紧急情况时进行现场“实际处理”工作的级别。该层面主要由警察、消防人员等一线处置人员组成，直接处置应急资源并决定救援方式。当事态较为严重时，铜级指挥官会主动向上申请启动战术层响应机制，并执行“银级”下达的命令。

“银级”主要负责战术层的应急响应工作，主要解决“如何做”的问题，具体负责包括确定分配可用资源的优先次序，评估重大风险并用此来指导作战指挥官的任务等，以确保操作层人员能够协调一致的有效开展工作。该层面主要由事发地相关政府部门人员组成，直接管控应急资源和人员调配工作，除非有明显和迫切的干预需要，否则战术指挥官不直接参与操作层正在履行的详细任务。在事态明显超出战术层已有的资源、知识经验或协调范围时，银级指挥官有权通过政府联络官员向上申请启动战略层响应机制，并根据“金级”下达的战略目标和计划，制定战术任务和命令，下达给“铜级”。

“金级”主要负责战略层的应急响应工作，主要解决“做什么”的问题，具体工作包括：确定并公布明确的战略目标和对象，并定期进行审查；考虑事件的社会、经济和环境等因素，从全面管理角度制定政策框架；优先考虑战术层级的要求，并相应地分配人员和资源；制定并实施媒体处理和公共传播计划以及采取响应措施促进事后恢复。当紧急事件影响较为重大，或涉及多个组织时，往往会成立战略协调小组（Strategic Co-Ordinating Group，SCG）。该层面没有常设机构，通常由警察总局的高级警官担任总指挥员，并往往是各组织选派代表以远程视频会议的方式进行运作。由于 SCG 为多机构协调响应团队，所以对每个单独机构的人员或资产没有发布命令的权力，参会的每个组织都保留自己的命令权限和职责分配，并以正常方式控制自己的运作。

值得一提的是，如果发生有关公共卫生、有毒物质泄漏或其他环境污染等紧急事件，往往需要成立科学技术咨询小组（Science and Technical Advice Cell，STAC）来为 SCG 提供专业知识和技术建议。同时，一般的地方响应层级也会与恐怖主义、动物疫情、海上紧急状况等特殊情况进行区分。根据事件的性质、影响范围和严重程度，区域或中央政府应急响应机制将被适时启动。

最后，每个组织都应选派指定的信息管理员负责监督和保存有关事件的决策、关键决策背后的推理和采取的行动等方面的全面记录，从而能够有助于后续应急计划和培训课程的修订，加强与其他机构的联络以及设计有针对性的练习以检验替代方案。最终总结报告应该是透明开放的，其结果应得到广泛传播。

2. 英国中央应急响应机制

在某些情形下，紧急情况的规模或复杂性使得英国中央政府的支持或协调变得十分必要。中央政府不会重复地方响应者的角色，地方响应仍然是应对紧急情况的基本组成部分。

英国中央政府会通过以下方式支持当地响应者：基于共同认可的信息图像、情报评估以及 SCG 等利益相关者的建议，提出战略方向；授权提供军事援助；酌情提供国家资产和资源以支持响应和恢复工作；就多站点或多个事件的相对优先权和国家资源的分配提供咨询意见；促进各部门之间的信息共享等。

一般来说，如果紧急情况的性质影响到许多政府部门的业务，则需要指定一个政府领导部门（Lead Government Department，LGD）统一负责中央政府的集体响应事项。内阁办公室对各种紧急情况下应急响应和恢复时的默认 LGD 及其职责，以官方文件的形式做出明确规定。如果发生特殊的危机事件时，领导部门不明确的，内阁办公室将做出判断，并与总理办公室协商，任命最合适的 LGD。其中，只有在发生 3 级破坏性极大的灾难性事件（Catastrophic Emergency）或者 2 级影响范围广泛而持久的紧急事件（Serious Emergency）时，中央政府才会启动内阁紧急应变小组（Cabinet Office Briefing Rooms，COBR）来负责专门的危机处理工作。英国中央政府的分级响应机制如图 3－8 所示。

当 COBR 启动时，对于国内非恐怖袭击事件，将由内阁的国民紧急委员会（Civil Contiugencies Commitment，CCC）来召集应急响应的主要部门和机构的部长及官员参与会议，而对于恐怖袭击事件或国际危机事

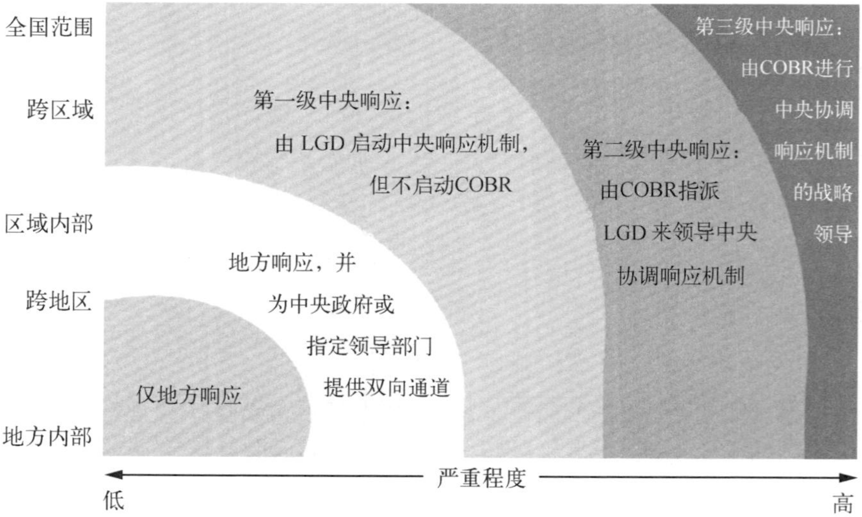

图 3－8　英国中央政府的分级响应机制

件，将组织由总理、内政大臣或外交大臣主持的会议，从而形成中央响应的高级决策机构。同时，内阁办公室将部署一名政府联络官（Government Liaision Officer，GLO），为 COBR 和 SCG 之间的信息传递提供双向沟通渠道。

在 COBR 内部，高级决策机构负责监督政府的回应，并举行部长级会议或相关政府官员会议，必要时也可由若干单独的小组和团队提供支持，英国 COBR 启动时的应急响应机制如图 3－9 所示，但通常情况下不会完全启动所有支持机构。其中，情境小组负责确保对当前情况有独立、即时和权威的概述，是任何情形下所必备的功能支持小组。其重要职责之一就是制作一份涵盖现场的最新动态、事件可能引发的广泛影响以及应对措施等信息的公认信息图文（Common Recognised Information Picture，CRIP），该文件会在 COBR 的高级会议上进行总结报告，并尽可能与区域和地方的响应人员分享。为了确保 CRIP 提供准确和及时的信息，内阁办公室将酌情要求其他政府部门和机构提供情况报告，提供国家管理或协调服务的国家概要。必要时，高级决策机构也可以获得通信协调、操作响应、影响管理、事后恢复等支持团队，以及法律或科学技术等方面的专家咨询建议。其中，情报小组一般在发生恐怖主义危机事件时启动，其成员主要由恐怖主

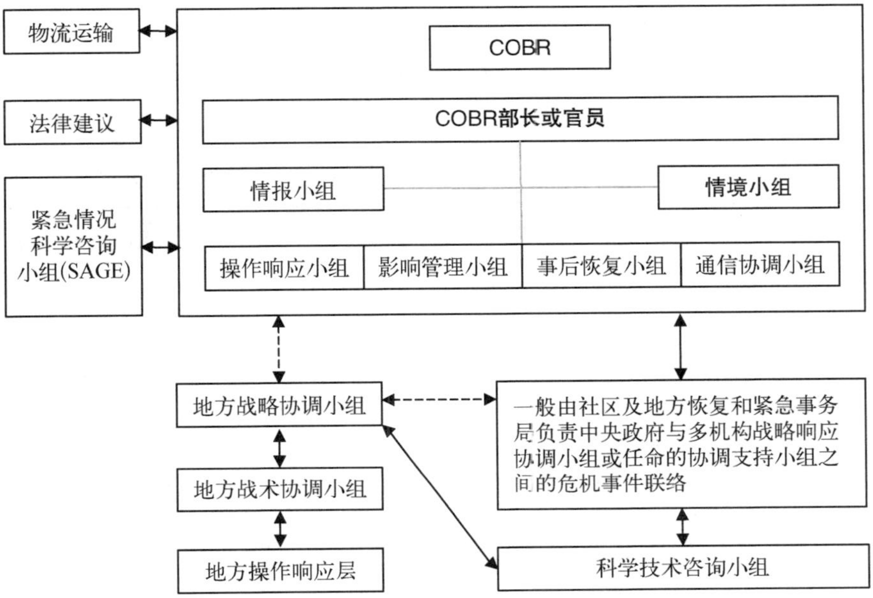

图 3－9 英国 COBR 启动时的应急响应机制

义联合分析中心（Joint Terrorism Analysis Center，JTAC）和国防情报人员（Defense Intelligence Staff，DIS）等组成。

3. 应急准备与防范

英国地方层面的日常应急管理工作主要依靠地方抗灾力论坛（Local Resilience Forum，LRF）的方式进行运作，以实现风险预测、风险评估、危机预防、应急准备阶段的目标。根据《国民应急法案》，LRF 是在警区划分基础上进行多机构合作和协调的主要机制，并主要由法案规定的第一响应人（Category 1 Responder）和第二响应人（Category 2 Responder）组织和参与，军事部门、非营利组织、社区及地方恢复和紧急事务局（the Department for Communities and Local Government Resilience and Emergencies Division，DCLG RED）也有可能被邀请参加。LRF 的主管团队必须每六个月至少召开一次会议，并且第一响应人必须参加 LRF。其中，第一响应人主要为紧急事件发生时的主要响应机构或部门的代表人员，如警察、消防员、医疗急救人员等，而第二响应人主要为危机处理中常涉及的公用事业单位的人员，如公共设施和交通部门等。两类响应人及 LRF 在合作和信息共享阶段的主要任务及职能如表 3-2 所示。可以看出，LRF 的主要职责是促进当地应急机构之间在风险评估、应急预案、公众警示等方面的合作和信息共享。

表 3-2　两类响应人和 LRF 在合作和信息共享阶段的主要任务及职能

	合作阶段职责	信息共享阶段职责	LRF 是否参与
风险评估	讨论第一响应人所在组织的风险评估	需要获得第一响应人所在组织的风险评估信息	否，但第一响应人需要使用 CRR 来开展自己所在组织的风险评估工作
	在 LRF 上共同讨论社区风险登记，制作社区风险评估注册表（Community Risk Register，CRR）	共享有关 CRR 的信息	是
	在 LRF 上共同讨论 CRR 中可以向公众警示的内容	使用一致的方法提供给公众有关风险和警示信息	是
	共同讨论中央政府能力计划的评估风险和向中央政府报告国家风险登记情况	共享有关解释中央政府风险评估的地方影响信息	是
	共同讨论专业应急计划和应急演习场景	通过第一响应计划和演习场景确定所涉及后果的性质和量化所需的信息	否
	与基础设施运营者共同讨论业务持续性计划	从基础设施运营者或主要供应商获取有关威胁业务持续性的风险信息	可能不参与
应急预案	共同准备应急计划、多机构响应计划及 LRF 计划	共享有关合作伙伴的协议条款、职责、义务，以及合作流程和提供资源等信息	有时参与、有时不参与
	共同讨论中央政府的预案要求和国家能力调查的信息要求		是
	共同讨论应急预案、多机构响应计划和 LRF 计划的具体设计、培训和演习及更新工作	共享有关应急演习场景开发的信息	有时参与、有时不参与

续　表

	合作阶段职责	信息共享阶段职责	LRF 是否参与
业务持续性计划	与关键基础设施运营者或主要供应商商定相关流程	从基础设施运营者或主要供应商获取有关流程信息；更新计划	否
公众警示和通知	共同讨论公众需要获知的灾害和风险的性质及信息类型	第二响应人很可能有义务在法定条件下向公众提供相关信息；更新相关信息和流程	是
	与媒体和志愿部门等相关合作伙伴共同讨论多机构媒体响应计划和公众警示传播安排		是
	举办联合宣传活动以提升公众预案意识，并使其熟悉流程操作	参与组织提供相关信息	是

值得注意的是，LRF 不是一个运营机构，因为它在紧急情况下没有任何职能和责任，也没有资源。但是通常情况下，在紧急事件发生时，构成 LRF 的特定人员可能会作为一个多机构团队聚集在一起，以履行其职责。

LRF 的内部成员可以分为首席官员组、一般工作组、任务安排组和其他专业分组，LRF 的一般组织结构如图 3－10 所示。LRF 首席官员组一般由来自两类响应人代表的高级官员组成，负责战略层面的相关应急准备工

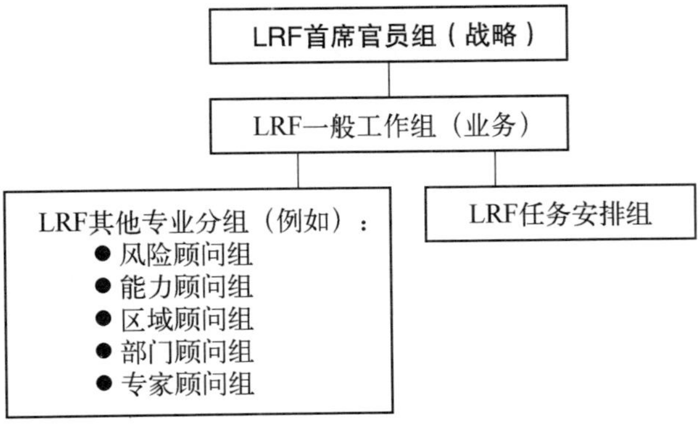

图 3－10　LRF 的一般组织结构

作。LRF 一般工作组的功能是将有关抗灾建设问题提交给首席官员组，并确保首席官员组的决定得到落实，具体负责 LRF 总干事会议的筹备工作。而 LRF 任务安排组则负责举办 LRF 会议的具体执行工作，并帮助各组织机构之间达成相关协议和协商工作。

其他参与 LRF 的五类成员代表及其主要职责如下。

（1）风险顾问组：提供社区风险登记册，确定工作方案的优先事项。

（2）能力顾问组：与政府的能力计划相匹配，如电信分组（TSG）。

（3）区域顾问组：由整个 LRF 行政区域的政府官员代表组成。

（4）部门顾问组：包括志愿部门、军队等相关组织部门。

（5）专家顾问组：针对特定问题开展的跨机构或跨部门分组，例如，化学危害、洪水、公用事业紧急情况和受紧急情况影响的人们的福利支持，以及动物健康、媒体关系或应急培训和演习分组。

最后，由 LGD 负责对两类响应人的相关监管工作，并且内阁办公室下设立的 CCS 也可直接与第一类和第二类响应人以及 LRF 相关代表进行联系，并负责制定当地的抗灾能力政策以及进行与 LGD 的协调工作。而 CCS 和 LGD 向内阁的“威胁、危害、抗灾和紧急事件委员会（THRC）”报告，该委员会再向内阁委员会和国家安全委员会进行相关抗灾建设报告。

（三）风险评估

风险评估是英国政府极为重视的应急管理工作之一，为明确应急机构工作重点和进行资源分配提供了理论基础，并且对于制定跨地区或跨部门的联合应急规划和预案具有重要支持作用。

英国风险评估的一般流程如图 3－11 所示。在这里，风险评估是一般风险管理过程的一个组成部分。虚线表示从一个阶段到另一个阶段的过渡：第一阶段是“背景化”，需要定义风险的性质和范围，并就如何进行风险管理达成一致；第二阶段是“风险评估”，包括识别存在重大风险的威胁和危害，通过“可能性×影响”的风险矩阵形成总体风险等级评分；第三阶段是“风险处理”，主要是确定超过当地承受范围的风险种类，制定计划和策略以降低这些风险，然后测试计划和其他相关能力。最后，制作社区风险评估注册表，经地方 LRF 批准后向社会公布。值得注意的是，虽然第一响应人具有承担风险评估工作的法定义务，但并没有法定要求他们执行风险处理的步骤。

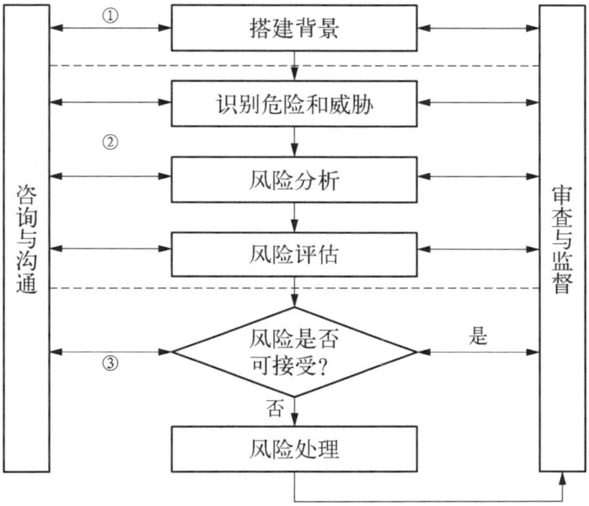

图 3-11　英国风险评估的一般流程

地方层面的风险评估工作通常由 LRF 建立一个风险评估工作组（Risk Assessment Working Group，RAWG）负责，成员主要由第一响应人中参与应急计划的官员代表组成，并在 LRF 任命的小组领导下开展工作。在中央层面，主要在国民紧急事务秘书处带领下与多部门合作，对威胁全国的毁灭性灾害和风险进行评估。

风险评估是一个动态的过程，以年为周期，要求随时对风险进行评估和修订。同时英国政府注意把风险评估的结果运用到应急管理的各个环节，例如，把风险评估作为制定应急规划和预案的依据和基础。[①]

---

① 国务院应急办赴英培训考察团. 英国应急管理的特点及启示［J］. 中国应急管理，2007（7）：54-58.

（四）应急培训

英国政府一直以来都非常重视应急管理方面的教育培训，其发展历史最早可以追溯到 1937 年紧急事务规划学院（Emergency Planning College, EPC）的建立。EPC 是英国最具权威和影响力的国家级应急管理教育培训机构，并在 2001 年以后由 CCS 进行管辖。EPC 主要对政府官员、消防人员、警察、急救人员、学校人员、军队、志愿者以及外国官员等开展应急管理教育和培训工作，同时，EPC 还承担了研究制定应急管理标准、手册，为 CCS 和社会各界提供政策建议等一系列科研、咨询任务。

EPC 的培训课程具有以下特色：第一，根据英国应急管理的法律法规和运行机制，分模块、分层次设置全面培训课程体系，从而形成了涵盖体育赛事、生产交通安全、卫生防疫、节假日应急管理、自然灾害等方面，以及从应急预警到事后恢复全过程的应急管理的教育培训体系；第二，注重运用现代化信息技术工具和手段进行互动式、演练式的教学方法，通过委托公司开发专门的应急标准演练系统，将虚拟场景、实时控制、指挥决策、评价记录等集为一体，以任务导向、小组互动学习方式增强应急管理决策者的跨部门、跨地区的协作能力，并在模拟演习中检验和完善应急预案的可操作性①；第三，依据科学规范的课程管理方法，开发一门新课程需要经过需求调研、编写教案、内部评审、内阁办公室批准等程序，才能真正进入课堂，并且专职教师必须有丰富的实践经验，在每次培训后都需要进行评估，每个季度也都要召开内部课程综合评审会，评议各位教师的课程情况以进行调改②。

经过多年的发展，英国目前已形成以紧急事务规划学院为龙头，以各地区、各部门政府专业培训机构为主体，高等院校和私立培训机构广泛参与的应急培训格局。③

---

① 国家行政学院课题组. 英国、德国、瑞典应急管理教育培训的主要做法及启示［J］. 中国浦东干部学院学报，2009，3（3）：118－121.

② 李雪峰. 英国应急管理的特征与启示［J］. 行政管理改革，2010（3）：54－59.

③ 国务院应急办赴英培训考察团. 英国应急管理的特点及启示［J］. 中国应急管理，2007（7）：54－58.

第二节　我国的风险防控体系历程

一、明清时期

自古以来，我国各种旱涝灾害频发，因而我国古代的应急管理主要是在农业灾害实践基础上发展起来的一系列救荒措施，包括巫术祈祷、赈济、调粟、养恤、除害、安辑、蠲缓、放贷、仓储、灌溉濬治、造林垦荒等手段①，以增强抵御自然灾害的能力。而真正意义上具有近现代应急管理体系特点的应急措施最早可以追溯到明清时期，主要表现为一套从备荒、赈济、平粜到蠲缓、兴工筑、集流亡的完整救荒程序，涵盖了从灾前预防到灾后重建的政策体系，发展渐趋成熟。

以报灾为例，古代最初是“秋诉夏旱”和“冬诉秋旱”，即要等到收获之后再呈报受灾情况。到了北宋时期，又规定夏灾以四月三十日，秋灾以八月三十日为上报期限，从时间上看，仍然存在着较大的滞后性。到了明清时期，官方对灾害管理趋于严格，规定“凡地方有灾者，必速以闻”，要求对灾害进行即时报送，从制度上最大化地确保灾害信息能够得到及时报送。同时，明清时期还出现了大量荒政书籍，开始对救荒思想进行理论化和系统化的梳理。据不完全统计，明代约有荒政书籍 15 部，清代增至 60 余部。这些荒政书籍对救荒程序进行了精细化分析和条例化归纳，使救荒程序更加规范化和预案化，有助于更好地指导地方官员开展抗灾救灾工作。

而明清时期的故宫防火法至今仍在使用。故宫作为明清两代的皇宫，一直遵循“冬凿冰、夏注水、春除草、秋清叶”的防火传统。火灾同样也是明清时期面临的主要灾害。为了防火，故宫里共摆设铁、铜、鎏金铜大缸 308 口，用以储水，平均储水 3 000 多升，并时刻保证储水缸满盈。同时，冬天要在金水河内每隔 20 米凿出一个一米见方的冰窟窿。一旦失火，

---

① 夏一雪，郭其云，杨隽，等. 我国古代公共危机应急救援的历史经验与有益启示[J]. 学术论坛，2012，35（7）：55－60.

这些都可以成为距离最近的水源，方便及时取用。进入春秋季节，故宫里的植被要经常进行湿化，宫殿房顶的杂草也会被定期清理，防止有可燃物造成失火。①

清末，近代化政治革新中出现了专司灾荒赈济的管理机构——民政部，负责灾后赈济、抚恤、栖流等事务，但仅限于政治构想，未曾发挥实际效用。北洋政府时期，建立了从中央到地方的三级机构体系，中央为内务部赈务处，省级为政务厅内务科，县级亦为内务科，并且在国家财政预算中设立专项的救灾资金，但同样由于政治动荡而未发挥作用。

二、中华人民共和国成立至改革开放初期

中华人民共和国成立之后，我国相继建立了中央人民政府水利部、中央军委气象局、国家地震局、中央人民政府林业部、国家海洋局等专业性防灾减灾机构，并对其中一些机构又相应设置了若干二级机构以及救援队伍，形成了各部门只针对管辖范围内的灾情进行灾害预防和抢险救灾的模式，具有较为明显的分散管理、单项应急的特征。

从中华人民共和国成立到改革开放初期，中央政府基于分类管理原则，为应对主要发生的干旱、洪涝、地震等自然灾害，工矿企业生产安全事故以及血吸虫病等传染病疫情突发事件，组建了相应的职能机构。在自然灾害方面，1949 年 10 月成立中央人民政府水利部，11 月成立中央人民政府内务部，12 月成立中央军委气象局，成为后来中国气象局的前身。1966 年 3 月 8 日邢台 6.8 级强烈地震发生后，由国家科学技术委员会和中国科学院组成地震办公室，也是后来国家地震局的前身。在生产安全事故方面，1950 年 5 月中央人民政府劳动部成立劳动保护司，各地劳动部门设置了劳动保护处（科），政府许多产业部相继在部内的生产或人事部门设立了专管劳动保护的机构，全国建立起由劳动部门综合监管、行业部门具体管理的安全生产工作框架。1970 年 6 月，中央人民政府劳动部和中央安

① 600 岁故宫如何防火［EB/OL］.（2019－4－19）［2019－10－27］. https：//baijiahao.baidu. com/s？ id＝1631224884797376564&wfr＝spider&for＝pc.

置小组办公室成为新组建的国家计划革命委员会劳动局，并于1975年9月改为国家劳动总局。在公共卫生领域，1949年11月，中央人民政府卫生部内设公共卫生局负责组织领导全国的卫生防疫工作。1953年1月，在全国正式建立卫生防疫站。①

在此期间，我国在中央层面也建立了一些日常性跨部门协调机构，进行辅助应急调控。1949年，为应对当时的察哈尔省察北专区鼠疫，成立了中央防疫委员会，1952年年底改为爱国卫生运动委员会。1950年成立了中央救灾委员会，由中央人民政府内务部、中央人民政府财政部等12个有关部委组成，作为全国救灾工作的最高指挥机构。1950年又组建了中央防汛总指挥部，1971年改为中央防汛抗旱总指挥部。此外，在发生重大灾害的非常时期，中央还会成立临时性应急指挥机构，统一协调抗灾救灾工作。例如，1976年唐山大地震发生后，成立了中央抗震救灾指挥部，并在唐山设立抗震救灾前线指挥部。②

总体上，在这一阶段，我国建立了以单灾种管理为基本特征的部门化的分类应急管理模式，应急管理职责虽然在纵向上能够使指挥和联络运转通畅，但在横向上分属多个职能部门，缺少足够的沟通协作。

三、改革开放初期至2003年

改革开放后，国内的经济安全、资源安全、恐怖主义等非传统安全问题变得日益突出，特别是社会治安和生产安全问题，针对这种公共安全形势的变化，国家重点加强了对社会治安和生产安全方面的监管。

在维护社会稳定方面，中央组建了有关治安维稳的综合管理机构，并在后续进行相应机构改革。1980年3月重新设立了中央政法委员会。1982年6月19日，由内卫部队和黄金、森林、水电、交通部队组成中国人民武装警察部队，承担非常时期镇压暴乱、维护社会稳定、保护人民生命财

① 钟开斌. 中国应急管理机构的演进与发展：基于协调视角的观察［J］. 公共管理与政策评论，2018，7（6）：21－36.

② 钟开斌. 从强制到自主：中国应急协调机制的发展与演变［J］. 中国行政管理，2014（8）：115－119.

产安全，和平时期目标执勤、处置突发事件、反恐怖主义等任务。[①] 1991年，中共中央决定成立中央社会治安综合治理委员会，作为协助党中央、国务院领导全国社会治安综合治理工作的常设议事机构，下设办公室。[②]

在安全生产监管方面，随着经济建设的不断发展，各类生产安全事故也逐步频发，国家开始加强劳动安全管理机构建设。1982年，国家劳动总局改为中华人民共和国劳动人事部，下设劳动保护局、锅炉压力容器安全监察局、矿山安全监察局。1988年3月，因另设中华人民共和国人事部，中华人民共和国劳动人事部改名为中华人民共和国劳动部。2001年，国家安全生产监督管理局成立，负责综合管理全国安全生产工作，履行国家安全生产监督管理和煤矿安全监察职能。[①]

除了强化分类职能部门的管理建设，在这一时期，中国应急管理的突出特点是依托议事管理机构进行协调。2003年以前我国的议事协调机构运作机制如图3-12所示。国务院的各个议事协调机构通常由国务院的高层领导具体组织，根据实际工作需要，成员单位几乎涵盖国务院各部委。这些议事协调机构通常仅负责制定方针政策、组织调查研究等工作，具体实施和协调工作由其下设的办公室实际操作。[③]

其中，很多议事协调机构是为了应对特定突发事件而重新恢复或新设的。这些机构包括爱国卫生运动委员会、国务院安全生产委员会、国家森林防火总指挥部、国家防汛抗旱总指挥部、国家减灾委员会、国务院环境保护委员会等。截至2003年年底，与应急管理相关的国务院议事协调机构共有16个，包括指挥部7个、领导小组5个、委员会4个。[①]由此可见，随着国内公共安全形势不断复杂化，这些以“任务型”为特征的应急议事协调机构数量在此期间大幅增加，但也因为其以任务为中心的特性，机构

---

① 钟开斌．中国应急管理机构的演进与发展：基于协调视角的观察［J］．公共管理与政策评论，2018，7（6）：21-36.

② 全国社会治安综合治理工作大事记［EB/OL］．（2001-9-25）［2019-10-28］．http：//news．sina．com．cn/c/2001-09-25/365090．html.

③ 钟开斌．从强制到自主：中国应急协调机制的发展与演变［J］．中国行政管理，2014（8）：115-119.

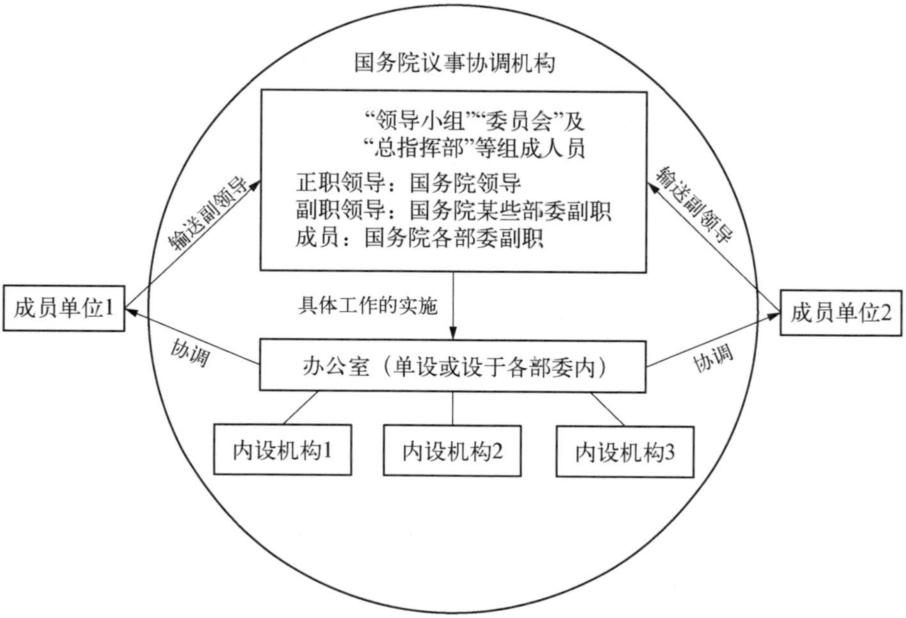

图 3－12　2003 年之前我国的议事协调机构运作机制①

的存废极易受到突发事件的影响，机构寿命较短，并常常会在短时间内发生变更。同时，由于国务院高层领导“身兼数职”，统一承担各议事协调机构的第一领导，并且这些庞杂的议事协调机构对于各成员单位的职责界定不清，往往出现职能交叉重叠现象，致使机构难以有效发挥其应有的功能。这种分散协调、临时响应的应急管理模式一直延续到 2003 年“非典”疫情暴发。

四、2003 年至今

2003 年是中国公共安全管理体系发展进程中的一个重要转折点。受到“非典”事件的触发，同时国际社会在美国“9·11”恐怖袭击事件之后普遍加大了公共安全管理体系建设，全球安全管理体系都在

① 图 3－12 参考文献——刘新萍，王海峰，王洋洋．议事协调机构和临时机构的变迁概况及原因分析——基于 1993—2008 年间的数据［J］．中国行政管理，2010（9）：42－46.

进行着建设和转型，中国亦是如此。总体而言，中国的公共安全管理体系建设经历了专项化起步期（2003 年前后）、体系化建设期（2003—2008 年）、全面化发展期（2008—2018 年）和科学化完善期（2018 年至今）四个阶段，实现了从应急处置到源头治理、从外部管理到内部革新、从政府管理到多元治理的转变，其主要划分阶段和特征如表 3 - 3 所示。

表 3 - 3　2003 年以来我国公共安全管理体系的发展

阶段划分	核心	特征	作用
专项化起步期（2003 年前后）	以“专项整治”为核心	应急处置 被动应对	碎片化的“专项整治”和“应急处置”为公共安全管理体系的建立发挥了奠基和助推作用
体系化建设期（2003—2008 年）	以“一案三制”为核心	规范管理 主动构建	“一案三制”确立了公共安全管理体系的组织结构、工作方式，推进了制度化与规范化建设
全面化发展期（2008—2018 年）	以深化建设为核心	精细治理 全面优化	关卡前移推动“源头治理”与“风险防控”；“多元治理”为公共安全管理注入新的力量
科学化完善期（2018 年至今）	以深入创新为核心	创新治理 改革升级	应急管理部“大部制”改革推动体制创新，从源头优化管理体系、增强全面协同、提升管理效能

（一）专项化起步期（2003 年前后）

在 2003 年“非典”疫情暴发前，我国与应急管理相关的政府职能主要呈现为如下格局：由民政部门、水利部门、地震部门、气象部门主导的减灾救灾体系，由安全生产监督管理部门主导的安全监督体系，由卫生部门主导的疾控体系，以及由公安部门主导的治安“维稳”体系①，并由国务院办公厅负责总体协调。

我国的公共安全管理体系是在不断应激性解决各类突发危机事件的过程中逐渐建立起来的。起步阶段的体系设计尚不完备，主要以零散的对策

① 张海波，童星. 中国应急管理结构变化及其理论概化［J］. 中国社会科学，2015（3）：58 - 84，206.

性措施为主，系统性和全局性不足，呈现出“头痛医头，脚痛医脚”的特征。针对某一领域或阶段出现的重大安全问题，政府推出有针对性的“专项整治”行动，在一定程度上满足了早期公共安全管理实践的需要。国家公共安全体系全面建设之前，“专项整治”措施主要集中在安全生产、食品药品安全以及重大节庆活动等方面，并会在一个领域取得成功之后，转向其他领域继续辐射。例如，2003 年《政府工作报告》指出，2002 年以纺织行业为突破口，逐步扩大到煤炭、冶金、建材、石化、制糖等行业，关闭了一大批不具备安全生产条件的企业。此外，政府还在矿山、交通、危险化学品、食品、药品等生产经营领域开展过系列安全专项治理行动。在公共安全管理体系尚未建立之时，“专项整治”成为政府有计划且广泛开展的安全管理工作，是应对安全挑战的一种重要手段。

2003 年春季，我国经历了一场由“非典”疫情引发的从公共卫生到社会、经济、生活全方位的突发公共事件。应急管理工作得到政府和公众的高度重视，以“一案三制”（制订和修订应急预案；建立健全应急的体制、机制和法制）为核心内容的应急体系建设工作开始起步，我国逐渐形成了一个以政府应急管理办事机构为运转枢纽、协调若干议事协调机构和部门间联席会议制度的应急协调机制。①

（二）体系化建设期（2003—2008 年）

基于对抗击“非典”疫情经验教训的全面总结，党的十六届三中全会强调“建立健全各种预警和应急机制，提高政府应对突发事件和风险的能力”。在处理应急预案与应急法制之间的关系时，考虑到立法的时间周期，中央政府采取了“立法滞后、预案先行”的方式，使得应急预案体系的形成和应用要早于应急管理法律、法规的颁行②。2005 年 1 月，国务院通过《国家突发公共事件总体应急预案》，要求省、市、县（区）三级地方政

① 钟开斌. 从强制到自主：中国应急协调机制的发展与演变 [J]. 中国行政管理，2014（8）：115－119.

② 张海波. 中国应急预案体系：结构与功能 [J]. 公共管理学报，2013，10（2）：1－13，137.

府都要制定本地区、本行业和本领域的应急预案，并在后续发布相关文件加强对预案编制工作的监督和检查。2007 年 8 月 7 日，《国务院办公厅关于加强基层应急管理工作的意见》发布，提出要完善乡村、社区等基层应急预案体系，从而逐渐自上而下地形成覆盖从中央到地方的中国应急预案体系。

在应急管理体制方面，承担综合协调职能的政府应急管理办事机构得到迅速发展。2006 年 4 月，国家成立了国务院应急管理办公室（国务院总值班室），以负责值守应急、信息汇总和综合协调的应急职能。次年，《中华人民共和国突发事件应对法》颁布，内容中明确规定“国家建立统一领导、综合协调、分类管理、分级负责、属地管理为主的应急管理体制”，并且该法对突发事件的预防与应急准备、监测与预警、应急处置与救援、事后恢复与重建，以及政府、企业和公民的法律责任等都做了详细的规定。据统计，截至 2007 年年底，所有的省级政府和 96%的市级政府、81%的县级政府成立或明确了应急管理办事机构。①

作为应对突发事件的方法与措施，应急管理机制在诸多方面得到全面加强，特别是在核心的信息传递领域。“非典”疫情期间，新闻发言人制度得到大规模、高效率的执行。2004 年 2 月 11 日，国务院通过《关于改进和加强国内突发事件新闻发布工作的实施意见》；2006 年 9 月 20 日，发布了《国务院办公厅 中央军委办公厅关于进一步加强自然灾害信息军地共享机制建设的通知》；2007 年 12 月 30 日，发布了《国务院办公厅关于印发突发公共事件信息报告情况通报办法（试行）的通知》；2008 年 3 月 28 日，国务院颁布《中华人民共和国政府信息公开条例》。系列法律、文件的颁布实施，对涉及公共安全的信息传递做出了科学合理的规定，保障了公共安全管理体系的有效运转。

在此期间，之前由上级领导牵头的议事协调机构得到精简优化，而由主办部门牵头进行协商的部际联席会议制度成为各成员单位及时进行沟通协调的重要工作机制。例如，在 2008 年“南方雪灾”发生时，设立了国

① 钟开斌. 新中国 70 年我国应急管理的发展与完善［EB/OL］.（2019－10－21）［2020－4－27］. http：//www. ccps. gov. cn/dxsy/201910/t20191021_135047. shtml.

务院煤电油运和抢险抗灾应急指挥中心，负责及时掌握有关方面的综合情况，统筹协调煤电油运和抢险抗灾中跨部门、跨行业、跨地区的工作。①到 2008 年，《政府工作报告》中明确指出“全国应急管理体系基本建立”。

但是，经济安全事件是社会安全类突发事件之一，尽管 2008 年国际金融危机对中国经济产生了严重影响，但中国并未建立相应的应急响应制度。此外，2008 年“汶川地震”的应急管理显示，虽然有大量社会组织、志愿者主动参与到灾害救援过程中，但社会组织、志愿者的参与还比较无序，且在灾后恢复中出现了社会组织、志愿者的“退潮”，说明中国社会力量参与应急管理在此阶段尚不成熟。②

（三）全面化发展期（2008—2018 年）

在系列重特大安全事件的推动下，我国公共安全管理体系进一步细化完善、巩固提升。这一时期我国公共安全管理一方面在管理理念上持续转变升级，如工作重心“关卡前移”，从应急管理转向风险防控，着力从源头遏制公共安全风险；另一方面开始在管理体制、结构上调整改进，如国家食品药品监督管理总局、国家海洋局等进行机构改革，并加大政治问责与行政问责的力度。同时还大量吸纳社会力量参与公共安全管理，形成多元治理的格局。

起步时期的公共安全管理主要集中于事后处置，这种末端治理模式有着明显的弊端，往往介入时生命财产损失已经难以挽回。因此政府开始转向“源头治理”，注重风险防控，将安全管理的关卡前移，努力实现防患于未然。针对安全问题多发的生产领域，2009—2013 年的《政府工作报告》中连续强调强化重点行业安全生产监管，遏制重特大安全事故发生。通过梳理历年的《政府工作报告》可以发现，2015 年提出要全方位强化

① 国务院成立煤电油运和抢险抗灾应急指挥中心 [EB/OL]. (2008-2-1) [2019-12-27]. http://www.gov.cn/jrzg/2008-02/01/content_877816.htm.

② 张海波，童星. 中国应急管理结构变化及其理论概化 [J]. 中国社会科学，2015 (3): 58-84, 206.

安全生产，全过程保障食品药品安全；2016 年进一步提出加快健全统一权威的食品药品安全监管体制。在防灾减灾领域，政府同样致力于实现“关卡前移”。历年的《政府工作报告》中，2008 年提出加强对现代条件下自然灾害特点和规律的研究，提高防灾减灾能力；2011 年进一步强调加快山洪地质灾害易发区调查评价、监测预警、防治应急等方面建设；2015 年提出加强生态安全屏障建设，加强安全基础设施和防灾减灾能力建设，健全监测预警应急机制，提高气象服务水平，做好地震、测绘、地质等工作。

与此同时，经济社会的快速发展也带来各种利益冲突，频发的群体性事件促使政府进一步关注源头治理，提升公共政策决策体系的科学性，推出了重大决策社会稳定风险评估制度。《中共中央办公厅 国务院办公厅关于建立健全重大决策社会稳定风险评估机制的指导意见（试行）》和《国家发展和改革委员会重大固定资产投资项目社会稳定风险评估暂行办法》，明确与细化了社会稳定风险评估的指导思想和工作方法。2013 年 11 月，党的十八届三中全会通过了《中共中央关于全面深化改革若干重大问题的决定》，强调健全重大决策社会稳定风险评估机制。各省市、地方也在实践中广泛运用“稳评”机制作为政府重大决策的“必经前置程序”或“刚性门槛”，在推进公共安全管理工作中取得了良好的效果，形成了一些颇有成效的“稳评”模式。

在机构改革方面，随着公共安全问题日益复杂化，传统行政体系中的部分职能部门已无法完全满足实际工作需要，迫切需要进行“大部制”改革①，其中的典型案例为食品药品监管机构的重组改革。2008 年 3 月，在召开的第十一届全国人民代表大会第一次会议中，以大部制为主要内容的国务院机构改革成为重要议题。此方案的主要内容包括：设立高层次议事协调机构国家能源委员会；组建工业和信息化部；组建交通运输部；组建人力资源和社会保障部；组建环境保护部；国家食品药品监督管理局改由卫生部管理，并明确卫生部承担食品安全综合协调、组织查处食品安全重

---

① 所谓大部制，是将一些职能相近的部门或职能相关的部门重组为一个大部门，把原来的部委或设为内设的职能司局，或改为没有独立地位的执行机构。

大事故的责任。但在实践中食品监管职责交叉和监管空白并存，责任难以完全落实，资源分散配置难以形成合力。为解决该问题，2013 年 3 月，国家食品药品监督管理总局挂牌成立，对食品药品实行统一监督管理，推动了国家食品药品监督管理体制改革。同时，政府开始严抓执行力，强化行政问责制度。2009 年 6 月，中共中央办公厅、国务院办公厅印发《关于实行党政领导干部问责的暂行规定》，进一步加强对党政领导干部的管理和监督。2016 年 3 月，中共中央办公厅、国务院办公厅印发《健全落实社会治安综合治理领导责任制规定》，强调健全落实领导责任制，科学运用评估、督导、考核、激励、惩戒等措施，一级抓一级，层层抓落实，把社会治安综合治理的领导责任具体化、制度化，形成党内立法与政府问责相结合，以问责倒逼责任落实的局面。

在此期间，多元治理为公共安全管理注入新的力量。党的十六届六中全会明确提出，要健全“党委领导、政府负责、社会协同、公众参与的社会管理格局”。近年来，以非政府组织、志愿者及私营组织为代表的社会力量在救灾过程中的作用日益突出。例如，在 2013 年“芦山地震”救灾中，腾讯、百度、新浪等互联网公司展开了合作与数据共享，提供应急寻人服务，说明私人部门开始以“自组织”形式参与政府应急管理工作。[①] 2016 年 12 月，《中共中央 国务院关于推进防灾减灾救灾体制机制改革的意见》发布，对社会力量和市场机制参与防灾减灾救灾工作做出了详尽的阐释。提出政府推动、市场运作原则，强化保险等市场机制在风险防范、损失补偿、恢复重建等方面的积极作用，构建多方参与的社会化防灾减灾救灾格局。

在 2008 年后的十年间，我国公共安全管理的理念及实践得到了大幅精进，在原有“一案三制”基础上，经过雨雪冰冻灾害、汶川地震等重特大事件的推动，我国公共安全管理各条块的工作越来越专业化、精细化，但从行政结构上看，仍是在“应急办-各部委”的结构基础上开展工作，中央专职部门统筹力度依然不强。

---

① 张海波. 中国应急预案体系：结构与功能［J］. 公共管理学报，2013，10（2）：1－13，137.

（四）科学化完善期（2018 年至今）

经过十多年的建设发展，我国公共安全管理体系已经到了一个需要进行深层次改革的阶段，这次改革要回应传统管理体系顶层设计的根本问题，建立“统一领导、权责一致、权威高效”的国家安全管理体系。2018 年 2 月 28 日，党的十九届三中全会通过《中共中央关于深化党和国家机构改革的决定》，开启了推进国家治理体系和治理能力现代化的一场深刻变革。随后的第十三届全国人大第一次会议审议通过《关于国务院机构改革方案的说明》，正式组建应急管理部。《关于国务院机构改革方案的说明》中指出：“按照分级负责的原则，一般性灾害由地方各级政府负责，应急管理部代表中央统一响应支援；发生特别重大灾害时，应急管理部作为指挥部，协助中央指定的负责同志组织应急处置工作，保证政令畅通、指挥有效。应急管理部要处理好防灾和救灾的关系，明确与相关部门和地方各自职责分工，建立协调配合机制。”可见，应急管理部的成立从根本上突破了体制、制度桎梏，从中央层面统筹权责关系，注重属地管理，分级负责；汇聚各方分散的资源，为中央国家安全委员会提供灵活可靠的抓手。

应急管理部将原来分散在国家安全生产监督管理总局、国务院办公厅、公安部、民政部、国土资源部、水利部、农业部、国家林业局、中国地震局以及国家防汛抗旱总指挥部、国家减灾委员会、国务院抗震救灾指挥部、国家森林防火指挥部等部门的应急管理相关职能进行整合，以防范并化解重特大安全风险，健全公共安全体系，整合优化应急力量和资源。

应急管理部的组建，使我国公共安全管理工作实现了从应对单一灾种向综合减灾的转变。一方面，它将全流程、标准化、科学化的安全管理模式和工作机制推广到各个专业领域，从纵向上打通预防、准备、处置、评估、改进和缓解等各个阶段，在工作上形成首尾相连、循环往复、持续改进的管理闭环，提升了公共安全管理的前瞻性和主动性。另一方面，应急管理部强化了公共安全管理的中央权威，明确了权责边界，优化了多部门间的协调联动，有效贯通安全生产、消防救援、民政救灾等领域的公共安全管理工作，克服了过去各自为政的“碎片化”管理弊端，成为名副其实的“大部制”，促进了公共安全管理工作的协调和有序。因而，应急管理部的成立是我国公共安全管理工作走向现代化和科学化的又一个重要里程碑，是对我国十多年公共安全管理经验的充分总结和提升，也是我国公共安全管理体系的一次重要体制机制创新。

纵观我国应急管理工作发展历程，从单项应对发展到综合协调，再发展到综合应急管理模式，可以看到我国应急管理工作理念发生了重大变革，即从被动应对到主动应对，从专项应对到综合应对，从应急救援到风险管理的重大变化。

第三节　国内外的发展过程比较

一、国内外风险防控体系的发展特点

纵观国外应急管理体系的发展历程可以发现，以英美两国为代表的国外风险防控体系的发展主线具有以下四方面的特点。

首先，对民防的重视程度和资源投入受国家面临的战争和核威胁强弱的影响。以美国为例，负责第二次世界大战期间战时生产安全保卫工作的应急管理办公室在战争结束后被解散，而其在“冷战”中为应对苏联的核打击又再次作为民防办公室的一部分重新成立，并且民防预算的增减主要取决于受“冷战”的威胁程度。同样，为防范第二次世界大战期间平民遭受核打击的风险，英国颁布了《国民防务法案》，以立法方式将应急管理权下放给地方政府。民防成为战时各国风险防控体系的第一要务。

其次，危机事件在非战争时期成为推动国外风险防控体系发展的重要动力。20 世纪 70 年代至 90 年代，美国发生的严重自然灾害暴露了美国政府碎片化的应急管理弊端，从而推动了 FEMA 的成立及其组织架构的改革。“9・11”恐怖袭击事件使得反恐工作上升为美国应急管理工作的第一要务，国土安全部制定《国家响应计划》以应对国家级重大事故的全方位资源调动和整合计划，并建立国家突发事件管理系统，以规定美国各级政府对突发事件应急的统一标准和规范。此后，针对在 2005 年“卡特里娜”飓风中显露的应急管理缺陷，美国对《国家响应计划》进行了第二版修订。同样，2000年英国大洪灾以及2001年英国口蹄疫疫情暴发等公共安全事件，也使得英国对应急管理体制进行变革，促使其国家应急管理最高机构国民紧急事务秘书处的设立。

再次，以立法为基础进行风险防控体系的建设和改革。在美国风险防控体系的发展过程中，较为突出的特点是通过颁布突发事件响应计划及其配套操作性文件的方式进行建设和改革，如《斯坦福法》和《联邦响应计划》等。在“9·11”事件和“卡特里娜”飓风等危机事件发生后，美国也相应出台了《反恐怖主义法》和《后卡特里娜时期应急管理改革法》。与美国相类似，英国构建了以《国民应急法案》为核心的风险防控体系。在《国民应急法案》为指导的前提下，英国后续发布了补充性法规、操作性指南和标准，以及规划性文件和经验总结性材料，从而为从风险预防到风险评估的全过程风险管理提供了具体指引。

最后，在始终遵循属地原则的基础上，中央政府的应急管理职能不断强化。1979年美国成立FEMA作为联邦负责应急管理事务的专门机构。“9·11”事件后，联邦政府颁布并实施《国家安全法》，将FEMA与海岸警卫队、移民与规划局等其他22个联邦政府机构合并，成立美国国土安全部，从而促进联邦政府应急管理职能的进一步强化和整合。2001年7月，英国设立国民紧急事务秘书处作为英国应急管理工作的最高机构。2010年5月，卡梅伦内阁建立国家安全委员会作为英国应急管理的最高领导机构，并将国民紧急事务秘书处纳入国家安全委员会的“大国家安全”管理框架，以实现跨政府部门的资源整合与协作。

相比之下，中国风险防控体系的发展主线具有以下特点。

第一，危机事件推动型的风险防控体系发展模式。2003年春季，我国经历了一场由“非典”疫情引发的从公共卫生到社会、经济、生活全方位的突发公共事件。此后，在总结抗击“非典”疫情经验教训的基础上，以“一案三制”为核心内容的应急体系建设工作正式启动。2008年汶川地震后，第十一届全国人民代表大会常务委员会第六次会议通过了修订的《中华人民共和国防震减灾法》（1997年颁布）。2008年的毒奶粉事件又掀起了一场“行政问责与司法问责风暴”，从而推动中国食品生产安全领域的大部制改革。

第二，以党政领导的方式进行中国风险防控体系的建设和改革。自中华人民共和国成立以来，我国风险防控体系的发展路径可以总结为“危机事件触发应急管理改革—党政领导自上而下地进行改革”。与西方国家“立法先行”不同的是，我国的风险防控体系建设和发展模式为“预案先行”，即应急预案体系的形成和应用要早于应急管理法律、法规的颁行。“非典”事件后，党的十六届三中全会强调“建立健全各种预警和应急机制，提高政府应对突发事件和风险的能力”。2005 年 1 月，国务院通过《国家突发公共事件总体应急预案》，而《中华人民共和国突发事件应对法》则是在两年后颁布。

第三，从以应急处置为核心的风险防控体系向综合性、全过程的风险防控体系转变。自中华人民共和国成立到改革开放初期，中央政府基于分类管理的原则，针对主要危机事件组建了相应的职能机构，具有以单灾种管理为基本特征的部门化的分类应急管理模式。改革开放后，国内公共安全形势日益复杂，单灾种分类管理模式已经难以应对，从而开始进行跨部门机构协调的体制改革，但依然以强化分类管理职能为主要内容。2006 年 4 月，国家成立了国务院应急管理办公室（国务院总值班室）作为承担综合协调的政府应急管理办事机构。2018 年 4 月，我国成立应急管理部，先后整合了原来 11 个部门的 13 项职责，至今，探索建立了应急响应专题会商机制，形成了救援扁平化组织指挥模式、防范救援救灾一体化运作模式，组建了国家综合性消防救援队伍、27 支专业救援队、一批跨区域机动救援力量和 7 支国际救援队①，从而促使我国应急管理工作实现了从应对单一灾种向综合减灾的转变。

综合以上国内外风险防控体系的发展特点，可以总结出如图 3 - 13 所示的中西方风险防控体系的发展路径。其中，不难发现中外风险防控体系在发展过程中在以下两个方面具有相似之处：① 危机事件普遍成为

---

① 国际在线. 中国将进一步推进应急管理体制机制改革 [EB/OL]. (2019 - 1 - 22) [2019 - 10 - 27]. https://baijiahao.baidu.com/s?id=1623350082100326723&wfr=spider&for=pc.

推动国家风险防控体制改革的触动因素；② 各国都以综合性应急管理为风险防控体系的发展方向，过程中不断强化中央政府对应急管理工作的部门协调和资源整合能力。而较为不同的是中外风险防控体系的改革领导方式，即西方欧美国家的风险防控体系以立法为抓手进行相应改革，而中国则是以党政领导的中央决策方式进行风险防控体系的建设和改革。

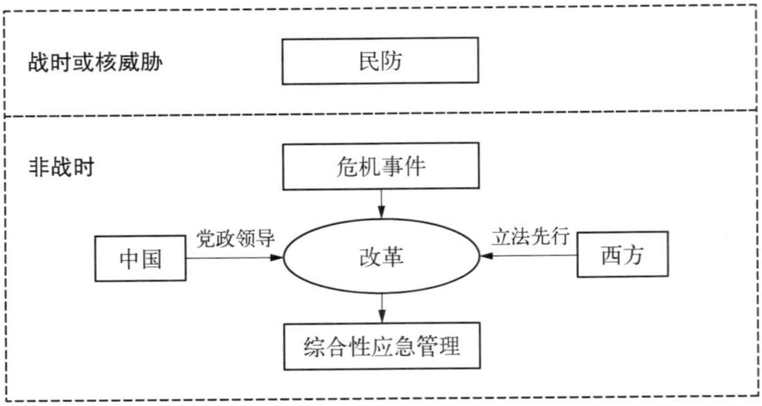

图 3-13　中西方风险防控体系的发展路径

二、国内外主要城市的风险防控体系比较[①]

为具体分析国内外城市风险防控体系的异同，本节选取纽约、伦敦、上海和北京这四个具有代表性的国际特大城市作为比较研究对象，以“一案三制”为核心分析框架，结合安全风险评价方法对特大城市安全风险防控体系进行比较研究。

(一) 纽约城市安全风险管理体系

从体制上看，早在 1941 年纽约市就成立了市民防御办公室，几经演变，1984 年更名为纽约市紧急事故处理办公室（Office of Emergency

① 刘晓亮. 特大城市安全风险管理的国际经验和对上海的启示［J］. 科学发展，2017(9)：47-56.

Management，OEM），受市警察局管辖。1996 年 OEM 变成一个市长直属机构，2001 年年底，纽约市全民公决将其升格为一个正式的职能部门，作为纽约市进行综合应急管理的常设机构和最高指挥协调部门。纽约市紧急事故处理办公室下设健康和医疗科、人道服务科、危机复苏和控制科、国土安全委员会四个工作单元，分别对应不同的工作职能。纽约市紧急事故处理办公室所定义的危机事态几乎涵盖了所有可能对人们的生命和财产安全造成威胁的突发性事件，包括建筑物的崩塌或爆炸、一氧化碳中毒、海岸飓风、传染性疾病暴发、地震、炎热酷暑天气、严寒天气、龙卷风、雷电、暴风雨、火灾、有毒或者化学物质泄漏、放射性物质泄漏、公用设施故障、社会秩序动荡、恐怖袭击等。对内，它与纽约市警察局、消防局以及医疗服务机构通力合作，共同设计并组织实施应对各种危机事态的应急方案；对外，它与许多州和联邦一级的政府机构保持日常合作关系，如纽约州危机管理办公室、联邦应急管理署、国家气象服务中心、公平和正义部以及能源部等。OEM 与这些机构互通信息，协调彼此的规划方案，共同进行培训和演习活动。另外它还与私营部门如爱迪生电力公司，以及非营利机构如美国红十字会等通力合作，以保证纽约市的商业活动和居民生活能够在各种可能的危机中尽快恢复正常。

纽约市紧急事故处理办公室的日常工作主要包括三个方面。① 危机监控。危机监控中心是办公室的信息枢纽，一天 24 小时有人值班。危机监控人员通过广播和计算机支持的网络，时刻关注着涉及公共安全的众多机构所接收到的信息，并负责将这些信息传递到市政府、邻近的县、州政府、联邦政府的有关机构、有关的非营利组织、公共设施的经营方以及医院等医疗机构。② 危机处理。办公室负责在危机或者灾害事件爆发时，通过以下方式协调各个机构之间的活动：在第一时间赶到发生危机事件的地点；对危机事件的情形进行评估；调配资源，协调满足各个方面的需求；充当危机处理指挥员的角色，作为协调参与处理危机的各个机构之间的联系中介。③ 与公众进行信息沟通。信息沟通包括两个方面：一是在危机发生之前教育公众，帮助他们为可能出现的危机事态做好准备；二是在危机发生时向公众传递重要信息。

从机制上看，纽约市主要通过三个阶段项目运作的方式，将监测预警、决策响应、动员协调等众多机制有效融合，构建了一套完整的城市安全风险防控机制体系。① 危机准备项目。纽约市设计、开展了很多帮助城市市民和工商业界做好准备的项目。邮件警示（OEM E-Mail Alerts）和市民梯队（Citizen Corps）是针对市民的两个最重要的项目，市民梯队项目下还开展了二十多个子项目，如社区危机反应团队（Community Emergency Response Teams）、医疗预备队（Medical Reserve Corps）、街区守护者（Block Watchers）、辅助警察（Auxiliary Police）等。针对商业界的公私合作应对危机项目（PEPI）包括信息服务、信息共享、危机现场准入等重要子项目。为增强这些项目机制的有效运作，纽约市会定期开展训练和演习。② 危机反应项目。这是一套危机发生后快速应对的机制汇总，主要项目包括城市危机管理系统（Citywide Incident Management System，CIMS）、城市应急资源管理体系（Citywide Assets and Logistics Management System，CALMS）、911 危机呼救和反应系统（911 Systems）、移动数据中心（Mobile Date Center，MDC）、城市搜索和救援项目（Urban Search and Rescue）等。③ 危机恢复项目。这一项目又被具体划分为针对公共机构和针对商业界的危机恢复项目，并且进一步设计了很多子项目。总之，纽约市安全风险防控以具体项目的方式，按照不同阶段面临的主要问题和解决方案，将各种机制有效打包整合，实现了常规工作式有效运行。

从法制上看，美国是一个典型的法治国家，安全风险管理领域的法律非常齐备，表现在以下几个方面：明确政府在安全管理中的社会职责、严格限定政府相应部门的权责边界、细致规定政府内部的协助关系、保障和强化政府与私营部门的合作，另外还在系统防御、财政保障、善后救助以及特殊抚恤等方面加强了立法建设。预案方面，美国各大城市预案都较为完备，普遍坚持以生命周期理论和社区可持续发展理念为指导设计预案。联邦政府推出美国州级以下政府应急预案制定指南，使得全美应急预案具备了完整的体系并保持了较高的连续性。其几个突出方面包括预案统一标准化、与培训紧密结合、执行严格的制定程序、最大化地贴近实际、全面吸收非政府力量参与、保持连贯的常态化修订、完全社会公开等。

（二）伦敦城市安全风险管理体系

从体制上看，伦敦的安全风险管理机构设置较为复杂，各自的功能和职责仍存在一些模糊不清的地方。在地方层面，处于核心地位的是伦敦应急服务联合会（London Emergency Service Liaison Panel，LESLP），致力于通过特定机制和手段，构建不同机构间的伙伴关系，加强部门间合作。另外，地方还设有伦敦消防应急规划署和地方卫生署。在更高的地区层面，处于核心地位的工作机构是伦敦应急小组，设在伦敦市政府办公厅内部，至今已成为一个常设性的组织，主要由来自代表伦敦应急论坛各个机构的二把手构成，其职责在于保证伦敦做好各种灾难事件的应急准备工作。此外还设有伦敦应急论坛、市长办公室和大伦敦议会、伦敦政府办公室等机构，主要是监督或主管伦敦应急小组的工作。

伦敦的安全风险管理体制虽然相对复杂，但他们却用一套独特的机制保障了整个安全风险管理体系的有效运作。① 伦敦建立了长期性、制度性的论坛机制。英国首都地区应急联动机制的最大特色就是立足现行体制和机制，设立多样性应急联动论坛，成为沟通和协调的主要机制。这些论坛大致可分为两大类：一是综合性的、包括所有应急管理相关方的论坛；二是专门性的论坛，如伦敦应急服务圆桌会议、伦敦媒体论坛。② 建立应急瞬时反应的三级联动机制。地方层次的危机应对和恢复工作的运行机制是英国危机管理的一大特色，它包括“铜级”操作层、“银级”战术层和“金级”战略层三个层次，分别对应了不同阶段的工作任务和内容，有效指导了具体实践。③ 形成地方政府横向之间的合作机制。伦敦采取两种合作方式：一是地方政府之间签订相互援助协议；二是根据法律和有关规定，指定伦敦消防应急规划署进行伦敦地方政府之间的横向协调。此外还有大伦敦市长协调机制、业务持续性管理机制、宣传教育机制、社区合作机制等，共同促进伦敦安全风险管理体系的有序运转。

英国在安全风险管理的法律层面相对滞后，2004 年的《国民应急法案》颁布，才逐步明确区分了地方和中央政府在风险评估、制定计划、组织处置以及恢复重建中的职责。后来陆续通过各种补充法案，规定了政府各部门的应急行为规范。此外，各种应急管理的指南、标准也构成伦敦应急管理法规体系的重要部分，是将原则、规范进行细化的操作性文件。这些文件既包括一些官方的强制性、非强制性规程，也包括大量半官方、民间机构出版的推荐性标准，如应急领域操作规程、规划方法、演练指南、培训资料等，影响比较大的如《国家业务连续性标准（BS25999）》等。

伦敦的预案体系相对完备，但在预案中不过多强调专业救援力量，而是根据实际，预判可能发生的紧急情况及可能提供的施救方法。预案注重回应五个方面的问题：确定谁负责指导和协调应急响应、谁可以提供救助、谁最可能在灾害中受到伤害；确定安全风险种类以及防灾救灾资源；确定安置流离失所人员的场所；确定启动预案的时机；确定使用预案的技巧。

（三）上海城市安全风险防控体系①

早期上海城市安全风险管理实行的是条块分割模式，公安局、卫生局、民防办公室、地震局等很多部门都分别负责某些安全问题的主管工作。1999 年 8 月 1 日颁布实施的《上海市民防条例》初步改变了这一局面，开启了综合减灾管理工作的尝试。2001 年 11 月上海市减灾领导小组及其办公室成立，其办公室设在市民防办公室下，标志着全市统一的综合减灾和应急处置体系框架基本确立，初步实现从单风险管理向综合安全风险管理模式的转变。2004 年 9 月，上海市应急联动中心正式启动，这是一个对全市范围内的突发事件和应急求助进行应急处置的职能机构和指挥平台。上海市应急联动中心为正处级常设机构，从结构上实现了将 110 市公安局指挥中心、119 消防指挥中心及 122 交通指挥调控中心“三台合一”。为进一步加强城市应急管理工作，2005 年 9 月，上海成立了上海市突发公共事件应急管理委员会（以下简称“上海市应急委”），由市长任主任，其日常办事机构为上海市应急管理委员会办公室（以下简称“上海市应急办”），初始时由上海市人民政府办公厅主任担任上海市应急办主任，目

---

① 刘晓亮. 超大城市安全风险管理与评价国际比较研究［J］. 科学发展，2016（10）：74－84.

前是由上海市人民政府办公厅副主任担任上海市应急办主任。上海市应急委是上海城市综合应急管理的领导机构，上海市应急办为办事机构，负责协调众多工作机构（50 多个市属职能部门和单位）开展应急管理工作。2018 年 11 月，党中央、国务院正式批准《上海市机构改革方案》，成立上海市应急管理局，承担市政府安全生产、灾害演练、风险评估、救灾减灾等职能。上海市现已初步形成分级分类、属地为主的应急管理体制，同时创新性地建立了市级基层应急管理单元，打破传统概念上的行政、部门界限，对较重要的企业、独立空间区域实施单独的应急管理。

在机制建设方面，上海建立了由上海市应急办协调开展的应急联动机制，各区县也全面推广大联动机制、网格化管理机制，并且以类似项目运作的方式在有条件的社区开展了安全社区建设。此外还有很多机制，如社会动员机制、志愿者机制、信息发布机制、分级负责与响应机制、奖惩机制等也在上海的很多安全风险管理过程中得到有效建立和运用。总体来看，上海已基本建立了统一指挥、反应灵敏、协调有序、运转高效的应急管理机制体系。

在预案建设方面，结合中央统一部署和地方具体实际，上海 2006 年 1 月颁布实施了《上海市突发公共事件总体应急预案》，并且逐渐发展完善了由市总体预案、各区县份预案、市级政府专项预案、部门预案、各基层单元应急预案和重大活动应急预案等组成的预案体系。

由于中国在安全风险管理方面的立法总体薄弱，这也直接影响到上海地方立法的进程。2003 年“非典”疫情危机推动中国危机立法正式启动，2007 年《中华人民共和国突发事件应对法》出台是真正意义上的第一部正式的综合指导危机管理的法律。在《中华人民共和国突发事件应对法》的指导下，2012 年 12 月 26 日，上海市第十三届人民代表大会常务委员会通过《上海市实施〈中华人民共和国突发事件应对法〉办法》，从而对上海市突发事件的应急准备、值守与预警、应急联动与处置、善后与恢复重建等活动进行了相应规定，并对后续应急响应机制中的信息报告、现场指挥等以文件形式做出详细规定，如《上海市突发事件信息报告工作管理办法》和《上海市人民政府办公厅关于进一步明确突发事件应急处置现场指挥的意见》。而在其他专项法律方面，如《中华人民共和国防洪法》和《中华人民共和国防震减灾法》等，上海地方法制建设也在国家法律法规的指导下积极推进。

（四）北京城市安全风险防控管理体系

北京的城市定位是全国政治中心、文化中心、国际交往中心和科技创新中心，其应急管理体系的建设和发展具有重要意义。自 2003 年的“非典”疫情事件后，北京市不断强化应急管理体系建设。

在预案建设方面，北京市于 2004 年通过《北京市突发公共事件总体应急预案》。该预案后续分别在 2010 年和 2016 年进行了相应的修订，现已形成市、区、街道（乡镇）三级管理的预案体系，并根据预案的制定主体分为政府及其部门应急预案、单位和基层组织应急预案两大类。其中，政府及其部门应急预案又分为总体应急预案、专项应急预案、部门应急预案等。

2005 年 4 月，北京市政府决定组建北京市突发公共事件应急委员会（以下简称“北京市应急委”），统一领导北京市应急管理工作，具体承担以下工作：① 研究制定全市应对突发事件的重大决策和指导意见；② 审定市突发事件总体应急预案；③ 在应对突发事件工作中协调与中央和国家各部委、驻京部队及其他有关部门和单位的关系；④ 领导区突发事件应急委员会开展特别重大、重大突发事件的相关应对工作等。① 北京市应急委中，主任由市长担任，委员由分管突发事件的市领导和宣传部部长等组成。北京市应急委为应急管理的最高领导机构，在市政府办公厅下设北京市突发公共事件应急委员会办公室（以下简称“北京市应急办”）作为其常设办事机构，同时挂市政府总值班室和市应急指挥中心牌子，承担北京市应急委的具体工作，负责市政府总值班工作。北京市应急委还下设专家顾问组，以提供决策和建议支持，并对突发事件的预警和处置进行研究和评估工作。北京市突发公共事件应急委员会的组织架构如图 3-14 所示。

其中，北京市应急委设市突发事件专项应急指挥部，包括市群体性事件应急指挥部、市反恐和刑事案件应急指挥部、市防汛抗旱应急指挥部、

① 北京市人民政府办公厅. 北京市突发事件总体应急预案（2016 年修订）［EB/OL］.（2016-6-14）［2019-10-27］. http：//www. bjrd. gov. cn/zt/qxzh/qxzhcs/qxzh/by/yjya/201606/t20160616_164128. html.

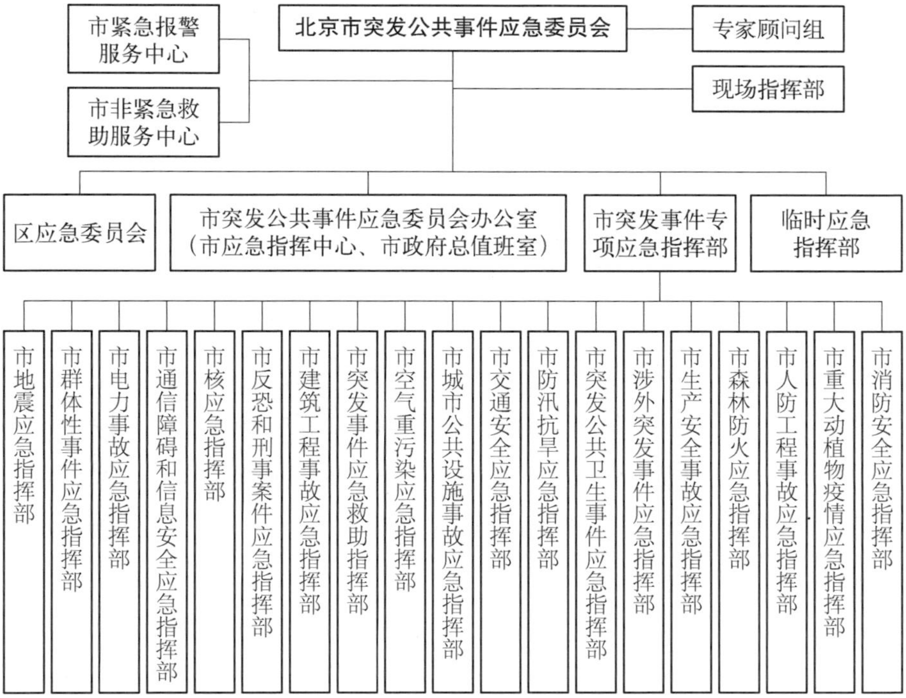

图 3－14　北京市突发公共事件应急委员会的组织架构

市突发公共卫生事件应急指挥部、市生产安全事故应急指挥部、市消防安全应急指挥部等。市突发事件专项应急指挥部对各类突发事件的处置以牵头部门为主责部门；专项应急预案规定的参与突发事件处置的部门为协作部门；市委宣传部、市发展和改革委员会、市食品药品监管管理局等是处置各类突发事件的保障部门。临时应急指挥部只有在处理较大、重大、特别重大突发事件时，由主责部门会同属地应急委员会共同组建现场指挥部。现场指挥部应根据应急处置工作的需要，由事件处置主责部门牵头成立，依托市相关专项指挥部或临时应急指挥部开展工作。① 2018 年 11 月，北京市组建应急管理局，将北京市安全生产监督管理局的职责、市政府办公厅的应急管理职责、市公安局的消防管理职责、市民政局的救灾职责、

① 北京市人民政府办公厅. 北京市突发事件总体应急预案（2016 年修订）［EB/OL］.（2016－6－14）［2019－10－27］. http：//www. bjrd. gov. cn/zt/qxzh/qxzhcs/qxzh/by/yjya/201606/t20160616_164128. html.

市规划和国土资源管理委员会的地质灾害防治职责、市水务局的水旱灾害防治职责、市园林绿化局的森林防火职责，以及相关应急指挥部的职责等整合，使北京市应急管理局成为市政府组成部门。

在机制建设方面，北京市不断推进应急管理信息化工作。2005 年 7 月，北京市政府在整合已有资源的基础上建立市级应急指挥平台。2006 年，发布《北京市应急指挥平台技术指导意见》，对全市各专项应急指挥部、各区县及相关单位的应急指挥平台建设进行了规范[①]，实现与市级应急指挥平台的互联互通，从而建立了紧急报警服务中心，将 110、119 等报警服务统一接报、分级分类处理，并且通过手机短信、电台广播等途径向公众发布预警信息。经过十几年的发展，北京市应急管理局已设有 3 级网络、4 级信息平台、7 大业务应用、1 个数据中心、1 个应急指挥中心以及视频会议和图像监控 2 套支撑系统，集成协同办公、执法检查、隐患管理、公共服务、应急通信、指挥调度等多项功能。全市应急和安全监管系统中的 1 万余人依托平台开展日常工作。2019 年，北京市应急指挥系统又依托北京市应急指挥中心，整合接入了水电、交通、公安、安全、部队等 60 余类专网专线专电以及 35 家单位的 71 个系统，与应急管理部、市委、市相关部门、16 个区指挥平台等实现了互联互通。在移动指挥方面，配备 4 辆应急指挥车，依托现有的 VSAT[②] 卫星应急通信网，建成了应急移动指挥通信系统，实现了与应急指挥中心视频会议系统互联互通，为突发公共事件现场信息采集、指挥调度、移动办公等工作提供有效手段。[③]

在法制建设方面，北京市在国家相关法律法规的指导下开展应急立法工作。2005 年 9 月，北京市颁布了《北京市大型社会活动安全管理条例》。2008 年 5 月 23 日，北京市第十三届人民代表大会常务委员会第四次会议通过《北京市实施〈中华人民共和国突发事件应对法〉办法》，规定了北京市突发事件的预防与应急准备、监测与预警、应急处置与救援、事

---

① 郑珺. 北京市应急管理体系的建立［J］. 北京党史，2008（3）：31－33.

② Very Small Aperture Terminal，即甚小口径卫星终端站。

③ 北京安监. 一文读懂北京市应急管理信息化工作的发展历程［EB/OL］.（2019－3－13）［2019－10－27］. https：//new. qq. com/omn/20190313/20190313A11N0M. html? pc.

后恢复与重建等应对活动，这是我国第一部地方性的应急管理法规。此外，针对国家出台的专项法律法规，北京市政府也先后出台了《北京市食品安全监督管理规定》《北京市消防条例》等相关规章制度。

综合以上分析可以发现，纽约和伦敦这两座西方特大城市的安全风险管理体系建设起步明显早于我国上海和北京。虽然北京和上海依靠国家和地方政府的大力支持，并且充分利用了后发优势，初步构建了一套相对完整的安全风险管理体系，但是与上述几个国际特大城市对比（表3－4），可以看到中国城市风险防控体系建设仍存在一定差距，主要体现在以下六个方面。

表3－4 特大城市安全风险管理体系综合国际比较

		纽 约	伦 敦	上海、北京
管理理念		教会市民应对处理安全风险问题	合作政府，一体化管理	政府保障人民生命财产安全
管理模式	综合性	综合风险管理	综合风险管理	由单风险管理向综合风险管理转变
	阶段性	全周期业务持续性管理	全周期业务持续性管理	解决问题导向的应急管理
	能动性	主动式预防管理	主动式预防管理	被动式应急管理
体制	指挥中枢	紧急事故处理办公室	伦敦应急服务联合会（地方层面）、伦敦应急小组（地区层面）	上海市应急管理局、北京市应急管理局
	权力地位	市政府组成部门之一，高配，实权	权力关系不够清晰，权力实现依赖机制运行	市政府职能部门
机制	机制形式	机制系统整合，项目式运作	独特的、长期的、制度化的论坛机制及其他辅助机制	单一和整合机制并存，独立式与项目化运作并存
	机制动力	法律、制度、合同	行政传统、制度	行政命令、考核

续 表

		纽 约	伦 敦	上海、北京
法制	建设情况	法律体系完备，强化对政府的权力约束	法律体系不够完备	法律体系不够完备
	执行情况	严格执行	严格执行，借助政治传统弥补	不完全执行，受行政权力干扰
预 案		标准化、实用、公开	注重实用	部分预案形式化
政社关系定位		政府与社会合作	政府与社会合作	政府主导
社会参与		政府引导，自主参与，参与程度较高	政府引导，自主参与，参与程度较高	依靠行政动员、允许，参与程度低

第一，管理理念强调依靠政府，对社会力量的重视不够。管理理念是整个管理体系的先导，它在很大程度上影响着管理体制、机制等的设计。西方特大城市安全风险管理理念强调的是有限政府，即需要社会力量与政府一道努力，共同应对安全风险挑战。例如，纽约是要教会市民应对处理安全风险问题，而伦敦则首先强调市民自救，继而互救、公救。上海和北京沿用中国模式的安全管理理念，即政府保障人民生命财产安全，凸显政府责任、力量及信心。虽然这与政府在其他问题上的管理理念相一致，但在安全风险管理领域遇到的很多问题面前，如大规模的自然灾害，政府的力量也十分有限，这就需要依靠强大的社会力量合力应对。特别是在市场经济条件下，很多社会组织及个体已然拥有较强的物质条件和精神动力，愿意也有能力参与安全风险管理。事实上，当我们采用了依靠政府的理念，就会在机制、法律、预案中强化政府作用，社会庞大的资源力量反而被忽略或边缘化。现实中，西方城市以其理念为指导，发展了很多以提升社区自救能力为目的的项目，灾害发生后广大社会力量也能够迅速地自主有序参与，而中国城市在自身理念指导下也开展了一系列行政主导的基层安全项目建设，依靠的是行政动员优势，社会自发有序参与程度仍然较

低，从管理的科学合理性角度，中国城市应该在理念上向西方学习。

第二，综合风险管理模式落实不够，重心偏应急处置，工作方式较为被动。以上海为例，上海的风险管理模式存在两个方面的问题。① 安全管理未兼顾全局，重心偏向事后应急。国际社会基本认可危机的生命周期理论，并提出全周期业务持续性管理模式，将整个危机管理划分为事前减缓、事前准备、事发响应和事后恢复四个阶段。其中事前减缓和事前准备可以被看作风险的预防工作，纽约、伦敦等西方城市普遍坚持了全周期的管理模式，并特别注重事前的风险预防工作。但中国目前整体建设重点仍在应急管理阶段，上海虽然也在多个区分头试点进行风险预防工作建设，但从市区两级政府工作实际来看，重点仍在应急能力建设上。② 被动式工作模式显著。这也是中国目前普遍存在的一种现象，每当发生了某重大安全事件，就会以搞运动的方式开展相关专项突击检查，但缺乏安全风险的常态化管理动力和机制，工作的动力来自领导的重视和上级命令，难以制度化的方式保持。市应急联动中心的工作也是一种集中的接警、处警，是对已发生突发事件信息的汇总和处理，目前尚未建立针对综合性安全风险信息进行主动收集和分析处理的机构。

第三，常态系统化机制不足，行政命令考核机制占主导。机制是否科学合理，也是决定安全风险管理水平的关键，正如伦敦，其体制设计与上海和北京存在类似的问题，机构部门林立，权力分散，但它有一套独特的、长期的、制度化的论坛机制和其他辅助机制，可以令伦敦的安全管理系统有效运转。上海和北京目前的机制相对临时性、碎片化。虽然我们有大量的应急管理机制，但大多都是在有了突发事件之后才开始启动，如应急决策、应急协调、社会动员、信息沟通等机制。真正在突发事件未发生阶段坚持常态运行的安全风险防控机制，只在有限的几个核心部门或领域进行内部运行，未在社会层面普遍展开，从而对隐藏在众多行业领域的安全风险失去了有效风险预防和监控。我们偶尔会看到某个领域、行业开展了安全风险检查，也往往是因为其他地方发生了此类安全事件，或者是上级命令、行政考核等的需要，而此类安全风险管理机制不具常态性，也非系统化，极容易在管理中留下漏洞。实践中，上海也有部分类似美国项目化运作的机制融合，但问题是多头领导，严重重叠。不同的部门各自都有一套不同的建设、评价标准，虽然这些上级部门的出发点是要建立类似美国社区项目的常态风险管理运行机制，但问题是，上面多头领导，下面最终都落到了街镇层面，导致同样一个社区，要分头应对各个上级部门的检查评比，所谓“上面千条线，下面一根针”，基层工作时间精力无保障，机制建设落实不到实处，又变成一种行政考核下的畸形机制。

第四，法律体系建设滞后，实践贯彻执行能力不强。法律体系问题表现在三个方面。① 法律体系不完备。前面介绍现状已经提到，受国家总体相关法律建设迟缓的影响，上海和北京并未在允许的范围内做有效的突破性立法先行尝试。即使在国家法律出台后，地方“二次立法”对接过程中，我国各地城市的立法工作也存在不及时、不细致等问题。如《中华人民共和国突发事件应对法》于 2007 年 11 月 1 日起施行，但上海对应该法的实施办法直到 2013 年 5 月 1 日才正式施行。同时，该实施办法有很多笼统的规定，地方对接具体办法落实不细致。② 法律与整个安全风险管理体系融合性差。安全风险管理体系由“一案三制”四部分核心要素组成，法律建设应该与其他三要素同步进行，但实践中法律建设却明显滞后，特别是体制建设过程中，机构设置、权责明确等都需要以相关法律为前提，但目前的体制不顺、机制不畅就是法律体系建设滞后的表现。③ 法律贯彻执行能力弱。由于法律存在前面的几个问题，在实践落实过程中往往赏罚模糊，缺乏明确的可操作性，事前预防工作的约束规范能力弱，危机发生后，也主要依靠行政协调而不是法律机制，依靠领导权威而不是制度保障。

第五，预案建设表面化、形式化，实际运用效果欠佳。预案管理不严格，简单模仿上级预案，以应对检查为主，这些情况导致上海、北京的很多预案建设工作流于形式，往往从表面上看各项预案均已制定，但深入细查却会发现预案与实际有效联系不足、行动方案不够细致、多年未曾重新修订等问题。以上海为例，目前只有少数市级、专项预案的制定相对严格规范，也经过了多次实践检验和修订完善，很多地方、部门预案没有受到领导关注就被搁置一边，特别是部分工作多年有经验的老领导，他们对预案的看法是认为其不如自己的经验有效。很多预案仅自己部门内部人员知晓，联动单位和社会相关群体知之甚少，甚至仅预案制定者熟悉预案，部门内部人员都未认真学习。造成这一问题的关键，应该是相关法律保障不到位，预案的法律地位未得到突出强化，同时也与地方预案编制的具体指导办法缺失、常规预案的实战演习不多、社会宣传少等问题有密切联系。

第六，社会力量发展缓慢，风险文化建设未得到足够重视。传统对现实的影响非常显著，纽约、伦敦等西方城市普遍将社会力量作为与政府同等重要的力量运用到安全管理体系中，两者是一种平等合作的关系。但中国的传统却是政府管理社会，强大的政府要解决人民遇到的所有问题。因此，中国安全风险管理中依然强调政府的主导作用，社会组织和个人仅仅是配合，在政府需要和允许的情况下才被临时动员进入安全管理体系发挥作用。中国的城市往往建立了政府管理下的严密条线管理体系，各社区居民委员会（以下简称“居委会”）都设立了安全监督员，还有楼组长和小区安全巡查员等。但这些都是行政安排下的力量，真正的民间社会安全风险管理组织并未获得有效的开放和发展空间。由于受行政一统的发展模式影响，社会性安全风险文化也受到制约，加上政府在很多安全领域的宣传效果不明显（如反恐宣传教育存在很多禁区，难以有效开展宣传），社会参与性低等问题，导致社会风险文化建设水平相对较低。

第四章　城市风险防控建设的动力来源

城市安全的维护需要不断提升其风险防控能力。随着各类危机事件的持续增多，重大突发公共安全事件的复杂性和破坏性与政府治理能力有限性之间的矛盾日益突出。为打造稳定有序的城市运行环境，不断提升综合风险防控能力已成为城市治理能力建设的重要目标和要求。在早期的城市安全治理过程中，城市安全防控体系从无到有，从单一主体、分灾种、分部门、条块分割的风险防控体系，到逐渐实现政府主导、多元参与的治理模式，符合现代化城市综合风险防控需求的体系化建设正在稳步推进。在这一过程中，有各种力量对城市安全风险的管理施加了影响，对推进风险防控体系的逐步完善发挥了作用。本章旨在从几个重要方面对城市风险防控建设的动力来源进行研究，总结经验，把握规律，并为今后城市安全风险防控体系的进一步发展探寻更优的路径。

第一节　政府内部的动力机制

在中国，“大政府、小社会”的格局长期维持，几乎所有问题的解决都离不开政府的身影。事实上，政府对很多社会问题的处理的确发挥着非常重要的影响力，尤其在公共安全领域，政府更是当仁不让地掌握着主导权，在各类公共危机事件中发挥着“定海神针”的功效。政府依靠手中掌握的行政权力，可以调动社会各方资源和力量参与风险防范与危机治理。因此，探寻城市安全风险防控体系发展演变的动力，首先就要从政府内部着眼。

一、问责压力

问责是一种行政体系内部较为常见，并且也是对政府官员最具直接影响力的压力型机制。在行政层级体制约束下，上级对下级的问责可以直接影响到下级官员的晋升、考核以及与之相关的福利等间接利益。在中国的行政体系中，问责包括了行政问责和政治问责两类最为重要的问责形式。

所谓行政问责，是指对现任各级行政主要负责人在所管辖的部门和工作范围内，由于故意或者过失，不履行或者不正确履行法定职责，以致影响行政秩序和行政效率，贻误行政工作，给行政机关造成不良影响和后果的行为，进行内部监督和责任追究的制度。公共安全管理体系建设不仅依靠政府发布指令和社会响应，更大程度上取决于各级官员是否认真履责和主动作为。公共安全事件，特别是重大公共安全事件可能造成重大人员伤亡、财产损失、生态环境破坏和严重社会危害，因此，政府对各类公共安全事件负有预测、防范、控制和消除的责任，一旦管理的某一环节出现失误，导致危机爆发造成损失，那么相关责任政府和责任人便应该承担政治责任、社会责任甚至法律责任。①

行政问责制在我国起步较晚。自改革开放以来，我国的政府责任制度建设不断加强，在政府系统内部逐步推行行政首长负责制，并在 1982 年宪法中得到了明确规定。之后，随着国内经济的飞速发展，行政体制改革不断深入，责任制度逐渐成了中央高层关注的核心改革问题，相继出台的规章制度为未来的基本改革方向奠定了基调，如中共中央、国务院 1998 年联合下发的《关于实行党风廉政建设责任制的规定》（2010 年进行了修订），2001 年 4 月 21 号正式实施的《国务院关于特大安全事故行政责任追究的规定》。

自 2003 年起，中国特大安全事故的问责制度初步形成，行政问责逐渐走进了公众视野，此后，我国从中央到地方开始加快推进问责的制度化、程序化建设。2003 年“非典”疫情中，时任北京市市长孟学农与中

① 曾益武. 浅析公共安全视野下的行政问责制建设［J］. 管理观察，2008（22）：9－10.

华人民共和国卫生部部长张文康因故意隐瞒疫情被免职，以此为契机，一场席卷全国范围的政府问责风暴拉开序幕。对一些重大公共安全事件的相关责任人，政府开始频繁实施问责，一大批官员包括省部级高官相继受到处罚，他们或引咎辞职，或锒铛入狱，引发了广泛的社会关注。例如，2004 年阜阳假奶粉事件中，时任阜阳市市长刘庆强被行政记大过处分；2005 年松花江水污染事件中，时任国家环境保护总局局长谢振华引咎辞职等。这些官员受到处分或撤职，从侧面说明了我国的政府问责制正在发挥实际作用，也见证了我国在政府问责制方面取得的成就。[①] 随着国家层面问责制度的推行，全国地方关于行政问责制度的实践探索也自 2003 年全面展开，天津、重庆、海南、长沙、大连、湘潭、广州等地方政府较早地出台了针对不同的问责对象的行政问责规章制度。

进入 2008 年，各级党政部门继续积极推进问责制。2008 年 3 月 25 日，国务院总理温家宝主持召开新一届政府第一次廉政工作会议时指出，将加快实行以行政首长为重点的行政问责和绩效管理制度。2008 年 5 月，《国务院关于加强市县政府依法行政的决定》强调加快实行问责制。针对三鹿毒奶粉事件，2008 年 9 月 20 日，温家宝强调，绝不能以损害人民生命健康为代价来换取企业发展和经济增长，并指出要强化行政问责制。这更突显出行政问责制在公共安全管理中的作用。[②]

关于政治问责，学界的正式讨论并不充分，很多是借助政治与行政二分法进行讨论，但结论较为含混。在西方学者看来，政治责任是对政府施加民主压力的关键，它基于代表对其选民负责的关系，呼吁一个更加开放、透明和代表选民利益的政府，把提升政府回应度作为管理多元目标的核心方式。[③] 而在国内学者看来，政治责任的根本目的在于服务人民，它除了要求政治官员制定符合民意的公共政策并且贯彻落实外，更大程度上还指向官员未有效履行职责而要承受的谴责和制裁。我国政府的政治责任来自两

---

① 和洋. 公共安全事故中的政府问责研究［D］. 青岛：中国海洋大学，2014.

② 曾益武. 浅析公共安全视野下的行政问责制建设［J］. 管理观察，2008（22）：9 - 10.

③ 小威廉·T. 格姆雷，斯蒂芬·J. 巴拉. 官僚机构与民主——责任与绩效［M］. 俞沂暄，译. 上海：复旦大学出版社，2007.

部分，分别是执政党对政府的责任要求和人民代表大会对政府的责任要求。

从实践层面看，由于中国实行的是党政一体治理模式，很多时候政治问责是与行政问责同步展开的。通常中国政府内部高层行政领导同时兼任党内高级职务，在进行问责的过程中，行政问责和党内问责同步落实，这也进一步加大了问责的惩处力度以及警示效果，即便部分官员的行为尚未触发行政问责，但从党纪角度仍然会被追究相应责任，从而形成更加有效的责任监督机制。

随着问责制度的不断完善和成熟，其在实践中的运用也不断加强。据统计，自党的十八大召开至 2016 年 5 月底，全国共问责4.5万余名党员领导干部。2014—2016 年，中共中央纪律检查委员会网站发布的各级纪律检查监察机关点名道姓通报的在全面从严治党中因失职失责受到责任追究的典型问题 238 起，共问责 397 人次。其中 2014 年 83 人次，2015 年 85 人次，2016 年 229 人次，呈逐年增加态势。被问责的 397 人次当中，一把手 249 人次，占总人次的 62.7%，体现了问责抓住“关键少数”的特点。实践证明，哪个地区或部门有坚持正确政治方向、勇于负责的领导班子，特别是一把手，当地领导就坚强有力，就能联系实际把党的路线方针政策落到实处。牢牢抓住主体责任这个“牛鼻子”，出现失职失责，既要追究直接责任、主体责任、监督责任，又要上追领导责任、党组织的责任①，这有效保障了各项改革政策的有效落地。

客观而论，问责压力的确能够有效调动政府官员的行政积极性和主动性。为了进一步完善问责体系，2016 年 7 月，中共中央又印发了《中国共产党问责条例》，进一步从党内管理入手，推进政府工作的有效开展。有研究总结党的十八大以来问责工作取得的成绩，归纳并提炼出问责机制创新的多个方面：问责理念和精神强调有权必有责、权责对等；问责定位聚焦政治问责；问责主体和对象覆盖各级党组织、突出关键少数；问责类型上抓牢主体责任、监督责任和领导责任；责任区分为全面领导、主要领导和重要领导责任；问责方式上坚持纪法分开、运用“四种形态”，实行

---

① 中央纪委：至今年 5 月底4.5万余名党员领导干部被问责［EB/OL］.（2016-11-7）［2019-10-28］. http：//fanfu. people. com. cn/n1/2016/1107/c64371-28839427. html.

终身问责、典型问题通报曝光；问责程序上保障规范有序、增强可操作性；问责制度上保持配套衔接、形成合力。[①] 当前，从中央到地方的工作机制当中，问责的制度化、常态化和规范化已经达到一定水平，党和政府结合自身政治传统和体制现状，在保证政治和社会稳定的前提下，通过官员政治问责与行政问责，倒逼城市风险防控落实，成为推进城市风险防控体系不断优化完善的最有效动力。

二、“专项整治”的脉冲效应

“专项整治”沿用至今天，已是政府行政治理手段中的一个非常熟悉的词语，上到国务院，下到基层治理的社区村落，无论是涉及国计民生的食品安全，还是网络游戏中的外挂私服，我们都能够看到“专项整治”的身影。

专项整治又称专项治理、专项行动、集中治理，它是政府出于整治某种市场行为、某个行业或者突出社会问题的需要，由一个主管部门，联合多个部门，集中人力、设备、资源，在较短时间内从重、从快地进行声势浩大的行政检查、执法处罚行动。“严打”“突击整治”“集中整顿”“拉网式排查”等词汇也常与“专项治理”共同出现。通过这些词汇不难看出，城市风险防控方面专项治理的产生都源于突出的社会安全问题，问题导向是所有专项治理的本质属性。

在城市风险防控方面，专项整治作为一种政府管理方式出现于公共安全管理体系正式建设之前，并呈现出相对密集的特点。1999 年、2000 年政府就连续开展过“打黑”“扫毒”专项整治行动。安全领域的专项整治通常出现在重特大事件之后。例如，天津港爆炸事件之后，国务院安全生产委员会发布了《国务院安全生产委员会关于深刻吸取天津港“8・12”特别重大事故教训集中开展危险化学品安全专项整治的通知》（安委〔2016〕4 号）。半年多之后，为推进专项整治效果的沉淀，国务院办公厅又发出《国务院办公厅关于印发危险化学品安全综合治理方案的通知》（国办发〔2016〕88 号），强调吸取天津港爆炸事故教训，巩固近年来开

① 中国社会科学院中国廉政研究中心. 中国反腐倡廉建设报告 No. 7 [M]. 北京：社会科学文献出版社，2017.

展的提升危险化学品本质安全水平的专项行动和专项整治成果，全面加强危险化学品安全综合治理，有效防范遏制危险化学品重特大事故。①

专项整治得以发生作用的原因在于，专项整治是为了达到某种特定的目标而发动的，在专项整治过程中，主管部门一般希望在尽可能短的时间里快速地解决存在的疑难问题或突发性事件。治理主体为了尽可能地达到治理目标，会调用社会上一切具有执法职能的政治权力资源对治理客体进行强力治理。专项整治具有打击力度大、成果显效快的优势，可以在维护社会经济秩序、打击违法行为方面获取短期的收益，并内在包含行政处罚的规模效应，迎合了公共治理的现实需求。毫无疑问，在这种情况下，专项整治的进度大大快于其他治理方式，治理的效果是显而易见的。

从专项整治的实际工作看，其内容也绝非是日常工作的扩大化，使用的手段又都是常规的行政手段，并没有使用非常规的强制措施。但专项整治能够获得短期内的明显效果，是因为对行政资源集中使用，施政目标具有明确的时间限制，责任追究也相对严厉。其效力也正是来自非常规性。在专项整治活动中，政府在短期内最大限度地动用行政管理资源，采取疾风骤雨般的执法方式，“雷声大，雨点也大”，相关的宣传铺天盖地，相关的行动轰轰烈烈，具有“运动式”治理的性质。这样一种本来是作为应急手段的治理方式，已然成为一种近乎常态的治理行为，成为推进城市风险防控的重要动力机制之一。

专项整治的负面效应在于，专项整治短期内的有效性，可能会促使官员反复使用这种治理手段。在有些地方，进行过多少次专项整治，已经是表达工作成绩的重要内容。对治理对象而言，一次专项整治之后，也可能会反弹。专项整治结果的反弹是指在治理结束后，专项整治的客体又重复出现甚至出现程度更加剧烈或严重的症状的一种现象，从而形成一种恶性循环。因此，时间的短期性决定了专项整治是一种治标不治本的治理方式，没有从源头上杜绝治理客体再生的根源，治理客体一有机会就会再

---

① 国务院办公厅关于印发危险化学品安全综合治理方案的通知［EB/OL］.（2016－12－6）［2019－10－27］. http：//www. gov. cn/zhengce/content/2016－12/06/content_5143965. htm.

生，导致治理客体的反复出现。这也是一般的专项整治工作部署中，都会强调将其与建立长效机制结合起来的原因。[①]

几乎没有一个领域不能够被纳入政府专项整治的范围。“专项整治”政策是国家治理资源贫弱条件下的一种理性抉择，是一种提升综合管理效能的重要手段。直至今日，我国的安全管理工作仍然离不开专项整治。应急管理部正式挂牌后，应急管理法规的专项清理工作就立刻启动了。[②] 因此，今后政府可以继续发挥专项整治针对特定问题的化解优势，同时更应注重将经验转化沉淀为日常管理制度，以增强常态安全维护能力。

三、危机意识与自我革命

自中华人民共和国成立以来，中国共产党在国家发展和社会治理过程中始终扮演着至关重要的领导者角色，当前党政一体的国家治理体制更进一步强化了党对各项事业的全面领导。在城市安全风险管理中，中国共产党更是发挥着重要的方向引领作用。中国共产党自诞生以来，始终保持着一个组织要长期生存和发展所应有的危机意识。毛泽东就曾警示全党：“中国的革命是伟大的，但革命以后的路程更长，工作更伟大，更艰苦。这一点现在就必须向党内讲明白，务必使同志们继续地保持谦虚、谨慎、不骄、不躁的作风，务必使同志们继续地保持艰苦奋斗的作风。”邓小平在中国面临重大转折的关键期，发出了“一个党，一个国家，一个民族，如果一切从本本出发，思想僵化，迷信盛行，那它就不能前进，它的生机就停止了，就要亡党亡国”“再不实行改革，我们的现代化事业和社会主义事业就会被葬送”的时代之音。面对长期和平时期经济持续发展的局面，党中央也发出了“全党必须居安思危，增强忧患意识，常怀忧党之心，恪尽兴党之责，勇于变革、勇于创新，永不僵化、永不停滞”的警示。在腐败风险面前，党内深刻认识到“近年来，一些国家因长期积累的矛盾导致民怨载道、社会动荡、政权垮

---

① 王大鹏．“专项整治”常规化反思［EB/OL］．（2007－9－28）［2019－10－27］．http：//news．sina．com．cn/c/2007－09－28/104213993023．shtml．

② 应急管理部副部长部署应急管理法规专项清理工作［EB/OL］．（2018－4－22）［2019－10－27］．http：//www．gov．cn/xinwen/2018－04/22/content_5284901．htm．

台，其中贪污腐败就是一个很重要的原因。大量事实告诉我们，腐败问题越演越烈，最终必然会亡党亡国！”[①] 可见，从执政党的角度看，对待每一时期和每一阶段的主要矛盾及潜在风险和威胁，党中央都能始终保持清醒认识，并且勇于采取措施主动出击，化解风险。

“生于忧患、死于安乐”，这是历史兴衰更替的基本规律。坚持底线思维、做最充分的准备，这是中国共产党兴旺发达的重要法宝。党的十八大以来，习近平一再督促和要求全党坚持底线思维、增强忧患意识。在党的十九大报告中，习近平号召全党“登高望远、居安思危”，并把“防范化解重大风险”作为打好全面建成小康社会决胜期的三大攻坚战之首。在学习贯彻党的十九大精神研讨班开班仪式上他强调，“增强忧患意识、防范风险挑战要一以贯之”。2019 年 1 月 21 日，习近平在省部级主要领导干部专题研讨班上再次着重强调，要深刻认识和准确把握外部环境的深刻变化和我国改革发展稳定面临的新情况新问题新挑战，坚持底线思维，增强忧患意识，提高防控能力，着力防范化解重大风险，保持经济持续健康发展和社会大局稳定。[②] 作为国家最高领导人，在短时间内集中高度强调风险忧患意识，突出风险防控化解，对于全面推进包括城市在内的各领域安全风险防控工作，都具有十分突出的重要意义。

有了风险意识，还要有改正错误的勇气与魄力，能够做到“自我革命”。“自我革命”的内在动力来源于中国共产党的先进性。习近平总书记明确指出：“勇于自我革命，是我们党最鲜明的品格，也是我们党最大的优势。中国共产党的伟大不在于不犯错误，而在于从不讳疾忌医，敢于直面问题，勇于自我革命，具有极强的自我修复能力。”正因如此，我们才能一次次战胜严峻的危机挑战，并且深刻反思继而提出调整甚至深刻改革的方案，推动我国在短时间内建立起较为完善的公共安全管理体系。

---

① 紧紧围绕坚持和发展中国特色社会主义学习宣传贯彻党的十八大精神 [EB/OL]. (2012 - 11 - 19) [2019 - 10 - 27]. http://cpc.people.com.cn/n/2012/1119/c64094-19615998-3.html.

② 习近平：提高防控能力着力防范化解重大风险 保持经济持续健康发展社会大局稳定 [EB/OL]. (2019 - 1 - 21) [2019 - 10 - 27]. http://www.xinhuanet.com/politics/leaders/2019-01/21/c_1124021712.htm.

我国公共安全管理体系的建设道路经历了从无到有、从偏重事后应急到转向源头治理、从非常态处置到常态化治理的过程，在快速取得巨大成就的同时，也存在体制上的制约、机制上的不完善、法律上的缺失以及预案方面的弱项。当前，立于新时代的关口，应急管理部的成立就是改革的一个新的起点坐标。

四、行政体系内部竞争

行政体系内部存在着隐性的竞争关系，这种竞争从根本上来自官员的晋升需求。不少学者早已充分论证过政治锦标赛体制①，虽然这一理论本身的重点指向的是地方经济发展，但随着经济社会的转型，经济增速放缓，社会治理问题增多，尤其是各种安全风险因素的出现对经济和社会稳定发展构成严重威胁，中央开始高度关注安全稳定问题，行政体制内在的竞争内容开始多元化，并明显向着安全治理效果转移。

围绕公共安全治理的锦标赛体现在两个方面，一是创新和塑造典型，二是当一种典型受到中央重视并被大力推荐之后，各地竞相模仿和落实。事实上这两个方面存在着内在联系，当一个城市做出某种创新或被树立为典型，往往接下来就会产生后续行政体制内部的模仿扩散效应，各地政府就会竞相学习经验，回到当地后或直接模仿，或因地制宜进一步创新，这一过程构成中国城市安全风险防控体系发展的重要形式。

典型案例一：南宁城市应急联动中心。2001 年，南宁市借鉴美国芝加哥 911 应急中心的模式，投资 1.68 亿元人民币，建成中国第一套城市应急联动系统。该系统率先将 110 报警服务台、119 火警台、120 急救中心、122 交通事故报警台、12345 市长公开电话、防洪、防

① 官员晋升的政治锦标赛体制理论认为，在我国的政治体制之下，上级官员主要依据经济增长来考核和提拔下级官员，因此下级官员有着很强烈的动力来发展经济以求能够获得政治上的升迁。中国行政体制由中央、省、市（地区）、县和乡镇等几个等级政府构成，基于中国政府体制的同构性，政治锦标赛在中央以下的各级政府中均能起作用，使得政治锦标赛得以广泛推行。通过层层向下推进，各级政府都在不断放大的锦标赛激励下，促进地方经济发展，提供地方公共产品的供给，加强基础设施建设。

震、防空，以及水、电、气等公共事业应急救助纳入统一的指挥调度系统，构建了全国首创的“统一接警、统一处警”应急联动体制和机制。市民在紧急情况下，仅需拨打其中一个号码，即可实现110、119、120和122四号联动，最大限度地缩短城市应急系统的响应时间。通过互联互通，应急联动，共享各种救助资源，该系统实现了跨部门、跨警区以及不同警种之间的统一指挥协调。该做法被称为“南宁模式”，受到全国众多城市的重视，各地竞相前来参观学习，在很短时间内，上海、成都等城市都模仿南宁模式，建立了自己城市的应急联动系统。到目前为止，应急联动中心早已在全国大中小城市全面普及，并且在建设过程中，各地又融入了很多地方经验，推动全国城市应急管理体系建设的水平得到快速提升。

典型案例二：城市网格化管理。2004年10月，北京市东城区通过集成应用10多项信息技术，改革行政管理体制，在全国首创万米单元网格管理法，建成“东城区网格化城市管理系统”。该系统把辖区每个街道以万米为单元划分成多个网格，每一个网格由专门的网格员负责，将格内各种部件，包括灯杆、井盖等情况都一一记录在案，并随时了解最新变化。据统计，该系统对城市管理问题的发现率达90%，任务派遣准确率达98%，问题处理率为90.34%，平均处理时间为7.5小时（过去需要一周左右），案卷处置结案率为90.53%，平均每周处置问题390件左右，是过去的5.4倍，极大地提高了城市管理效率和管理水平。“东城区网格化城市管理系统”在城市管理中取得的突出成效，得到了中央多个部门、北京市政府和多位资深行业专家的高度评价，并被住房和城乡建设部命名为“数字化城市管理新模式”，组织在全国城市推广。微软的比尔·盖茨也在国际上盛赞其为城市管理模式中的一项“世界级案例”。此后，国内外很多城市都前来学习。至今，东城区网格化管理模式已在950个城市得到推广①，并且应用领域已经扩展至包括市政管理、治安防控、

① 北京东城区：引领网格化管理迈向更高标准［EB/OL］.（2019－6－18）［2019－10－27］.https：//www. sohu. com/a/321468824_99951576.

城市水电、交通管理、党建、工会等众多领域。

围绕社会发展特定阶段的主要管理需求，行政体系内在的竞争机制会在不同问题的治理领域诱发官员的竞争内驱力，从而源源不断地产出各种创新性的治理工具、手段或模式。

当前，在总体国家安全观的指引下，公共安全治理已成为社会治理的重要内容，城市在保持其经济持续稳定发展的同时，另外有很大一部分的精力需要投入城市安全风险防控工作当中。安全问题在很多地方已经具有一票否决权，无论地方经济发展如何出色，一旦安全问题未抓紧，出现重大安全事件，造成严重社会负面影响，从现有的党政法律制度看，官员都要承担很大的责任。因此，不少城市或地方已有内部工作原则，将安全问题视作底线和红线，不允许触碰。很多城市也将安全治理能力建设作为“安全治理绩效”，放在年终政府绩效考核当中，并占据较高权重，从而有效推动了基层在安全风险防控方面的投入，将行政考核竞争压力转化为推动城市安全防控体系不断完善和继续发展的内在动力。

第二节　社会化的外部动力机制

任何组织或系统的变革都无法摆脱外部环境的影响，除了行政体系内部的主动变革动力，组织或系统通常需要依靠外部条件的变化，施加一定的影响作用于内部关键要素，从而实现组织或系统的应激性变革。城市作为超大型的组织系统，其所面临的环境因素更为复杂，而能够影响到城市风险防控体系变革的政府以外的社会化因素繁多，本节主要研究其中可以发挥直接影响作用的少数关键要素，分析其发挥作用的动力机制。

一、“重特大”事件推动

城市管理运行体系具有一定的历史延续性，通常情况下会保持相对稳定的运行模式而难以做出显著的改变，尤其是作为预防性的风险防控体系的变动，如果未遭受特殊事件冲击，往往会被政策制定者所忽视。从国内外城市风险防控体系的发展历程来看，很多大的明显变革都是在重特大事件发生之后才会发生，可以被视作重特大事件之后的一种应激性反应。

众所周知，“9·11”恐怖袭击事件深刻地改变了美国国家安全管控体系大格局。美国整合了所有涉及安全的部门和机构，组建了巨无霸式的国家安全部门——国土安全部，统管美国国内所有领域的安全风险防控工作，美国城市、乡村等的安全防控体系也进行了相应调整。2005 年 8 月 29 日，“卡特里娜”飓风猛烈冲击路易斯安那海岸，新奥尔良 80%的面积很快就处于水面之下。这座城市中通常作为喧闹橄榄球比赛场地的“超级穹顶”里充斥着难民。一些家庭徒步离开这座城市，其他无法逃离的人则在屋顶上挥手求救。据估计，有超过 1 800 人在此次灾难中丧生，相关损失超过 1 000 亿美元。新奥尔良市遭遇的巨大灾难使美国看到其当时的安全风险防控体系存在的巨大问题，随之而来的改革也迅速推进。在这次改革中，美国政府重新调整了国内灾害防控体系在国土安全部下的运作模式，使 FEMA 重新获得了组织开展风险防控以及应急管理的有效能力。

中国几乎经历了同样的遭遇。2003 年，一场突如其来的“非典”疫情席卷全国，危机和恐慌状态不断蔓延扩散，在人口高度密集的城市，问题尤为突出。面对来势汹汹的未知疫情，政府管理者们发现，很多控制疫情蔓延的行政手段都缺少相关法律依据。唯一可以指导疫情防治的法律是 1989 年通过的《中华人民共和国传染病防治法》。很显然，该部法律出台时的社会适用环境与 2003 年已经大相径庭，陈旧的法律难以有效应对全面改革开放后形成的市场经济高度发达、人口自由流动、交通网络四通八达且高度便捷等新环境下的管理需求。因此，政府在“非典”疫情需尽快得到有效控制的压力之下，多机构、多部门、多行业领域全面行动，仅仅从法律制度的完善角度，在短时间内密集出台了一系列新的法律法规（表 4－1），有效弥补了传染疾病防治管理方面的漏洞。如果没有“非典”疫情发生，中国的传染病防控法规体系建设在短时间里可能很难实现主动查找短板和弥补漏洞。

表 4－1 “非典”疫情推动的法律法规体系完善

时 间	法律、法规、通知及其他文件	发布机构、部门	性 质
1989 年 2 月 21 日	《中华人民共和国传染病防治法》	全国人民代表大会常务委员会	危机前制定
2003 年 4 月 11 日	《广东省医院收治非典型肺炎病人工作指引》	广东省卫生厅	危机中制定
	《广东省学校、托幼机构非典型肺炎预防控制工作指引》		
	《广东省公共场所预防控制非典型肺炎工作指引》		
2003 年 4 月 12 日	《卫生部、财政部、铁道部、交通部、民航总局关于严格预防通过交通工具传播传染性非典型肺炎的通知》	中华人民共和国卫生部、中华人民共和国财政部、中华人民共和国铁道部、中华人民共和国交通部、中国民用航空总局	危机中制定
2003 年 4 月 14 日	《卫生部办公厅关于做好传染性非典型肺炎病人和疑似病人转运工作的通知》	中华人民共和国卫生部办公厅	危机中制定
2003 年 4 月 15 日前	《民航系统预防控制非典型肺炎工作预案》	中国民用航空总局	危机中制定
2003 年 4 月 16 日	《旅游经营单位预防控制传染性非典型肺炎应急预案》	中华人民共和国国家旅游局、中华人民共和国卫生部	危机中制定
	《北京市劳动和社会保障局关于参保人员和城镇登记失业人员患非典型肺炎医疗费用报销结算有关问题的通知》	北京市劳动和社会保障局	危机中制定
2003 年 4 月 18 日	《卫生部办公厅关于加强非典型肺炎社区防治工作的紧急通知》	中华人民共和国卫生部办公厅	危机中制定

续　表

时　间	法律、法规、通知及其他文件	发布机构、部门	性　质
2003 年 4 月 22 日	《北京市劳动和社会保障局关于参保人员患非典型肺炎医疗费用审核结算有关问题的通知》	北京市劳动和社会保障局	危机中制定
2003 年 4 月 23 日	《卫生部关于规范传染性非典型肺炎疫情报告的紧急通知》	中华人民共和国卫生部	危机中制定
2003 年 4 月 24 日	《上海市市容环境卫生管理条例》	上海市第十二届人民代表大会常务委员会	重新审议修订
2003 年 4 月 25 日	《国务院办公厅关于动员北京等地高等学校学生、农民工就地学习务工的紧急通知》	国务院办公厅	危机中制定
2003 年 4 月 27 日	《卫生部办公厅关于进一步做好医院非典型肺炎诊疗工作中防止交叉感染工作的紧急通知》	中华人民共和国卫生部办公厅	危机中制定
2003 年 4 月 27 日	《学习贯彻〈传染病防治法〉依法防治非典型肺炎基本知识》	中共中央委员会宣传部宣传教育局、中华人民共和国司法部宣传司、中华人民共和国卫生部卫生法制与监督司	危机中制定
2003 年 4 月 29 日	《医用一次性防护服技术要求》（GB 19082—2003）	国家标准化管理委员会	危机中制定
	《医用防护口罩技术要求》（GB 19083—2003）		
	《普通脱脂纱布口罩》（GB 19084—2003）		
	《商业、服务业经营场所传染性疾病预防措施》（GB 19085—2003）		
2003 年 5 月 7 日	《突发公共卫生事件应急条例》	国务院会议	讨论审议

续 表

时　间	法律、法规、通知及其他文件	发布机构、部门	性　质
2003 年 5 月 8 日	《传染性非典型肺炎密切接触者判断标准和处理原则（试行）》	中华人民共和国卫生部	危机中制定
2003 年 5 月 14 日	《最高人民法院、最高人民检察院关于办理妨害预防、控制突发传染病疫情等灾害的刑事案件具体应用法律若干问题的解释》	最高人民法院、最高人民检察院	2003 年 5 月 15 日起施行

“非典”疫情也同时推动了中国国家层面应急管理体系的建设。通过反思应对“非典”疫情的经验教训，同时借鉴美国等发达国家安全管理体系建设的经验，中国政府开始全面建设中国国家应急管理体系。国家层面成立了国务院应急管理办公室，各省、市、区（县）也都相继成立地方应急管理办公室，国家应急管理体系的基本架构全面铺开建设。“非典”疫情之后，各种危机事件持续不断发生，如禽流感疫情（2004—2005 年）、吉林石化爆炸并致连串危机（2005 年）、“齐二药”和“欣弗”药品事件（2006 年）、太湖蓝藻暴发（2007 年）、雨雪冻雨灾害、汶川地震、毒奶粉事件（2008 年）等，这些重特大事件无一例外地成为推动政府不断完善和强化安全风险管控体系建设的源源不断地持续动力①。在解决系列重特大事件的同时，各地不断发现管理中的漏洞，持续改善和提升安全防控管理体系，推动中国风险防控能力的有效提升。

二、国际示范作用

随着全球交流互动日益频繁，中国高度融入国际社会，很多国际先进理念和经验都或多或少对国内产生一定影响。在城市安全建设领域，由于西方国家城市化进程早于中国，一些先进做法受到国内城市的效仿，如前文已经提到的南宁模式，就是仿效了芝加哥的经验。另外还有一个非常典

① 系列危机事件对全国各地的城市产生不同程度的影响，城市往往会根据自身与重特大事件的相关度、相似度来决定采取何种相关行动反应。例如，汶川地震之后，很多大型城市纷纷开展了城市防震减灾的系列工作，上海和北京就在全国人民代表大会常务委员会法制工作委员会的领导下，启动了研究制定城市防震减灾法律的工作。

型的国际模式传入中国的案例，就是“安全社区”建设。

安全社区建设最早始于北欧。1975 年，瑞典“慢城”法尔雪平（Falkoping）开展了一项包括安全教育、加强日常管理监督等内容的社区安全计划。经过两年多的尝试，社区内交通意外伤害、家居伤害和各种工伤事故减少了近 30%，社区学龄前儿童的意外伤害减少了近 50%。1989 年 9 月 20 日，世界卫生组织（World Health Organization，WHO）在斯德哥尔摩召开了第一届世界事故和伤害预防会议，来自全球 50 多个国家的 500 多名代表一致通过并向全球发表了《安全社区宣言》。《安全社区宣言》宣布：人人都平等地享有健康和安全的权力。这是世界卫生组织推进全人类健康和全球预防意外及伤害控制计划的基本原则。此次会议产生了全球第一个国际安全社区，提出安全社区建设应倡导推广“安全、健康、文化”理念，发挥社区内各类组织机构的作用，整合社区内一切可供利用的资源，发动社区民众积极参与社区安全推广活动，营造安全舒适的社区生活环境，以提高居民的安全健康素质。① 世界卫生组织为了推广“安全社区”的理念，专门成立了“社区安全促进合作中心”，负责在全球推广该计划，并在世界范围内创建“安全社区支持中心”，以协助和加强计划的推广。同时制定了 WHO“安全社区”标准和分类指标，并负责对申请成为“安全社区”的社区及申报材料进行考察和验证。从此，推广“安全社区”概念就成为世界卫生组织在伤害预防和安全促进领域的一项重点工作。1991 年，WHO 在瑞典召开了第一届国际安全社区大会，确定以后每年召开国际安全社区大会，大力推动安全社区建设。“安全社区”计划在欧洲、亚洲、美洲，无论是发达国家还是发展中国家，都得到了广泛认同和快速发展。

正是在这一背景下，中国众多城市纷纷开展了国际安全社区建设。中国的香港和台湾地区分别于 2000 年和 2002 年成功引进了安全社区建设计划，北京、上海、济南等城市也于 2004 年开展了国际安全社区建设的试点工作。

在国际示范作用的带动下，2006 年出台的《安全生产“十一五”规划》和《“十一五”安全文化建设纲要》都将安全社区建设纳入计划。2006 年，中央社会治安综合治理委员会办公室、原国家安全生产监督管

---

① 陆继锋，张存楼，习亚胜. 安全社区建设历程回顾及其对城市社区公共安全治理的借鉴［J］. 四川警察学院学报，2016（5）：97－104.

理总局（现应急管理部）联合下发了《关于在安全生产领域深入开展平安创建活动的意见》，启动国内版的安全社区建设。2007 年，首批 21 个全国安全社区诞生。2008 年 12 月，世界卫生组织认定中国职业安全健康协会为 WHO 社区安全促进合作中心和安全社区支持中心。2009 年，原国家安全生产监督管理总局又印发了《国家安全监管总局关于深入开展安全社区建设工作的指导意见》，继续推进安全社区的规范建设。本着“成熟一批、发展一批”的原则，在国家的推动下，全国分批次地推进城市安全社区建设，将率先达标的安全社区优先推荐参与国际安全社区评选。2009 年，山东济南槐荫区被世界卫生组织社区安全促进合作中心命名为中国内地第一个以城区为单位的“国际安全社区”。截至 2017 年 12 月，全国已建成 103 个国际安全社区、575 个全国安全社区，上海建成 78 个上海市安全社区、47 个全国安全社区、30 个国际安全社区。①

大量城市社区纷纷加入安全社区建设计划，极大程度地推进了城市整体抗风险和应急管理能力的提升。从我国城市安全社区建设的路径可以明显看出，国际先进经验的示范推动作用可以引发国内政府的高度重视，并有效带动众多有内在需求的城市社区积极参与实践，这种外部优势引导下的城市安全风险管理能力建设，构成当前以及今后一段时期中国城市风险防控体系发展的重要动力之一。

三、政府以外组织的参与推动

政府外部以组织化形态存在的力量有很多形式，大致可以分为两类：一类是营利性组织（For-profit Organizations），另一类是非政府组织（Non-Government Organizations，NGO）或非营利组织（Non-Profit Organization，NPO）。有时候，政府也被称为第一部门，营利性组织被称为第二部门，非政府组织或非营利组织又被称为第三部门。在倡导多元参与社会治理和自由市场竞争的环境下，第二部门和第三部门都有着极高的热情参与公共

① 张庙街道成为全球第 389 个“国际安全社区”［EB/OL］.（2017 - 12 - 12）［2019 - 10 - 27］. http：//www. shanghai. gov. cn/nw2/nw2314/nw2315/nw15343/u21aw1274619. html.

安全领域的活动，对政府在安全领域的投入和建设会产生显著影响。

（一）营利性组织的市场化多元渗透

营利性组织以营利为目的，有着不断拓展市场的强烈动力。政府在公共安全治理过程中需要借助各种工具或手段，很多都需要通过市场途径来获得。因此，对各种营利性组织而言，政府需求是一块巨大的“蛋糕”，各种类型的营利性组织都在不断地游说和鼓励政府向其开放市场，主要形式是政府购买服务或吸纳营利性组织参与公共安全治理。

首先，城市公共安全治理需要庞大的人力资源投入，特别是全国城市推广网格化管理以来，投入街面负责城市安全和市容环境巡查的人员数量剧增。由此，基层普遍出现的一个客观窘境就是，在以街道为基层管理单元的网格管理体系内，街道和居委会一方面要有人员在办公室处理繁杂的基层问题，另一方面还要分出人力投入街面网格的日常巡查，基层普遍无法承受其重。在此情况下，街道向保安公司购买劳务进行服务外包的模式应运而生。根据在上海、杭州等城市的走访调研，有大量规模不等的安保公司为各基层街镇提供外包服务，其人数规模从 10 多人到上百人不等，各街镇也根据自身实际需求并结合财力状况，选择不同的公司购买服务。例如，上海某街道在 2018 年向一家 10 多人的安保公司购买了服务，该公司派安保人员以朝六晚十的工作时段，一日分两个班组轮流对几条道路进行不间断巡查。杭州某区 2019 年与一家 100 多人的安保公司签署协议，该公司派人员辅助该区开展市容秩序的维护工作，按照网格化管理的模式，对指定道路周边和背街小巷进行日常管理，实行“城管+保安”的服务模式，壮大城市管理队伍，提升城市管理精细化水平。

其次，作为一种升级形式，技术手段也全面融入城市安全治理。视频监控技术与人工智能及大数据相结合，产生了强大的市场动力。受智能交通、平安城市、智慧城市建设，北京奥运会、上海世界博览会（以下简称“世博会”）、广州第 16 届亚洲运动会、深圳第 26 届世界大学生夏季运动会等安保项目以及各行业视频监控需求快速增长等因素的刺激和拉动，中国城市安防市场规模迅速扩大。调查数据显示，我国安防行业总产值已从

2007 年的 1 400 亿元快速增长到 2016 年的 5 400 亿元（图 4 - 1），市场规模居全球第一，2007—2016 年的复合增长率达 16.18%，2016 年行业增速 11.11%，均明显高于全球增速。①

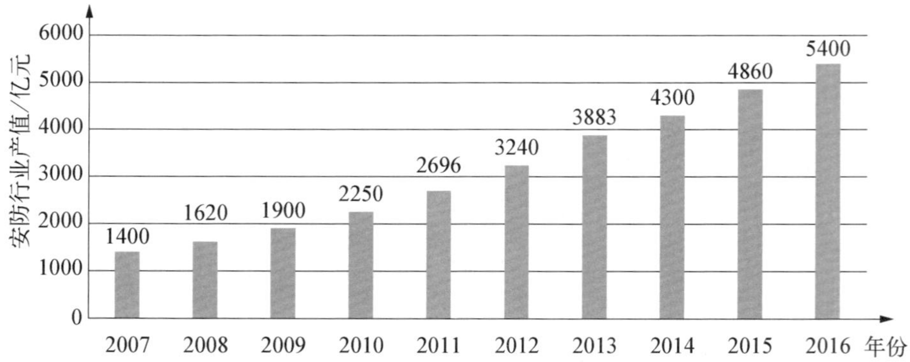

图 4 - 1　2007—2016 年我国安防行业产值及其增长情况

在城市安防建设中，视频监控在目前阶段无疑占据着主要市场。公共空间图像监控系统被证实可以帮助增加破案率。根据上海警方的公开数据，监控摄像头在 2016 年帮助抓捕了 6 000 名犯罪嫌疑人。长沙警方表示，2014—2017 年，摄像头已帮助警方侦破超过 1 200 起案件。2017 年欧洲冠军联赛期间，英国威尔士加迪夫市特地在球场周边的地铁站和主要火车站部署一套人脸识别系统，把 17 万游客的每一张脸都进行监控扫描，并与 50 万张警方数据库中的“密切关注对象”进行实时对比。② 目前，北京、上海等超大规模城市在公共空间安装的监控摄像头数已经超过 100 万个，全国安装监控摄像头超过 20 万个的城市数量已经超过两位数。国内视频监控市场不断扩张（图 4 - 2）。根据相关数据，预计“十三五”期间我国视频监控市场年增长率将达到 15%左右的水平，即到 2020 年我国视频监控市场规模有望达到 1 683 亿元。③

---

① 吴小燕. 安装 2000 万个监控摄像头　中国构建世界最大“天网”[EB/OL].（2017 - 10 - 2）[2019 - 10 - 27]. https：//www. qianzhan. com/analyst/detail/220/170930 - cc300c10. html.

② 未来三年我国公共监控摄像头将增加到6.26亿个 [EB/OL].（2017 - 11 - 23）[2019 - 10 - 27]. http：//www. afzhan. com/news/detail/62302. html.

③ 2018 年中国视频监控市场分析及预测：市场规模将达到 1 192 亿元 [EB/OL].（2018 - 1 - 31）[2019 - 10 - 27]. http：//www. askci. com/news/chanye/20180131/163708117347_2. shtml.

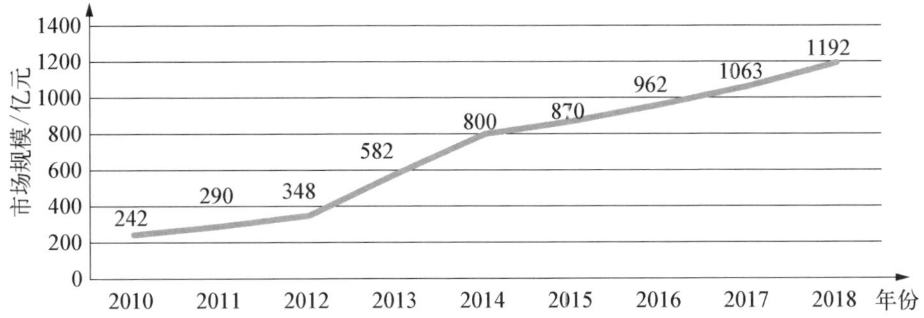

图 4-2　2010—2018 年国内视频监控市场规模趋势图

在市场空间不断拓展的同时，相关领域的企业为抢占市场份额，都在极力通过各种手段与政府合作，主动帮助政府提升相关科技手段。例如，在上海，有多家主流视频监控企业已与不同的区开展合作。他们通过各自的渠道与公安、交通等部门建立联系，前期免费提供设备为政府提供先进的安全监控解决方案，先行抢占了未来与该区进一步合作的机会，当政府主管部门认可该技术之后，就可以将更多的设备和服务源源不断地放入政府的后续采购清单。在这看不见硝烟的“战场”上，同类企业间竞争高度激烈，由此也催生了城市安全防控技术的不断提升。

最后，市场化的保险机制推动城市抗风险能力不断提升。我国保险业经过 10 多年的发展，相关城市公共安全风险管理方面的保险产品开发不断适应市场实际需求，逐步形成了比较系统的产品保障体系，城市公共安全风险管理的商业保险支持体系初步形成。在城市安全管理中，通过商业保险手段可以有效缓解政府压力，增强城市抗风险水平。2005 年，中国保险监督管理委员会上海监管局就先后与上海市民政局、市金融服务办公室沟通协调，提出共同推进开展社区综合保险业务，并指导保险公司开始项目试点。2009 年，社区综合保险被纳入上海当年十大实事工程之一。[1] 2010 年 11 月 15 日，上海静安区发生高层公寓特大火灾，由于投保了社区综合保险，获得保险赔款 500 多万元。之后，上海市人民政府联合保险行业推行社区综合保险，2013 年全市参保居民 483 万户、街道社区工作人员

① 上海市民政局. 上海社区综合保险：为社区撑起一顶安全“保护伞”［J］. 中国民政，2016（10）：18－19.

5.1 万人，风险保障额度达1 146 亿元。2015 年跨年夜，上海发生外滩踩踏事件，保险公司参与赔付 385.6 万元。① 社区综合保险兼具财产险、责任险、意外险性质，是介于商业保险和政策保险之间的保险产品组合。上海进行“社区综合保险”试点的时间比较早，具体细分险种包括社区公众责任险、社区固定财产险、社区居民财产火灾责任险、社区居民财产自然灾害险和团体人身意外伤害险等。社区综合保险与一般商业保险相比，主要是为了提高街道社区的管理能力和抗风险能力，提高社会治理水平，进而有效维护社区公共安全和公共利益。②

为不断适应城市发展的新需要，保险产品及服务内容也不断得到丰富和完善。目前，上海又推出了社区公共管理综合保险，助力社会综合治理。上海保险业通过社区综合保险机制，适应政府公共管理需求，开展社区公共管理综合保险试点。一是聚焦特殊人群，提供多重保障，为引进人才、海归人才等提供个人及家庭一体化保障，增强对紧缺人才的吸引力，同时将执法人员、公出人员、志愿者、见义勇为意外事故纳入保障范围。二是扩大保障范围，突出社会治理，在原社区综合保险基础上扩展了 30 余项保险责任，将道路窨井盖损毁或丢失、交通肇事逃逸、居家养老服务、学校和企业食堂及老年人助餐点的食品安全责任、企业安全生产责任等与公共安全相关的保障全部纳入保障范围。三是为突发事件提供风险保障，将大型活动突发事件、会展及商务活动安全、公众文体场所活动意外等政府面临的突发事件纳入保障范围，通过保险机制提供快速、充分的资金保障，解除财政支出的后顾之忧。③

除了上述主要形式，营利性组织还在很多具体行业和领域积极参与了城市安全风险管理，他们在为自身谋求市场空间和生存及发展机会的同时，也在不断提升着城市安全管理的水平，成为推进城市安全风险防控能

---

① 胡皖. 城市公共安全风险管理的保险支持［EB/OL］.（2016－4－25）［2019－10－27］. http：//www. ahbaoxian. com/xsll/xshd/2016－04－25/615. html.

② 社区综合保险［EB/OL］.（2018－5－29）［2019－10－27］. http：//www. cpic. com. cn/c/2018－05－29/1489095. shtml.

③ 上海推出社区公共管理综合保险助力社会综合治理［EB/OL］.（2017－5－18）［2019－10－21］. http：//www. shanghai. gov. cn/nw2/nw2314/nw2315/nw4411/u21aw1230566. html.

力的重要力量。

（二）非政府组织或非营利组织的志愿性投入

在全球范围内，非政府组织或非营利组织参与城市安全管理的现象已经非常普遍，如国际红十字会、救助儿童会等。中国非政府组织广泛参与安全救助相关活动在2008年汶川地震之后获得了一个快速发展的契机，有大量的民间非政府组织或非营利组织组建起来，并在特定地区或全国范围广泛开展各种安全救援以及安全公益培训等活动。其中较有影响力的代表性组织是“蓝天救援队”。蓝天救援队是中国民间专业、独立的纯公益紧急救援机构，成立于2007年。蓝天救援队目前已在全国31个省、市、自治区成立品牌授权的救援队，全国登记在册的志愿者超过50 000名，其中有超过10 000名志愿者经过了专业的救援培训与认证，可随时待命应对各种紧急救援。蓝天救援队以志愿服务为原则，以建立和推动国内民间救援体系的发展、使每个国民享有免费紧急救援服务为宗旨，以专业化、国际化救援机构建设为目标。它的任务是协助政府应急体系展开防灾、减灾教育培训，参与各种灾害事故救援行动，减少灾害和事故造成的财产和生命损失。经过多年的发展与实际救援，蓝天救援队已经形成了一个建立在风险处理及预防基础上的综合性应急管理体系，成为一个涵盖生命救援、人道救助、灾害预防、应急反应能力提升、灾后恢复和减灾等各个领域的专业化、国际化的人道救援机构。蓝天救援队自成立以来参与了2007年以后国内所有大型灾害的救援工作，每年救援案例超过1 000起。①

除了典型的专业救援公益组织，还有大量民间注册机构，投身于城市戒赌、弱势帮扶等志愿性公益事业，这些都是构筑城市安全保障体系的重要辅助力量。城市政府目前每年都会分散性地由各街道社区以服务外包的形式，依靠这些公益或半公益型的组织参与社会基层治理，为弱势群体构筑起一道安全的“篱笆”。

除此之外，还有一种非常特殊的组织机构以公益或半公益的方式服务

---

① 蓝天救援［EB/OL］.［2019－10－21］. http：//www. 4006009958. org/.

于城市安全管理，他们是部分民间智库和依附于高校科研院所的智库或专业研究机构。他们以智力成果产出的形式，在城市管理者忽略的角落发现潜在的安全风险，针对城市面临的安全风险问题提出有价值的对策建议。

四、舆论压力

舆论压力对城市安全治理具有同样不可忽视的重要作用。出于公众共同的呼声，城市管理者有责任对相关问题做出有效的回应。欧美等国基于选情压力，必须服务于城市中多数群体的需求，而中国也基于类似的执政合法性需求，需要对民众关注的热点问题进行有效回应。

基于舆论的压力，城市政府确实做出了很多改变。最早期的典型案例如“微笑门”事件。2012 年 8 月 26 日，在 36 人遇难的延安特大交通事故现场，陕西省安全生产监督管理局局长杨达才被爆“微笑”表情，引发网友强烈声讨和质疑，而随后杨达才腐败案被层层剥开，这一事件被称为“微笑门”。该事件与围绕官员行为表现的系列事件，如“悬浮检查”、救灾现场摆拍等，将政府官员处理公共安全事件的不当态度和行为进行了曝光，引发了广泛的舆论声讨。政府内部很快就做出反应，官员在面对新的突发事件时，普遍都能做到形式上的快速反应和态度上的严肃认真。

城市中的多数基础性安全风险问题都是在市民的普遍关注下得到领导重视和解决的。对于某一领域的安全问题，典型的舆论压力推动政府安全治理改革的案例是环境污染治理。2015 年 2 月 28 日，由前央视主持人柴静制作的一部关于空气污染的深度公益调查纪录片《穹顶之下》在互联网上发布，短时间内在全国引发广泛讨论，呼吁关注环境安全、减低空气污染的舆论声音在全国各大城市回响。很快，一场由中央发起，各主要城市全面参与的空气污染治理行动在全国拉开大幕。到目前为止，环境治理已经成为全国创建卫生文明城市的重要内容和指标，环境安全也成为考察各城市领导管理能力的重要方面。

除此以外，城市安全管理的很多方面都存在着舆论压力推动政府安全治理改革的痕迹。例如，小区脏乱差，卫生状况不佳；治安状况不良，犯罪率上升；建筑施工管理混乱，安全风险隐患凸显；道路交通治理不善，事故频发，等等。这些问题在城市空间较为常见，很多都是在周边市民的强烈关注下，由当地政府想方设法协调解决。

在一个市民素质普遍上升，自媒体高度发达，民主法治建设日益完善，民主参与渠道日益多元的新时代条件下，城市安全风险管理在很大程度上要借助广大市民的力量，从民众的呼声中抓住安全风险问题，积极主动地进行回应、调整和改革，不断完善和提升城市安全风险防控体系与能力。

第三节　多元动力的结构与优化

城市安全风险防控体系在多种动力的推动下不断优化和完善，城市风险防控能力得到稳步提升。与此同时，我们必须看到，在各种动力源发挥作用的同时，其内在结构并非均衡合理。各种动力有着强弱与先后的内在结构性关系，由此所产生的内在运行及消耗，影响甚至决定了城市安全管理能力提升所需的成本代价以及发展效率。

一、多元动力的内在结构

在城市风险防控体系建设的多元动力结构中，外部动力源往往需要通过作用于内部动力，才能转化为政府的实际行动，并且这种行动的强弱与外部动力影响的强弱以及内在动力的作用力传导都有着紧密的关联。从政府内部的建设动力来看，来自高层的行政或政治问责压力以及政府内部地区间或部门间的竞争关系，是推进城市风险防控体系建设的强大动力。相对而言，运动式的专项整治和政府官员的危机意识都不具有长期性和普遍性，其推动作用往往是阶段性或间歇性的，不具备长久持续性，并且往往需要其他强作用力的触发才会生成或发挥明显作用，因而其推动力要弱于问责压力和内部竞争。

当然，外部动力源也有强弱之分。通常，政府较为关注重特大事件和社会舆论，因而这两者对城市风险防控体系建设的推动作用就较为显著。而国际示范和外部组织的推动作用力相对温和，无法实现重特大事件以及舆论压力所能产生的立竿见影的效果，因而它们的作用力相对偏弱。

透过现实中的很多案例可以发现，在由多种作用力构成的内外强弱多元动力结构中，力量传导呈现出特定的内在规律（图 4－3）。在城市安全治理中，政府无疑扮演着主导者的角色，通过掌握的政策资源以及公共财政资源，政府可以对城市的基础设施进行规划，对城市的现有面貌实施重大改造，而这对政府以外的任何组织形式而言，都是难以企及的能力。政府正是由于这种能力，才实现了它在城市安全风险防控体系建设和发展过程中的主导地位。

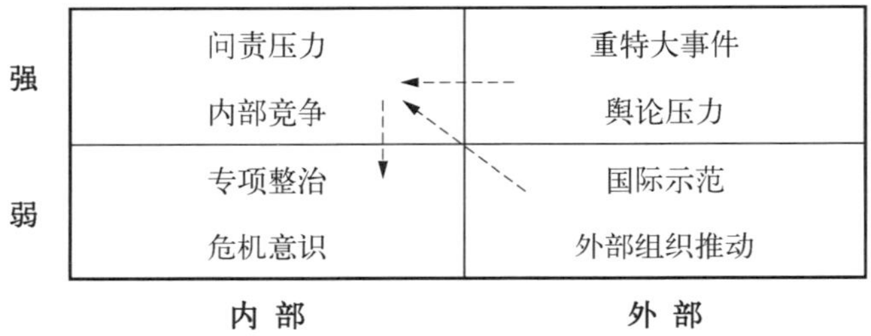

图 4－3　多元动力结构及其内在传导

由此，外部动力必须在通过某种形式作用或影响到政府内部的条件下，以转化为内部动力的方式来体现其外部动力的存在。事实证明，重特大事件对政府的影响作用至关重要。每当有严重的事件发生，政府主要高层领导都会亲自过问，这在层级制官僚体制中可以发挥出超常功效。这一过程有着较为复杂的内在动因机制，有的试图表功，而有的则试图免责，总体上可以归结为官员的一种思想，即领导这次亲自过问了，就表示重视这一问题，在未来的某个时间可能会再次亲自过问进展或处理情况，因此要把事情尽早尽善地做好。这是一种典型的政府内在动力传导过程。

与此相关及类似的是舆论压力。每当重特大事件发生，总会引发广泛的社会关注，并且产生舆论压力。换言之，舆论总是与特定事件相伴而生，重特大事件又是极易引发舆论效应的催化剂。面对强烈的社会舆论，政府往往会做出积极回应，相关问责行为通常就会被触发，从而引发政府内部的问责压力并沿着科层体制向下传导，最终产生积极的政府响应。正是出于对舆论压力的重视，在过去自媒体尚未足够发展的时期，某些地方政府在重特大事件发生后，会想要将消息“捂住”，以避免引发舆论关注之后可能产生的影响。

相对而言，国际示范以及外部组织的推动虽然也会通过各种途径影响政府内部某些部门或主要官员的重视程度，但总体而言，这类影响的作用处在弱势地位，重点还是需要依靠政府自身的需求判断。也就是说，这类外部条件是可选择的，政府可以根据实际需要“点菜”，因而具有很大的操作弹性。

在政府内部也存在动力传导方向。外部作用力发挥功效之后，往往首先进入政府的高层或决策层，形成问责压力，这是政府内部动力的重要形式。问责压力的副产品往往是针对特定问题的专项整治，目的是解决问题，同时使政府官员普遍树立危机意识，以起到警醒作用，防范类似事件再次发生。

城市风险防控体系建设的多元动力充分依托于既定的政府行政体制以及传统行政文化，在城市运行发展过程中，以不同的结合方式在不同时期不同程度地发挥着作用。

二、安全供给的实践运作

公共安全作为一种城市公共物品，其供给数量和质量在很大程度上依赖于政府行政体系的运作效率。目前，城市普遍推行“两级政府、三级管理、四级网络”的治理结构，在具体落实风险防控体系建设过程中，市级政府主要承担的是政策制定的相关内容，偏向于决策层面。街（镇）一级主要负责市、区两级政府相关决策的具体落地，通过其自身的直接行动，以及组织和调动居（村）委会一级组织力量，完成市、区政府下达的工作任务。街（镇）一级虽然有一定的自主决策空间，但更偏重于上级政策的具体执行。区（县）一级政府相对居中，在城市治理过程中既有一定的自主决策空间，同时也要完成市级政府部门的工作任务部署。

无论是两级政府的决策还是三级管理中的层层落实，城市安全风险防控网络的编织过程最凸显的是充满了科层制特点的层层压力传导。目前，各级政府中普遍实行“一把手”负总责的制度，责任落实实现横向到边和纵向到底，工作任务以及压力传导通过一级抓一级、层层抓落实的模式得以贯彻落地。将责任落实到核心领导，各级政府就无法推脱，就会将任务作为重点工作加以推进。例如，2016 年 3 月 23 日，中共中央办公厅、国务院办公厅印发了《健全落实社会治安综合治理领导责任制规定》，明确了健全落实社会治安综合治理领导责任制，提出应当抓住“关键少数”，强化担当意识，落实领导责任，科学运用评估、督导、考核、激励、惩戒等措施，形成正确导向，一级抓一级，层层抓落实，使各级领导班子、领导干部切实担负起维护一方稳定、确保一方平安的重大政治责任，保证党中央、国务院关于社会治安综合治理决策部署的贯彻落实。关于责任的规定，各地党政主要负责同志是社会治安综合治理的第一责任人，社会治安综合治理的分管负责同志是直接责任人，领导班子其他成员承担分管工作范围内社会治安综合治理的责任。另外，中共中央办公厅、国务院办公厅于 2019 年 2 月印发了《地方党政领导干部食品安全责任制规定》，提出强化食品安全属地管理责任，健全食品安全工作责任制，明确地方各级党委和政府对本地区食品安全工作负总责，主要负责人是本地区食品安全工作第一责任人，班子其他成员对分管（含协管、联系）行业或者领域内的食品安全工作负责，坚持综合运用考核、奖励、惩戒等措施，督促地方党政领导干部履行食品安全工作职责，确保党中央、国务院关于食品安全工作的决策部署贯彻落实。

目前，从中央到地方，几乎每个涉及安全问题的行业和领域，普遍采取了强化属地领导责任制，逐级传导压力以推进安全风险防控。在这一过程中，随着压力的逐级传导，各级政府部门和管理层级都不敢有丝毫松懈，但同时也在尽量规避决策和执行过程中可能存在的风险。

在压力的感受方面，由于属地领导责任的强化以及层层狠抓落实，各层级领导普遍感受强烈。并且，随着压力的层层传导，在街（镇）和居（村）委会两级的基层网络中，相关领导岗位上的人员尤其承受着巨大压力。“上面千条线，下面一根针”，作为基层工作落实的推动主体，城市街（镇）和居（村）委会干部几乎每天都在第一线，各类“重点”“专项”工作任务从各条线传递下来，最终落到基层有限的人员身上。大量的居委会干部反映工作压力非常大，“半夜听到救护车、消防车的声音，直接从床上跳下来，冲到窗户，看看是不是我们辖区出事了，每天 24 小时，神经随时都处在高度紧绷状态”。这是某居委会书记的表述，其他多位居委会书记或主任也发表过类似感受，甚至某主任情绪化地感叹：“有人因为精神问题自杀，这个我们怎么防，怎么管啊，但只要在辖区内，就还是职责内工作，出了事情还是不行的。”从安全责任落实来看，城市安全风险防范工作通过责任和压力的明确与层层传递，还是非常有效地落到了每个管理层级的具体人员身上，只是在方式和手段上呈现出单方面的压力传导模式，各层级能够在多大程度上继续承受不断加压的安全管理任务，以及如何适当舒缓或降低人员的压力感受并未引起足够的重视和深入研究。

作为多方合力共同作用的结果，城市安全管理的很多工作也被各层级政府和部门用项目制的方式进行了任务转移和压力释放。出于自身人员数量和能力的有限性，各类工作任务的总和往往超出政府实际能力限度，为完成工作任务，政府通常会借助外部专业力量，并由此出现了一种热衷于通过各种项目以实现各种工作目标的现象，甚至引发了一场轰轰烈烈的“项目运动”①。在城市安全治理领域的项目一般分为两类，一类是带有战略规划性质的研究型项目，主要目的是为政府提供安全发展的方向性政策建议，有时候也可作为政府实践成功经验的阶段性总结，需要有较为高超的理论水平，甚至可以帮助政府提炼或升华项目，进而扩大宣传影响范围，因此这类项目通常会委托给高校科研机构。另外一类则是需要通过实践具体落实工作的项目，往往需要借助专业社会组织或者商业公司来完成，如社区的安保项目、弱势群体帮扶项目等。

在城市安全管理过程中，区（县）和街（镇）层级的项目发包数相对较多，这与各种工作任务最终都向基层传递，以及基层人员数量和能力有限有着直接联系。通过项目制的推进，借助合理合规的程序，将任务和部分风险转移到政府外部，也确保了政府有较为充沛的精力进行与方向和战略有着更紧密联系的决策工作。

① 渠敬东. 项目制：一种新的国家治理体制［J］. 中国社会科学，2012（5）：113－130，207.

当然，项目制的推广除了存在政府的内在结构性需求，也有外部力量的推动作用。各种承担项目方也在不断地通过各种机会“推销”和“游说”政府购买一些新的项目，这些内容在满足其自身需求的同时，也的确在一定程度上有助于推进城市安全风险防控体系网络的不断健全和完善，也弥补了政府单方面决策可能存在的缺漏或不足。因此，虽然城市政府在城市安全风险防控体系建设的实践中处于主导地位，但其真正的建设和发展过程却离不开多元外部力量的有效参与及作用发挥。

三、多元动力结构优化

面对日益复杂化的城市公共安全问题，在政府、市场以及志愿者都存在一定程度失灵的背景下，任何单一主体均无法实现城市公共安全治理的优化。同时，城市公共安全治理也并非仅仅是构建一个多元主体的互动网络，而是要使该网络结构能够有序顺畅地运行，发挥其在城市安全治理中的协同效应，实现网络结构的秩序与稳定。过去我们一直偏重于对治理网络的结构进行塑造，但这并不必然引向我们所期望的协同效应，网络组织并非天然具备产生协同效应的能力，单纯依靠网络的形成并不会产生显著的绩效。这就需要在加强城市公共安全治理主体多元协同、塑造城市公共安全治理网络结构的基础上，构建多主体协同机制，实现多主体互动，促进治理主体的目标协同、信息协同、资源协同以及组织协同。

（一）增强主体危机意识

推动城市风险防控体系建设，首先必须具有良好的危机意识。意识和理念指导着行动，没有危机意识的个人和组织根本谈不上做好危机防范工作。做好安全治理工作必须建立在对危机有正确和充分的认识，以及具备与危机相关的科学知识的基础上。只有具备较强的危机意识，才能更好地应对突发危机。《左传》有言：“居安思危，思则有备，备则无患。”近年来，随着“非典”疫情、松花江水污染、汶川地震等突发公共安全事件的发生，人们已感受到危机随时都会出现在我们身边，对我们的生活构成巨大威胁。但人们对突发事件的关注程度、风险意识、责任意识、防范意识等相关安全意识却并没有随之增强。从我国的实践来看，目前不少公众、企业及非政府组织还存在着一种潜意识，即应对突发事件是政府和专业人员的工作，因此他们的危机意识、风险防范意识、自救互救知识和能力、主动参与意愿等都还较为薄弱。整体而言，广大市民对城市各种危机的应对能力普遍偏弱，这种状况可以通过加强公共安全教育来加以改善。

公共安全教育可以向社会公众传授有关突发事件的知识，增强社会公众防范风险的意识。一个人如果缺少与应急相关的知识，就会处于险境而不自知。人的行为受意识支配，如果不能对风险形成正确的认知，就难以采取有效的避险行动，而公共安全教育可以提升人们的风险认知能力。教育还可以增强公众的批判鉴别能力。突发事件极容易引发各种谣言，我们说“谣言止于智者”，所谓的“智者”就是接受过良好公共安全教育并具有一定辨别能力的社会公众。若缺失相关教育，公众就容易被各种谣言信息所误导并引发各种非理性的行动。以 2011 年的抢盐事件为例，随着日本福岛核电站爆炸引发“核泄漏”恐慌的蔓延，在绍兴、宁波、福州等江浙沿海城市率先开始出现“抢盐潮”，不少民众纷纷奔走于各大超市，抢购食盐以备战日本核辐射污染。“抢盐潮”的背后有两条传言，一是吃碘盐可防辐射，二是核泄漏污染了海盐。事实上，碘元素对防辐射有作用，但食盐中碘的含量很低，即便食用大量的盐，也无法达到明显的防辐射效果。紧急状态下，只有食用碘片才能达到应有的防辐射目的，但是必须要在公共卫生专家和医生的指导下服用。必要时，政府会提前发布预警，并指导公众服用碘片。另外，中国市场上的食用盐多来自湖盐，且有非常丰富的湖盐资源储备，反而海盐多用于工业领域。因此，在缺乏相关知识的情况下，谣言与恐慌相结合就引发了全国性的抢盐事件。由此可见，强化公共安全教育，提升民众科学判断和理性思考的能力，是增强城市公共安全应对能力的有效途径。

由于重大突发事件频繁发生，我们必须开展行之有效的公共安全教育，塑造“人人重视公共安全”的良好文化氛围，增强社会公众防灾、减灾意识以及相关技能，引导社会公众在突发事件发生时遵守秩序、相互合作、文明礼让、关爱弱者。公共安全教育必须坚持日常化与制度化，需要持之以恒、坚持不懈，进而把公共安全意识内化为我们民族的一种素质，并且要坚持公共安全教育从儿童抓起，以期实现“教育一个孩子，挽救一个家庭，影响整个社会”的效果。①

（二）动员和发展非政府组织

按照中央提出的“党委领导、政府负责、社会协同、公众参与”的社会管理格局，高效的城市公共安全治理应建立有效的非政府组织动员机制，对非政府组织进行有效的动员。但我国长期受“全能政府”和“大政府、小社会”的社会格局的影响，人们已经形成发生任何事情都找政府的习惯，对于依靠自身力量，形成自发的组织，积极主动地参与应对城市突发事件缺乏动力。在城市公共安全治理中，除了慈善总会、红十字会等建立时间比较长、影响较大的组织参与较为积极外，其余非政府组织和公众参与较少，能够广泛动员各种社会捐助的民间基金会缺乏，难以做到全方位配合政府应对公共危机事件。② 这种情况，一方面加重了政府应对突发事件的压力，另一方面也制约了公众和社会组织在公共安全治理中力量和作用的发挥。因此，动员和发展非政府组织十分关键。

当前，非政府组织在西方发达国家的发展速度快，且规模大，承担着政府公共服务的部分职能，在公共领域与政府有着良性互动，发挥着不可替代的作用。但是我国非政府组织发育相对缓慢，其大部分时间也是依附于政府，社会自治能力较弱。非政府组织在自我管理方面也存在不少问题，如内部管理机制混乱、资金筹集能力不足、服务能力较弱、公信力缺乏等。这些问题的存在导致非政府组织工作效率低、解决问题能力弱，在社会发展过程中难以发挥应有的作用。因此，政府要增强非政府组织参与公共安全治理的能力，建立非政府组织培育机制，对其进行动员，加快非政府组织融入城市公共安全治理和有效发挥协同能力的步伐。

---

① 王莹. 城市公共安全协同治理的模式构建与路径探索［D］. 徐州：中国矿业大学，2017.

② 周学武. 转型期中国公共危机管理探析［D］. 南京：南京大学，2005.

第一，应该引导非政府组织形成为社会提供服务的理念和价值观。第二，提升非政府组织的筹资能力，为非政府组织提供资金、设备、信息、法律等方面的综合服务，并且为非政府组织的建立提供更便利的条件。第三，培育非政府组织的应急救援能力，通过应急救援培训及应急演练，提升非政府组织在公共安全治理中的专业应对能力，并且注重培养骨干成员，引进优秀的专业人才，提升团队建设和人力资源管理水平。第四，构建公众与非政府组织沟通交流的平台，拓展非政府组织发展的社会基础。宣传非政府组织的公益性，鼓励公众参与非政府组织的公益活动，提升公众对非政府组织的认知与信任度。

（三）健全主体问责机制

我国推动城市风险防控体系建设的问责机制还不完善。有研究指出，目前我国行政问责制存在诸多问题，如法律不健全、主体缺位、权责不清、问责主体单一、问责客体不明、问责成为被动的事后程序、问责制度不完善等。[①] 因此，必须改进城市公共安全治理的问责机制，使城市公共安全治理中的政府责任真正落到实处。

第一，加强城市政府公共安全治理的绩效评估。加强城市政府公共安全治理的绩效评估，就是要使城市政府公共安全治理绩效系统更加标准精确。目前，我国城市政府还没有建立起对公共安全治理进行评价判断的完整体系，一些对策性研究难以正确评价和判断事件的性质以及发展趋势。所以，必须建立一套科学的政府公共安全治理绩效体系，通过建立各种参数的分析模型，向决策者及社会公众发布真实科学的城市公共安全治理评价指数。[②]

第二，完善行政问责制度。行政问责制是指对政府及其官员未能正确履行或者未履行职责范围内的法定责任、影响工作效率、侵害相对人权益的行为进行监督和责任追究的制度，其实质是规范政府的权力和官员的行

---

① 肖光荣．近年来国内政府官员问责制研究的回顾与思考［J］．政治学研究，2007（3）：61－69.

② 杨晓强．我国政府的危机管理模式研究［D］．大连：大连理工大学，2007.

为，实现政府为公共利益服务的目标。[①] 行政问责制的一个基本原则是权责对等，也就是政府及其官员在持有权力的同时，也要负担起相应的责任。行政责任的落实主要通过以下途径：司法机构严格追究公务员或行政机关的法律责任；各级党委负责严格追究行政首长的领导责任；行政机关严格追究公务员的行政责任；行政相对方严格追究公务员与行政机关的责任。其中行政相对方对治理主体的责任追究是促进我国政府公共安全治理责任实现的重要路径。[②] 目前我国在政治问责和行政问责过程中更加侧重政治问责，对行政问责的完善仍有待继续推进。

第三，倡导引咎辞职制度。对城市政府在公共安全治理中的决策失误的处理，要根据其失误所造成的损失程度来判定主体所要承担责任的大小。除了要追究决策失职者的经济责任和法律责任，还要倡导引咎辞职制度，促进政府部门领导在城市公共安全治理决策失误时主动承担责任的行政自律机制的构建。

（四）增强公民参与意识与能力

受传统思想的限制，“官本位”思想仍存在于某个特定的范围当中，某些民众尽管拥有很强的参与积极性，却由于缺少这方面的专业知识或能力，也根本不了解自己应当承担的义务和享受的权利，进而造成当前在城市公共安全治理的整个过程当中，广大公众的参与积极性较弱以及实力短缺的实际状况。要实现城市公共安全治理的多主体协同，首要任务就是提升公众参与的意识和相关能力。第一，政府要改变传统的下达命令的管理模式，加强与民众之间的互动和联系，保持一种合作的态度来吸收广大公众参加到公共安全治理的整个工作中。第二，政府要强化有关方面的知识培养和能力教学，利用多种多样的锻炼、培训活动，提升公众参与其中的能力；同时，集中力量推动我国科学、教育、文化、卫生事业的进一步发展，提升全社会的文化素养，慢慢唤醒并培养广大

① 刘定福. 我国行政问责制的多维难题与解题对策［J］. 行政与法，2012（6）：21－24.

② 邹婷婷. 政府灾害危机管理预警机制建设研究［D］. 重庆：重庆师范大学，2011.

民众形成高度的主人翁思想。[①] 一旦公众拥有了参加城市公共安全治理工作的基本思想和相关能力，便可以推动政府与公众的协同合作，一同处理各种各样的公共安全事件，维持并巩固整个城市的公共安全。

(五) 提升企业的社会责任感

企业是推动城市风险防控体系建设的重要主体之一，企业的社会责任感对城市公共安全治理多主体互动有着重要的影响。企业拥有较强的经济实力，许多企业还生产突发事件救援物资，拥有自己的突发事件管理救援队伍和装备。另外，企业具有强大的创新能力，参与城市公共安全治理可以增加治理的灵活性。企业在创造利润和对股东利益负责的同时，还要遵守商业道德、确保生产安全和职业健康，保护劳动者的合法权益、节约资源等，这些都是企业承担社会责任的表现。企业之所以要承担社会责任，是因为企业经营活动对其所处的社会将产生很大影响，社会发展同样也会影响企业的兴衰成败。企业加强社会责任感，不仅可以确保自身的正常运行、提高自身的声誉，而且能够造福于企业所在地区的社会公众。企业社会责任感的提高可以促进其发挥最大的社会效益，促进社会的和谐与安定。具有社会责任意识的企业能够更好地与政府进行信息沟通，协助政府进行公共安全治理，实现与政府的良性合作。企业的社会责任从某种意义上来说，能够为其参与城市公共安全治理提供精神支柱。因此，政府需要引导企业增强自身的社会责任感。

首先，加强对企业履行社会责任的教育。政府应教育企业树立为社会造福的价值理念，引导企业负责人加强社会责任建设，将承担社会责任列入企业长远发展的战略规划中，在生产活动中努力践行自身的安全责任。其次，政府应该督促企业加大对安全生产设施与管理的资金投入，包括安全生产事故发生前的预防投入，安全生产事故处理中的资金投入和安全生产事故结束后的学习投入，这种投入与企业的长远利益一致，可以更好地

---

① 王莹，王义保. 基于协同治理理论视角的城市应急管理模式创新［J］. 理论与现代化，2016（3）：121－125.

预防和处置突发性公共安全事件，保护企业和员工的生命财产安全。再次，对企业社会责任进行规范，加大其违背社会责任的代价。政府可以制定引导企业履行社会责任的政策，例如，建立绿色金融政策、绿色税收政策，激励企业履行社会责任，奖励积极履行社会责任的企业，对企业慈善捐款等履行社会责任的行为提供相关优惠政策，定期评价企业社会责任，并向社会发布等。[①] 另外，可以制定规定企业薪酬标准、工作环境、安全保障等投入比例的《企业社会责任法》或《企业社会责任条例》，让企业的社会责任履行有法可依。同时，要严格执法，对不履行社会责任的企业严厉惩处，使目前执行处罚过轻的问题得到解决。最后，政府必须促进企业员工积极参与社会服务，通过宣传、培训等方式，提高企业员工的公民意识和社会责任感，进而提升整个企业履行社会责任的意识和能力。

（六）加强信息平台等的建设

城市公共安全治理多主体互动的关键在于突发事件信息的获取，因而良好的信息平台在城市公共安全治理过程中发挥着重要的作用。美国经过长期的经验积累和研究，打造了较为完备的信息平台系统。以美国公共卫生信息平台系统为例，美国共有100多个公共卫生信息平台，主要包括国家应急行动中心、全国医院传染病监控报告系统、全球新发传染病监测网等。它是美国公共卫生系统决策和具体措施制定的基石，为发现公共卫生问题和制定防范疾病的具体行动及效果评估提供了重要依据。再以2013年芦山地震为例，地震发生后，网络上很快就形成了与地震相关的灾情信息。网民通过帖子、微博、微信等信息平台发布和传播灾情信息，形成全方位报道，比政府部门公布的信息更为快速和准确。因此，信息平台系统建设是城市公共安全治理多主体互动的重要影响因素。[②]

信息是组织之间相互沟通与交流的纽带。城市公共安全信息平台有助于改善城市公共安全信息沟通与交流的渠道和能力。城市公共安全治理需

---

① 曹现强，赵宁. 危机管理中多元参与主体的权责机制分析［J］. 中国行政管理，2004（7）：85－89.

② 于艳春. 我国公共危机管理中的沟通机制研究［D］. 大连：大连理工大学，2014.

要来自不同地域、空间、单位和部门的信息，建立信息共享平台可以充分交换数据，实现信息的协同共享，为城市公共安全治理活动提供有效支撑。当城市有突发公共安全事件发生后，需要迅速发布信息，组织力量和资源进行救援，如有必要还需要其他城市及非政府组织的支援。只有迅速获取大量可靠的信息，才能更好地进行应急决策、资源配置等。

信息共享平台建设包括以下几个方面。第一，将共享信息的范围、流程、主体和责任等纳入相应的法律规范当中；制定有关紧急数据信息交换所需的相关标准；设计标准化的统一的数据库系统以利于各单位接入，并设定相关权限，制定有关数据库更新的规范。第二，收集来自整个城市各个部门、单位的所有安全信息。可以通过城市公共安全治理平台的建立，实现安全信息网络化，在突发事件发生时能够迅速收集现场信息，迅速做出应急决策，同时通过信息渠道与城市公共安全治理主体实现信息协同。第三，加强城市公共安全治理主体之间有关安全工作的沟通、交流与协调。成功的沟通与协调是获取信息和资源的保证，可以通过定期交流、定期会议、专家咨询、项目合作等方式进行。① 目前，在互联网、大数据、人工智能等的推动下，很多城市都已开展了城市大数据运行中心、城市运行综合管理中心等的建设，探索如何依靠信息共享平台建设来提升城市的安全治理能力。

（七）监督机制

近年来，政府加大力度推进权力清单与责任清单建设，在明确城市政府各部门的权利与责任之后，必须建立相应的城市公共安全治理监督制度体系。这种监督制度包括城市公共安全治理系统的内部监督制度和外部监督制度。内部监督制度实现的具体做法是，通过独立的信息反馈系统来监督城市政府及其各组成部门，实现城市公共安全信息反馈系统与城市公共安全治理系统的互相独立。信息反馈系统自上而下形成一个独立系统，由城市政府的最高安全决策系统直接管理，不向其他部门领导人负责，与其

① 赵林度. 城际应急管理与应急网络［M］. 北京：科学出版社，2010.

他部门在人事、财务上也没有隶属关系，只需要向最高安全决策系统负责。这种独立的信息反馈系统有利于获得与城市公共安全事件有关的具体信息，从而促进内部监督的实现。

外部监督制度的实现可以通过以下三个方面完成。第一，司法监督。司法机关通过严厉制裁在城市公共安全事件应对中玩忽职守、隐瞒实情、逃避责任的渎职和违法行为，来监督城市政府各部门及其工作人员。但是，当前我国政府的抽象行政行为没有纳入《中华人民共和国行政诉讼法》的受案范围，因此，公民无法对所有侵害他们合法权益的决策进行司法追究。[①] 在城市突发公共安全事件发生时，城市政府的决策失误给市民带来的损失往往比平时更大。所以，必须严格审查政府在城市公共安全事件应对中的抽象行政行为，纠正其中的失误行为，避免损失。第二，媒体监督。新闻媒体在发生公共安全事件时，能够第一时间向市民公布真实信息，促进政府行为和公共安全事件信息的公开透明，从而发挥其对政府应对突发公共安全事件行为的监督作用。第三，公众监督。市民常常处于城市突发公共安全事件的第一现场，能够亲身了解公共安全事件发生、发展的全部信息。当市民发现城市政府对事件救治不力时，通常会越过这一级城市政府，将信息向上一级政府反映。因此，必须通过加强信访制度等方式加深政府与公民之间的沟通，促进公民对政府公共安全治理权力行使情况的监督。[②]

总之，政府、企业、非政府组织、公民在城市风险防控体系建设中具有不同的责任，并发挥着各自不可替代的作用，他们可以在克服各主体自身问题的基础上，加强彼此间的沟通交流、协同参与，以发挥出单个主体治理无法达到的协同效应，最终实现城市风险防控体系建设动力机制的优化。

---

① 唐娟，侯伊莎. 论政府决策的责任追究［J］. 广东行政学院学报，2003（1）：46－49.

② 刘霞，张小进. 试论公共危机治理中多元参与主体的博弈及制度选择［J］. 学术论坛，2005（3）：71－73.

第五章　城市风险防控体系的有效运行

在城市安全风险防控的实践工作中，有两种状态的风险防控模式：一种是绝大多数情况下采用的常态风险防控运行模式，另一种则是相对特殊状态下采用的非常态风险管控运行模式。两种模式的运行情景存在显著差异，它们的参与主体、运行方式、成本消耗、产出效果等都表现出截然不同的情况。随着非常态安全风险管控措施使用频率的不断提升，同时也因为常态安全风险管控体系存在着诸多漏洞，严重危机事件频频发生，现代城市管理的理论与实践工作者开始将一些非常态的管理要素导入常态管理工作中。无论这种转变是有意而为还是无意当中的一种结果，在客观效果上，城市都不断强化了其安全风险的常态化管控力度。

第一节　城市常态风险防控运行模式

一、对常态的理解

常态是指一种相对固定或稳定的正常运行状态，是在城市管理运行过程中每天都采用的一种平常状态。无论是城市管理者还是普通市民，都将该状态视为一种日常模式。

严格而论，常态并非是一种绝对稳定的状态，某种程度上它是一个"常态化"的过程，目标是达到最优的常态风险防控。在2003年中国遭受"非典"疫情之后，就有学者提出了将危机管理常态化的口号。后来，随着中央对政府机构进行调整，国务院设立"应急办"，各省市全面跟进，从而在行政体制上实现了专业常态负责安全管理的机构。虽然此时各级应急办更多的是发挥一种应急协调功能，并非直接具有应急处置的“实权”，但该体系的出现，却在中国历史上第一次创造出了专业应急管理体系。

当“风险社会”被提出之时，贝克是在尝试解释人类所处的一种常态风险状态。贝克用风险社会理论解释了公共危机常态化的现实，他用非常形象的语言概括了该思想，“如果说阶级社会的推动力可以用一句话来概括——我饿！那么风险社会的驱动力则可以用另一句话来概括——我怕！”[①] 同时他指出，“风险社会是一个灾难社会，在其中，异常的情况有成为屡见不鲜的情况的危险。”[②] 这是一种对普遍状态的描述，它说明了风险随处可见，危机随时都有可能发生。吉登斯也用其对现代性的反思，指出工业社会带来现代化的同时也隐藏了巨大的风险，显然，这种风险是与工业化的日常运行相伴而生的，同样指向了风险的常态化。

当人类所处的生活环境中充满了常态化的风险之后，与之对应的风险防控常态化也就变得理所应当。当然，这种认识以及现实中的行动调整不是一蹴而就的，其也是一个逐渐演变的过程。在应急办成立之后，以其为核心，国家逐步推出并完善了以“一案三制”为核心的应急管理常态体系，尤其是应急体制和应急法制建设，都有其一旦建成便要维持相对长期的稳定性的特征与内在要求。而应急预案、应急机制则处在不断调适和持续完善当中。就整体而言，早期围绕应急为核心的城市风险防控体系，在“非典”疫情过后的一段时期内逐步正式建立。

二、城市常态风险防控体系的特征

城市常态风险防控是完全融入日常城市运行过程的风险防控管理，由于其被纳入城市政府各部门的日常行政职责，因此，在现实运行过程中往往并不显著，或者说人们已将这种管理视为一种“日常规则”。例如，交通管理中所要求的“红灯停，绿灯行”，就是一种风险防控措施，而在重

---

① Ulrich Beck. Risk society：towards a new modernity ［M］. London：Sage Publications, 1992.

② ［德］乌尔里希·贝克. 风险社会［M］. 何博闻，译. 南京：译林出版社，2004.

要的交通路口，通常会有警力（辅警居多）维持秩序，对于违规的路人或机动车辆进行管理，这些都是城市运行过程中的一种常态现象。诸如此类的各种风险防控举措不胜枚举，它们早已转化为政府各部门的日常工作，也成为市民习以为常的管理行为，是一种被城市内化了的常态化风险防控模式。概括起来，可以从四个方面描述城市常态风险防控体系的特点。

首先，城市常态风险防控体系的参与主体具有非特定指向性，面向所有群体。城市常态风险防控工作涵盖了所有政府部门，相关内容也融于政府各部门的日常工作中。所有部门都在城市常态风险防控中发挥着各自的作用，这种作用发挥构成他们日常工作的一部分。可以作为一种直接的佐证材料用来说明政府各部门的日常工作都在为城市安全风险防控做出贡献的是，通过政府职能部门的法定职责可以发现，每个部门的职责中都蕴含了部分与安全管理有关的日常工作职责。表 5－1 是在应急管理部成立之前，对上海市主要政府部门工作职责的梳理，其中列出了在尚未进行机构重新整合的情况下，各职能部门法定职责中明确对应安全管理内容的条目。可以发现，各部门或多或少都与城市某个领域的安全管理内容相挂钩，而这些内容又属于各机构日常行政的常态工作范畴。

表 5－1　政府各职能部门安全管理职责简表①

机构名称	职责中涉安全管理的条目	安全管理职责数	总职责数
上海市应急管理委员会办公室	安全管理核心机构	—	—
上海市公安局	安全管理核心机构	—	—
上海市消防局	安全管理核心机构	—	—
上海市民防办公室	安全管理核心机构	—	—
上海市安全生产监督管理局	第 2、4、5、6、7、8、9 条	7	14
上海市经济和信息化委员会	第 3、14、17 条	3	20
上海市住房和城乡建设管理委员会	第 8 条	1	16

① 根据政府官方网站整理，其中安全管理条目对应官方公布的相应部门职责。

续 表

机构名称	职责中涉安全管理的条目	安全管理职责数	总职责数
上海市交通委员会	第8、10条	2	14
上海市教育委员会	第17条	1	19
上海市民政局	第4条	1	18
上海市农业委员会	第10、13条	2	16
上海市卫生局	第3、4、5、11条	4	15
上海市水务局	第5、8、11条	3	15
上海海事局	第5、6条	2	11
国家海洋局东海分局	第5、7条	2	10
上海市环境保护局	第7、9、14条	3	16
上海市食品药品监督管理局	第3、7、9、10条	4	12
上海市旅游局	第4条	1	13
上海市金融服务办公室	第12条	1	13
上海市粮食局	第6条	1	10
上海市气象局	第3、4、8条	3	9
上海市通信管理局	第4条	1	6
上海出入境检验检疫局	第2、3条	2	14
上海市质量技术监督局	第2、8条	2	14

可以说，城市安全管理离不开任何一个政府部门的努力。作为一个庞大而复杂的系统，城市的正常运行需要划分不同领域进行管理。系统中的任何一个要素发生突变，都有可能将整个城市带入巨大的困境。也只有通过所有部门按照各自职责所划分的领域及权限各司其职，才能维持城市整体稳定运行的常态局面。

其次，城市常态风险防控体系的运行方式为融入日常的分散化自主管理。城市常态风险防控工作完全指向职责范围内的日常工作审批、监管及应急。各部门的平时工作通常以自主安排处理职责范围内的各项事务为主，有时要临时或阶段性地承接条线工作任务，或者完成所在城市政府布置的工作内容。这些都是政府各部门常规工作的组成部分。所谓政府部门“碎片化”，就是强调政府部门的相对独立性，严重者就有可能上升至“各自为政”。这也正是日常城市风险管理的一种状态，政府部门间的日常工作并未形成一种长期保持的紧密协作关系。正如过去经常受到媒体批评的“九龙治水”，或者“几顶大盖帽管不了一顶破草帽”现象，揭示的正是在城市日常管理中多部门分头管理，针对难题不能形成有效合力的分散化多头管理局面。而正是这样一套城市行政运行体系在维持着城市安全风险的常态管理。因此，也不难理解为何常态城市运行中会不断发生各类重特大安全事件，对事件的调查结果均显示，政府部门在日常管理中是缺乏常态化的紧密协作的，尤其在围绕城市重大安全风险防范方面，缺乏一套稳定有效的协作机制。

再次，城市常态风险防控体系的成本消耗为基础性常态运行的低消耗模式。由于维持常态工作模式，不产生额外的人员和物资投入消耗，因此城市常态风险防控体系的运行过程并不需要明显的额外成本消耗。作为一种最经济的管理模式，城市常态风险防控体系运行就是要依靠合理有效的制度设计，将风险防控工作任务有效分解到日常工作中，细化到每一个管理环节，从而在最大程度上预防和化解潜在的微小风险点，进而避免在风险累积之下，最终导致严重的风险损失。无论是风险的种类、爆发形式、爆发地点或时间，在面对庞大复杂的城市时，都存在着无数种可能，任何一个城市政府都希望将上述风险爆发的可能性降低至零。要达到上述目标，唯有尽力将各政府部门的职能发挥至最高水平，最经济的实现方法就是在常规职责中强化风险管控。从党的十九大以来各级政府的努力来看，这种趋势已经十分明显，这也说明政府要通过常态制度设计的低投入来增加公共安全的高产出。

最后，城市常态风险防控体系的产出效果相对模糊且具有隐性的非确定性。相对于某一个明确需要完成的目标，城市常态风险防控工作是一个没有终点的“赛道”，任何一个部门都要每天在这条“赛道”上不断努力，其最终效果却难以得到一个合理的准确评价。因为对未发生的风险事件无法进行精准假设，一个部门日常工作中对安全风险防范工作投入了多少努力，在未出现有效检验条件的情况下，是难以给出合理评判的。有时候是因为努力投入使得风险在爆发之前就被消灭，而有时则是因为未发生致灾因素，风险性事件才未曾发生。因此，直到一些城市爆发了特重大安全事件，通过事后的倒查机制才发现，原来城市多个部门在日常安全风险管理中一直都存在着严重的漏洞，这些漏洞在未遇到风险引爆点时是难以被发现的。

三、常态运行中存在的问题

前文在城市常态风险防控体系运行特点的分析中已经初步提及了其中存在的部分问题。下文将对问题进行聚焦，大致可以分为过程环节和结果部分两个方面。

（一）过程环节的问题

城市常态风险防控是融入城市政府各部门的日常工作，这一特点就使得城市常态风险管控过程难以受到有效的关注以及常态监管。城市运行过程每天都会暴露一些小的风险点，这些问题是否属于职责部门监管不力？或者说相关部门是否对其进行了认真反思以及做出很好的系统性回应，以实现之后对此类问题的有效监管？很显然，当事件并未重大到引发更高层政府高度关注的时候，便很难激发地方政府对事件的充分重视，也无法促使其对日常管理环节存在的漏洞进行制度性的持久补漏。

城市火灾风险隐患防控可以很好地展现过程环节的上述问题。众所周知，火灾风险被视为城市最重要的安全威胁之一，每年全国城市火灾造成的人员伤亡及财产损失数额一直保持较高水平。城市火灾的诱发因素有很多种，包括生产过程的原因、居家生活的原因、突发意外的原因、人为故意的原因、自然因素（如雷电）的原因以及物理原理的作用①等，对应的政府管理部门包括了安全监督、消防、工商、环境保护、质量监督等众多

---

① 例如，现代建筑大量使用的透光、反光材料，在某种特殊条件下，形成长时间的镜面反射照射或聚焦效应，导致火灾发生。

主体。虽然有如此之多的部门与城市火灾安全风险防控有关，但事实上却并未形成“众人拾柴火焰高”的局面，各部门没有建立起有效的常态协作机制，共同商讨火灾的系统防控方案。2010 年上海世博会之前，城市中发生的典型火灾案例包括：2007 年 8 月 14 日下午，上海在建的环球金融中心起火；2009 年 2 月 9 日晚，北京央视新大楼北配楼发生火灾；2009 年 3 月 16 日上午，北京中央美术学院 100 余间学生宿舍被烧塌；2009 年 4 月 1 日，济南全国运动会运动员村突发火灾；2009 年 4 月 6 日下午，北京中国科技馆新馆发生火灾。上述城市火灾事件给中国 2010 年世博会敲响了警钟，因此，世博会期间的上海采取了超常规的城市火灾防控策略，确保了半年多的时间内未出现显著火灾事件。但是，随着世博会的圆满结束，各部门又恢复到常态风险管控状态，而此时，2010 年 11 月 13 日清华学堂在维修期间发生大火的事件并未将上海相关部门的警觉性提升到应有的水平，就在清华学堂被烧毁的两天之后，上海就发生了令人震惊的“11·15”胶州路火灾，造成 58 人死亡，71 人受伤，直接经济损失达 1.58 亿元。

城市火灾的背后隐藏着很多问题，它们长期存在并且反复发作，却并未得到有效根治。究其原因，是在于城市常态管理中并未形成严密完善的防控制度体系，部门独立执法以及相互间的协作也并非一直保持应有的高效和紧密。在感受不到紧迫压力的情况下，各部门很容易在日常工作中处于相对松懈状态，“事不关己则高高挂起”，而“局外人”又很难触及政府部门内部的日常行为，从而难以形成有效的外部监管。这种状态构成了城市常态风险管控体系运行中的最主要问题。

（二）结果部分的问题

城市常态风险防控效果的好与坏难以通过稳定的结果评价体系得到呈现。当然，不能够简单地认为城市对常态风险防控工作不够重视，无论是在各部门的工作职责界定，还是日常任务部署，或者年终总结报告中，总能找到强调安全稳定运行的相关内容，这早已成为一种政府工作中的常态安全管理形式。但是，现有的结果评价机制基本上是将未发生公共危机事件作为一个部门风险管控达标的标志，同时，只要出现公共安全问题就

“一票否决”的机制在现实中也带有某种“武断”的性质。只要问题不暴露，不发生意外，在工作上就都是优秀，但只要问题一发生，马上就变成负面典型，而且调查结果也往往是揭开了早已存在的环环相扣的问题。在与众多政府部门的接触和交流过程不难发现，有个别部门负责人竟带有“侥幸”心理，表示是否遇到突发事件要靠“运气”。这从另一个角度也说明了，现在对城市常态安全风险管控缺乏一套科学公正的评判体系。风险防控过程管理制度体系不健全，结果衡量标准一刀切，这些都无法对城市常态风险防控起到积极的促动作用。

当前，对待负面结果的回应方式通常是以一种短期的非常态管控模式进行衔接。例如，2019 年 3 月响水县生态化工园区发生爆炸事件之后，江苏省开展了针对化工园区及化工企业的全面安全检查和严厉整顿工作，所有化工企业先行停工，待检查合格后方可复工，致使众多企业被迫停工 3 个多月，由于管控标准一下提高到很高水平，部分企业被迫彻底停工，要到其他省份另寻厂址，对很多企业造成致命性打击。这种平时监管不严，出了问题又不管一切的处理方式，就是典型的结果环节出现了问题。

上海市应对突发公共安全事件专家组组长柴俊勇教授在一次全国性重要会议上指出，当前城市安全风险管控存在着“经常性工作突击做，突击性工作经常做”“一人生病，大家吃药”的不合理现象。他列举了一个典型实例，2018 年 8 月 12 日，受台风影响，上海黄浦区南京东路上“一个招牌掉下来了，把一个人砸死了，然后市里面说要统一招牌。某一个区把招牌全部设计，黑底白字，路边种的是黄花，人家一看就是‘像墓地’。这是什么原因？就是‘一人生病，大家吃药’，城市管理人员对城市的管理隐患心中无底。”①

除了江苏和上海，管理中重结果、轻过程、结果导向和简单依靠结果来进行管理评判的现象在全国其他城市也都能找到很多案例，这是在

① 2019 年第二届中国（深圳）国际应急产业论坛暨国际应急管理学会（TIEMS）中国委员会年会上，上海市政府前副秘书长、国家行政学院特聘教授、国际应急管理学会中国委员会副主席、上海市应对突发公共安全事件专家组组长柴俊勇教授，发表题为《城市风险管理的时代之问》的主题演讲。

城市风险防控管理中思想认识尚不成熟、方式手段尚且浅显的一种外在表现。

（三）原因探讨

简单分析造成上述问题的原因，可以从两个方面进行探讨，一是外在的制度体系，二是内在的思想认识。

1. 城市常态风险防控的制度体系尚未织密和得到有效落实

现代化的管理依靠的是一套成熟完善的制度体系。全球市场经济得以有效运行，离不开全球化体系下一系列国际贸易规则的构建，如世界贸易组织的规则。而一个国家和一个城市的治理，同样也有其必须遵循的制度规则，常态安全风险防控被融入城市政府日常的治理工作，也有其需要遵循的相关制度体系。但是，正因为现有的制度对常态政府治理中的风险管控并未形成严密有效的约束机制，并且在条块分割、部门分立的现有体制下，“纵向到底、横向到边”的理想化工作状态并不容易在日常工作中一直保持，甚至在多数情况下，部门各自为战的现象更为突出。基于对部门进行外部监管得到的结果只能是非常低效甚至无效的客观事实，常态条件下各部门风险防控工作的落实情况就存在着很大的“水分”。

在过去一轮各级政府、政府各部门明确权力清单、责任清单的行动中，通过“明确”，降低了不确定性；依靠制度化的措施，让很多政府部门难以再“踢皮球”；不少长期模糊的多部门“交集”或“交界”的地带，在这轮行动中，一定程度上得以清晰化。但也必须看到，权、责两张清单多数还是针对最为常见的日常公共服务和管理的内容，针对风险防控的内容还非常稀缺，并未针对各部门之间的风险防控体系进行有效的制度化构建。同时还应认识到，传统的责任边界与风险责任边界不是一个概念，两者所圈出的边界范围并不相同，风险责任边界要明显大于传统的与权力执行相对应的责任边界。风险责任边界应该是一个政府部门的行政行为所带来的后续风险所能涉及的范围。它往往将其他部门牵涉其中，甚至给后续部门造成很多难题，构成某种风险的源头性因素。例如，某直辖市前政府高级官员表示，现代城市安全风险管控最大的难点是，很多问题都是20年甚至30年前就埋下的，正所谓“风险是规划阶段埋下、建设过程出现、运行期间暴露的”。例如，一个高架路的下匝道口设计不当，就可能导致一个区域每天都交通拥堵，交通管理部门只能每天被动应对；一幢超高层建筑的规划设计及审批通过，就可能给所在区域消防单位带来高层救援的持续压力。

由此可见，城市常态风险防控的制度性问题并非仅仅限于对既定城市形态进行风险管控的相关设计，其还包括思考政府部门内部和部门之间、连接过去与现在及未来等多元风险防控的制度建设。

2. 管理者的思想还未将日常安全风险问题摆放到足够的高度

每个人在同一时间段往往都会选择自认为最重要的事情来完成，这种思想同样被带入政府工作当中，在某种程度上也造就了“理性经济人”现象。管理者是否能够做到从思想上将日常安全风险防范摆到更高的位置，一方面要看其自身素质结构。政府官员必须具备与常态风险管控相关的知识结构和能力结构。风险社会中城市风险具有根源复杂性和表征多元性等特点，如果缺乏相应的知识背景，必然存在风险信号与政府官员意识之间的信息不对称，从而无法实现官员对风险的敏感性反应。政府官员既要具备相应的知识结构，又需具备将知识进行“输出”的能力结构，这包括：对风险的判断能力，侧重于风险的定性与寻源；面对风险的决策能力，侧重于多元风险应对策略的创新与选择；风险情景中的执行能力，侧重于化解不同利益主体“不合作”博弈困境的能力。

另一方面要看管理者所陷入的利益结构。政府官员的风险认知与应对策略选择必然受其自身利益结构影响。这种利益结构又可分解为三大利益视角：作为“公共人”所具备的“公共利益”最大化的利益视角；出于“系统维持”目标形成的对组织和上级领导忠诚的政治升迁利益视角；作为“经济人”的个人功利最大化的利益视角。显然，政府官员对风险的认知与应对策略选择必然从上述三种利益视角出发而做出选择。上述利益视角往往同时存在，并且相互影响。管理者所做的选择通常并非截然忠实于其中任何单一利益视角，多数都会凸显某一方，但同时最大化兼顾其余方。特别是任何作为组织成员而存在的个体，既会受到组织内部其他个体利益选择的影响，同时也会受到来自自身组织的上级、平级和下级组织的多方影响。因此，官员在做出某一行为时，其所受到的影响是非常多元的。风险管理的价值偏好一旦不能与管理者的利益结构相契合，其最终做出低效甚至无效风险防控就变得合乎逻辑。

现实中，往往是由于常态风险管控出现问题导致重大危机事件发生，进而引发政府从上到下的各级部门全都行动起来，针对事件展开超常规的应急管控，从而便于进入接下来将要讨论的非常态风险管控环节。

第二节　城市非常态风险管控运行模式

一、对非常态的理解

非常态是与常态相对的一个概念，城市安全管理中的非常态是指在城市日常风险防控中不常见到的运行状态。非常态风险防控过程所依靠的还是原有的那套行政机构和行政体系，但在运行机制上却呈现出一种超越常规的特殊形式。

通过对以往案例进行分析可以发现，除了常规性的管控方式，还存在两种非常态的安全风险管控模式。第一种模式是在某一严重危机事件之后政府采取的行动策略，如针对某一行业开展的安全风险专项检查行动。我们可以将专项检查理解为前面重大危机事件的一个后续政府行动策略。当然，也有学者直接将应急管理分为常态化和非常态化两种，认为前者是对一般性灾害和公共突发事件的应对，后者是对发生概率极低、灾难性后果又极大的巨灾或跨越界域的重大危机的应对。常态化应急管理采用附着在政府科层制结构上的，以分门别类、各负其责为显著特征的体制，而非常态化应急管理则要启动举国体制，以统一领导、综合协调为显著特征。[①]

如果说第一种模式是明显被卷入已经发生的危机事件应急反应过程中的风险管控措施，第二种模式就完全是一种在危机实质发生之前的纯粹风险防控行为，现实中该类案例有 2010 年上海世博会安全风险管控、2016

① 童星. 兼具常态与非常态的应急管理［J］. 广州大学学报，2020（2）：5－15.

年G20杭州峰会风险管控，以及2019年上海第二届中国国际进口博览会（以下简称“进博会”）安全风险管控等。这类非常态风险管控体系有着明确的阶段性特征，他们总的目标非常明确，并且细分到每一个相关部门甚至个体。早在事件开始之前的某个时点，风险防控体系就开始正式运转，一直持续到所要确保稳定运行的事件结束，这种超常规的风险管控状态才会结束。

应该说，近几年中国运用这类非常态风险管控方式的频率明显有增多态势，这与国际环境不稳定因素增多、中国国际地位日益重要，以及中国组织管理能力、水平日益提升等多方面因素有着直接的关系。

二、城市非常态风险防控体系的特征

城市非常态风险管控模式的运用，通常是在要确保某一非常重要的活动“万无一失”的情况下才会考虑选用的一种方式，而且这种方式一旦采用，就会对正常的社会运行秩序产生较为显著的影响，其体系运行过程中所表现出的特征主要有以下四个方面。

首先，参与主体是经过严密的规划设计，与目标达成有着直接联系的所有相关主体。活动的性质差异决定了参与主体有很大不同，同时参与的方式方法也有较大区别。其中，政府部门遵循的原则是凡与目标实现有内在联系的，做到一个不漏的最大化参与。而社会方面则会根据需要采取广泛吸纳或是有意排斥的方式进行管控。例如，2010年上海世博会是一个面向国际开放的展会，共动员了超过200万名志愿者，他们参与了社会治安、综合服务等各方面的工作。从社区大妈，到高校学生，至国际友人，他们的一个共同目标就是要协助中国办好一场举世瞩目的世博盛会。而2016年召开的G20杭州峰会则是一次国际高端峰会，无论对世界经济还是中国的未来都有着非常重要的意义，因此从政治上讲是不容有失的。所以杭州为了确保峰会期间的安全，就采取了对社会人群进行疏散和隔离的举措。2016年8月16日，《杭州市人民政府关于对市区部分区域实行临时性封闭管理的决定》发布，规定自8月20日至9月6日，对包括西湖景区大部在内的部分区域实行封闭管理。而且经过政府部门间的协调，G20

杭州峰会期间，杭州市民可以免费游览黄山的55个景点[①]。据统计，峰会期间共有22万人游黄山，其中17万余人为杭州市民。可见，政府在城市非常态风险管控过程中，针对参与主体的引导和管控两个方面，都表现出了游刃有余和灵活高效的超常能力。

其次，运行方式都是纳入专业政府机构的高效有序集中管理，一切纳入计划运行。非常态风险管控虽然并不一定都是举国体制，但举一城之力还是非常普遍的现象。为了完成专项任务，通常都是由城市政府核心官员“挂帅”，所有相关政府职能部门全面参与，开展高效有序的政府部门间合作，各项管理任务也都完全纳入计划，执行严格的内部目标绩效考核。上海为迎接世博会，专门成立了“上海市迎世博600天行动城市管理指挥部”，市、区两级均设立指挥部，其担负日常运行管理具体工作的办公室被称为“600办”，在迎世博的城市环境、安全等问题整治过程中，发挥着非常重要的指挥管理职能。同样，在进博会召开之前，政府相关各部门、相关企事业单位等，都建立了进博会专业保障队伍，以摆在各项工作之前的重视程度来全力保障进博会的顺利召开。

再次，在人力、财力、物力的投入消耗上接近“不计成本”，以非常高的政治站位来对待整个管理过程，全力以赴保障安全是最重要的目标。城市在非常态安全风险管控时期，社会正常运行秩序通常需要为配合管控而进行调整，如临时放假、某些工厂停工、学校停课、道路限行等。相关管控投入的人力物力也是大大超越常规，类似“朝九晚五”的固定上班时间也被打乱，24小时有人在岗在线可能成为这段时期的“常态”管控要求。通常这类管控不会过多考虑成本问题，因为其较高的政治性目标决定了常规经济性衡量杠杆是难以与之有效匹配的。

最后，结果产出通常要站在全局性、战略性和长远性的角度进行衡量。国家或整座城市愿意投入巨大的代价来确保一个活动的顺利开展，背后通常有其深远的考量，而并不能简单运用短期和局部效果来评价其成效。要采取这种非常态的风险管控措施，从政治的角度分析，必定有其自

① 岳怀让. 杭州市民G20峰会期间可免费游黄山55个景点［EB/OL］.（2016－7－14）［2019－10－27］. http：//news. sohu. com/20160714/n459307336. shtml.

身的必要性，而作为社会群体，通常将很难从这方面做出有效准确的评价。而从其他经济社会影响来看，巨大投入的背后也并非全然是“赔本”的生意。我们看到，上海世博会的选址是在黄浦江两岸，而原本这个区域沉积了大片废旧工厂、老旧社区等，如果通过正常的城市规划改造，所需时间成本、资金投入以及动迁改造过程中的“维稳成本”等，都将是无比巨大的。但在非常态需求之下，通过一次性投入规划改造，上述片区的形态在短时间内就发生了翻天覆地的变化，如今这片区域已经成为上海最具投资价值的地区之一。

三、非常态管控存在的问题

作为特殊时期采取的超常规管控措施，通常会在相应的时间内对原本正常运行的社会秩序构成一定的干扰，尤其是对城市高度密集的人口以及商业体系，会由于非常态管控措施而造成一定的紊乱或经济影响。

首先，政府层面工作重心转移。非常态风险管控措施通常需要中央政府或城市最高决策系统下达命令才有条件推行。根据习惯，科层体制下的各级政府开展工作往往都非常关注上级指令，当接收到的指令没有显著变化，都是关于常规性工作内容时，下级就会维持一种常态工作模式按部就班地开展工作。而当遇到重要活动，上级投入格外关注时，下级在执行过程中就会将工作的重心向重要活动倾斜。可以观察到，在过去的一些非常态风险管控行动中，政府各部门几乎都倾尽全力保障活动的万无一失，因此就导致正常管理工作受到一定影响。例如，常规抽查变为专项全面排查，以往偏宽松的要求变为执行非常严格的标准，一些常规审批工作的时间也可能被延长甚至暂时停滞，这一转变的目的是可以最大限度地将政府力量投入非常态风险管控行动，确保专项任务的顺利完成。

其次，工商业正常节奏受到干扰。非常态管控经常伴随着对某些生产加工行业的临时生产管制，某些工厂企业会临时停工停产。例如，为在世博会期间以最佳的空气质量迎接海内外来宾，上海于 2009 年关停了 64 条高污染生产线和 782 家高污染企业，其中包括上海水泥厂、浦东水泥厂、上海协钢等。[①] 同样，2014 年“APEC 蓝”入选当年十大科普事件，甚至在当年的亚太经济合作组织（Asia-Pacific Economic Cooperation，APEC）欢迎晚宴致辞中，国家主席习近平用到了这个来源于网民自创的热词：“我希望并相信，通过不懈努力，‘APEC 蓝’能保持下去。”当时为了确保 APEC 会议期间的空气质量，中国政府对症下药，主要采用了四招：扬尘工地停工；机动车单双号限行、公车封存 70%；高污染工厂停产；京津冀及周边联动减排，防止输入污染。APEC 会议就像是一次大考，华北六省（自治区、直辖市）共同采取措施，确保了 11 月 1—12 日，北京空气质量优良 11 天，仅一天轻度污染。[②] 显然，这种超常规管控势必会对相关企业的运行产生影响。

最后，对市民日常生活构成影响。伴随着工商业等领域的临时停产举措，非常态管控对市民正常工作休息也构成影响。2014 年亚太经济合作组织领导人非正式会议于 11 月在北京召开，经国务院批准，除保障亚太经济合作组织会议和国事活动、城市运行等必要的工作岗位外，在京中央和国家机关、事业单位和社会团体，北京市机关、事业单位和社会团体，自 11 月 7 日至 11 月 12 日调休放假，共 6 天。[③] 这是一次并未预告的“计划外长假”。新华社总编室人员表示，“就连首先发布这则消息的新华社等中央媒体也是在接到国务院有关部门的传达后才知道的”。10 月 9 日 16 时，新华社、人民日报微博客户端几乎同一时间发布放假的快讯。来自新浪、腾讯微博的数据分析显示，短短 30 分钟内，这则“突发消息”被转发、评论总数超过 2 万次。不期而至的假期，也让北京市民措手不及。一位市民表示，“刚度过国庆 7 天长假，开了收心会，得，这下状态又调回去了”[④]。由此可见，城市非常态风险管控给普通市民的日常生活带来的影响是显著的。

---

① 为保障世博会空气质量 沪今年关停 700 家排污大户［EB/OL］.（2010-1-22）［2019-10-27］. http://sh. sina. com. cn/news/s/2010-01-22/0807130825. html.

② “APEC 蓝”能否变成持久的“北京蓝”?［EB/OL］.（2014-11-18）［2019-12-27］. http://www. chinanews. com/gn/2014/11-18/6789604. shtml.

③ 2014APEC 会议期间北京将放假调休 6 天［EB/OL］.（2014-10-9）［2019-12-27］. http://finance. people. com. cn/money/n/2014/1009/c42877-25798373. html.

④ 北京因 APEC 迎 6 天长假 外地网友称羡慕嫉妒恨［EB/OL］.（2014-10-10）［2019-12-27］. http://news. sina. com. cn/s/2014-10-10/031030966137. shtml.

由于城市在人口、资源等要素方面的集聚特征，其推行非常态风险管控措施必然导致巨大的成本消耗。但是如果从另外一个视角思考，政府在一项政策措施出台之前必然存在决策选择的过程，当多个方案比较下来，最终推出非常态管控措施，就证明其背后的利益衡量天平应当是向此倾斜的。因此，短期的特殊状态对城市的长远发展而言，或者对于国家整体而论，应该是收益大于投入的。

与此同时，城市采取超常规行动策略，说明常态风险管控已无法满足超高的安全需求。因此，如何提升常态风险管控能力，使其在需要的时候能够以更小的投入成本达到非常态风险管控的要求，这可能是值得思考和认真研究的问题。

第三节　制度和技术的组织化运用

对现代城市而言，非常态安全风险管控措施只能作为特殊情况下的一种选择方案；在平常情况下，庞大体量的城市还是要以常态模式进行风险管控。但是，如何在城市的常态运行管理过程中提升安全风险管控效果，防止重特大安全事件发生，这已成为城市治理者的重要努力方向，而最大化地从非常态安全风险管控模式中吸取经验，转化应用于常态安全风险管控，应该是提升城市常态安全风险管控能力的一条重要且有效的路径。

从常态与非常态两种风险管控模式的比较中不难发现，非常态与常态管控的最大区别就是高层行政权力的超强干预，以及具体执行层政府各部门的积极动员和有效参与。并且，从科层体制的内在特征而言，中央政府对某件工作的强烈关注的确是激发底层行政官员积极响应的一项重要条件。但是，在日常城市运行过程中，又必须确保常态运行成为一种占据主导的城市运行模式，且高层政府也不可能将精力长期投注在一件工作或一个城市，因此，必须要将这种由上级高度关注到基层积极执行的内在动力机制挖掘出来，并且合理转化为一种可以运用于日常的管控机制。

就非常态风险管控的内在机制而言，责任机制是其核心，信息机制是辅助手段。一方面，能够激发决策者将常态运行临时调整为非常态管控模式，其背后的动力一定是将特殊情况上升到一定的政治高度，从而产生了超强的政治责任压力，这种责任压力经过行政体系自上而下传导，最终转化为各级各部门各岗位的责任。这种责任机制是从思想上和根本上调动所有人的高度重视，继而外化为严密的组织管理和落实执行。另一方面，信息机制也为非常态管控的高效组织调动提供了重要基础支撑。城市非常态风险管控过程通过高频次的内部工作交流会议、每天严密的“零报告制度”、外部高调的舆论宣传等三条主要路径，确保了信息沟通的及时、全面、通畅。在此期间，各部门在常态工作中还隐约呈现出的“信息孤岛”现象被有效破除，政府信息交互的控制节点可以有效掌握全局信息，从而确保了决策的及时准确。

如何在常态管理过程中有效学习借鉴并运用责任机制与信息机制？由于常态城市运行无法获得非常态的一些高度敏感的政治背景条件，因此，必须要将非常态条件下的责任机制、信息机制转化为常态条件下可以有效长期保持的运行机制。结合中国的行政体制以及行政文化传统，可以在强化日常监管问责体系建设的基础上，依靠完善相关制度和引入相关技术来实现提升城市常态安全风险管控能力的目标。

一、加强以问责为约束条件的责任体系建设

责任体系建设必须依赖于稳定的行政体系架构以及明确的职责分工。经过 2018 年最新一轮政府机构改革的调整，公共安全领域形成了三足鼎立的管理结构划分：应急管理部主管自然灾害和事故灾难，国家卫生健康委员会主管公共卫生事件，公安部主管社会安全事件。这是科层管理体制下政府常态化的组织分工结构。上述结构通过行政体系内在的“条”向下延伸，在城市政府这一“块”的内部呈现，最终化作城市安全风险防控所依赖的部门主体。

行政体制架构确立之后，相关责任体系建设就可以在此基础上有序推进。回顾过去安全管理领域的责任体系建设，如果从 2003 年的“非典”疫情起算，我国的问责实践已经走过了十几年的历程，并且取得了较大进

步，实现了由点及面、由抽象到具体的转变。特别是2009年6月30日中共中央办公厅、国务院办公厅印发了《关于实行党政领导干部问责的暂行规定》，以及随后各级地方政府大量问责制度的相继出台，标志着我国以问责为约束手段的责任体系建设进入了常态化、制度化的轨道。但问责制在实施的过程中仍然暴露出若干问题，如问责的标准还有待于细化，以及制度的可操作性还需持续加强等。

同时必须清醒地认识到，地方政府并不总是主动揽责的“道德人”，更多时候他们是趋利避害的“经济人”，突发事件中地方政府的责任规避行为呈现出不断增加的趋势。[①] 安全风险的预防管理是一种前置管理，预防的效果如何往往需要通过事件的发生才能显现出来。因此，如果风险不转化为具体事件，对预防管理的责任追究就无法取得进展，这就需要在预防管理阶段强化权力行使过程中的责任意识。责任意识缺失是导致工作中诸多矛盾和问题的深层次原因，强化责任意识是改进行政机关作风的基本要求，也是提升政府形象的必要手段。另一方面，一旦找到充足的证据，也必须使责任追究制度落到实处，避免形式主义和走过场。只有不断完善城市安全风险管理的责任体系建设，同时严格贯彻和执行责任追究制度，才能进一步加强行政人员的责任意识，使其认真履行工作职责，切实做好安全风险管控，织密政府工作体系的安全风险防控网络。

二、完善以制度建设为依托的流程管控体系

在常态工作过程中会有各种干扰因素不断出现，频繁打断管理者对安全问题高度关注的视线。一旦出现注意力转移，则很难确保事后重新回到安全风险问题上来。因此，还必须通过制度建设的方式将安全风险管控的必要环节设计成日常工作的必备环节，由此将制度建设作为一种工具，用以强化城市安全风险管理的常态性。

首先，建立和完善城市安全风险评估制度。贝克在其《世界风险社会》一书中曾明确指出，“人为制造出来的不确定性”暴露了国家——政

① 文宏. 突发事件管理中地方政府规避责任行为分析及对策［J］. 政治学研究，2013（6）：52－60.

府控制风险能力的匮乏[①]，说明人类的社会活动中蕴含了大量不确定性风险，而当前的政府治理能力尚不足以对这些风险形成绝对的有效防范。为了切实减少各类突发公共危机事件的数量，降低其危害，有必要根据突发事件的特点，运用科学的方法和手段，建立和完善社会风险评估制度，从源头上减少或消除各类安全隐患。为此，我们可以在国家已经建立的重大项目社会稳定风险评估制度的基础上进一步拓展，建立城市安全风险评估制度。其工作内容主要包括三个方面。一是促进城市安全风险评估的制度化。制定城市安全风险评估的相关制度，明确责任主体、评估程序、评估方法，明晰评估条件、评估内容、评估结果的运用，制定能够在一定时期内指导当下及未来的尽可能完善的制度。二是促进风险评估制度的规范化。要求制度的内容必须具体、细致、明确，体系完整，具有可操作性。三是建立安全风险评估制度的日常工作机制。定期召开城市重大安全风险评估工作会议，对评估工作进行部署，确定评估主体、评估客体，探讨评估方案，形成评估报告。

其次，加强常态化城市风险排查制度体系建设。对城市安全风险开展定期排查，切实深入城市的每一个角落，开展全覆盖、无死角的风险摸排。构建这一制度体系，可以充分依靠现有的城市网格化管理架构，只需在制度建设上将相应的职责内容融入现有网格。风险排查制度需要格外关注两个方面：一是风险情报信息的全面收集整理，二是要确保纵向横向的信息沟通及时顺畅。对于城市常见的重点风险要有特殊关注要求。在城市安全风险防控工作中，最大的影响变量就是人的因素，因此在城市风险排查制度设计中还要对人加以格外关注。历史经验证明，有不少前一天刚检查无风险的点，第二天就发生重大安全事故。因此，要加强对排查工作本身的责任约束，防止排查人员的工作流于形式、走过场。同时，也要从各方面综合汇总信息，不仅要直接从安全监管部门采集数据，还应该从其他更广泛的政府部门获取数据，经过科学的综合研判，对安全风险展开有效

---

① ［德］乌尔里希·贝克. 世界风险社会［M］. 吴英姿，孙淑敏，译. 南京：南京大学出版社，2005.

排查。应该说，以往城市安全风险中的一些问题，如征地拆迁、环境污染、拖欠农民工工资、集资诈骗等，都是需要通过深入细致的工作才能得到较为准确的结果。此外，排查工作也要保持灵活多样，坚持经常性排查、突击排查和集中排查相结合。参与排查的主体也可以多元化，除了政府部门的工作人员，还可以吸收社会团体、志愿者等力量的广泛参与。

最后，建立针对安全风险的城市常态监测和预警制度。监测预警常态化的核心是要拥有一个完善的监测预警体系，包括监测预警的目标、预警指标、评估标准、警报等级以及监测预警的工具、程序和方法等要素。制度化和规范化是促进常态化的重要因素，制度化是常态化的基础保证，规范化是促进常态化的重要途径。推进监测和预警常态化主要包括五点。一是要加强信息员队伍建设。建成覆盖城市各区（县）、街（镇）、居（村）委会的多级信息员队伍网络，制定目标，明晰责任，展开风险信息排查和收集工作。二是建立工作例会制度。定期召开信息员工作会议，及时汇总信息并录入系统。三是建立部门联席会议制度。定期召开多部门联席工作会议，有效地将横向和纵向部门联系起来。四是建立风险信息分析研判机制。利用多元分析方法对城市潜在的安全风险隐患进行分析和预判。五是建立明确的分工体系及考核机制。

总之，通过系统化的制度建设，改变过去依赖领导拍板决策的“偶发个人决策”模式，变为依靠制度常规设计的“必然制度规定”模式，将城市安全风险管理交接到以制度化方式确立的常态管控模式，将城市安全风险防控工作真正落到实处，具体到每一天、每小时，甚至每分钟，实现城市安全风险管控的常态化与长效化。

三、打造以技术手段为重要载体的辅助平台系统

现代管理越来越重视运用高科技手段为管理和决策提供高效支撑，特别是面对现代城市高度复杂的运行系统，要形成有效的风险监控网络，必须将各类科技工具布置到城市的不同角落，最典型的就是城市各类摄像监控点的分布。

根据国外专业机构研究显示，2019 年全球人均街头摄像头数量最多

的 10 大城市中有 8 座在中国，其中前 5 名都是中国的城市。排名第一的是重庆，全城共有大约 260 万个摄像头，平均每 1 000 人就有 168 个摄像头。深圳排名第二，共有 190 万个摄像头，平均每 1 000 人有 159 个摄像头；上海排名第三，平均每 1 000 人有 113 个摄像头；天津排名第四，平均每 1 000 人有 92 个摄像头；济南排名第五，平均每 1 000 人有 73 个摄像头；伦敦排名第六，平均每 1 000 人有 68 个摄像头；武汉排名第七，平均每 1 000 人有 60 个摄像头；广州排名第八，平均每 1 000 人有 52 个摄像头；北京排名第九，平均每 1 000 人有 39 个摄像头；亚特兰大排名第十，平均每 1 000 人有 15 个摄像头。① 虽然上述数据并非绝对可靠，但至少从一个侧面反映出世界各国都很重视在城市中铺点架设摄像监控设备，并且中国城市远远走在其他国家的前列。

科技工具的投入可以有效辅助城市政府开展公共安全治理，这从另一项数据中可以找到佐证。2017 年，深圳市共查处了限行、超速、压线、违停等 600 万宗交通违章事件，这其中除了交警现场执法之外，还有 100 多万宗违章是来自电子警察的抓拍处理，并且随着城市大量摄像终端性能的持续升级，未来还将有更多的工作逐渐转由摄像终端来完成。②

必须承认的一个客观事实是，中国城市的信息化建设速度已经远远地走在了世界前列。漫步在国内任何一座城市的大街小巷，凡是有经商的摊点，无论大小，也无论是正规营业的店铺，还是四处流动的游击小贩，都可以打开手机，通过扫描二维码完成支付交易。与此同时，城市中运行的危险化学品运输车辆也都被安装了 GPS 监控系统，在城市交通指挥中心的大屏幕上，可以看到很多红色的小点在电子地图上移动，这就是整个城市交通运行的大脑，任何一辆危险化学品运输车辆运行中的异常举动，都可以在这张电子监控网络中被及时捕获，并且管理部门可以在第一时间安排应急处置，大大提升了应急反应效率。

---

① 街头哪个城市摄像头最多？全球前五名都在中国［EB/OL］.（2019 - 8 - 21）［2019 - 12 - 27］. https：//baijiahao. baidu. com/s？id = 1642432992410950654&wfr = spider&for = pc.

② 智能监控系统：监控摄像头助力城市交通安全［EB/OL］.（2018 - 11 - 13）［2019 - 12 - 27］. https：//www. seiot. com. cn/detail/3947. htm.

科技带来的进步使安全管理获得了更便捷的工具，它可以提高效率、降低风险，在极大程度上延展着人类的能力。在2020年新冠肺炎疫情期间，很多地区都采用了无人飞行器执勤，并且可以通过飞行器上安装的扩音器向防护措施不当的路人进行喊话，大大提高了风险管控效率。将城市各类科技手段连接形成一张巨大的网络，就可以全方位覆盖整座城市，形成全面辅助人工进行城市安全风险管控的平台系统，中国正在推进的智慧城市建设正是这一思路的具体实践探索。

智慧城市作为现代化城市运行和治理的一种新模式与新理念，建立在完备的网络通信基础设施、海量的数据资源、多领域业务流程整合等信息化和数字化建设的基础上，是现代化城市发展进程的必然阶段。截至2017年3月，我国95%的副省级城市、83%的地级城市，总计超过500座城市均明确提出或正在建设智慧城市。随着人工智能、云计算、大数据等技术的发展成熟，我国智慧城市建设将逐步向着数据共享、万物互联、生态共赢的方向迈进。

以上海的智慧城市建设为例。上海市在全国范围内率先制定智慧城市建设行动计划，持续聚焦于信息化基础设施、智能应用、智慧地标等重点项目，旨在建成泛在化、融合化、智敏化的智慧城市。在公共安全领域，上海强调为都市人群提供更便捷、高效、安全的城市通行方式，注重车辆管理、停放、交通监控、公共交通等领域的智慧化落地。上海警方“一中心、一平台、多系统、多模型、泛感知、泛应用”的框架搭建基本完成，夯实了智慧安防能力。全市110警情到场时间平均缩短20%，警情处置时间平均缩短35%。上海智慧社区也沿着安防建设和社区服务两大方向推进，通过布局信息通信技术基础设施，逐渐建成了基于信息和数据分析的智能管理及服务系统。

杭州同样也在不断努力。杭州的重点努力方向是为城市安上智慧的“大脑”，将城市“大脑”打造成数字化治理基础设施，着重推进智慧交通和智慧安防能力建设。基于城市“大脑”中枢，杭州市在2019年年底前已实现智慧交通、智慧安防的主城区全覆盖。安防方面，2019年全市累计完成500个智安小区建设，2020年和2021年将分别完成1 300个、

2 500个的建设目标。以萧山区相墅花园智慧社区“8+N”模式为智安小区建设参考标准，在其系统建成一年的时间里，总警情同比下降 28%，治安警情同比下降 28.6%，2018 上半年实现刑事案件与火灾零发生。①

科学技术是第一生产力在城市安全风险防控领域体现得非常明显，当科技与城市安全风险管理有效融为一体之时，其带来的效能是传统人力所难以企及的。如果说人在工作过程中难免存在疏忽，但成熟的城市智慧“大脑”却可以毫无倦怠地忠实执行人类所编写的程序，全天候 24 小时不间断地工作。随着大数据、人工智能、5G 等技术的不断进步，城市安全风险管控中将会有越来越多的科技力量加入进来。人类智慧的有效组织和运用，必将在更大程度上推进城市安全风险常态化管控能力的持续提升。

① 2019 中国智慧城市：上海 VS 杭州 [EB/OL]. (2019－5－31) [2019－12－27]. https：//baijiahao. baidu. com/s? id＝1635025676389175830&wfr＝spider&for＝pc.

第六章　城市风险防控的基层治理

改革开放为中国经济的快速发展插上了腾飞的翅膀，也推动了大规模的城市化进程。与此同时，传统的单位制解体，社会个体可以在市场竞争中自由选择工作机会，社会流动性被彻底激活。单位制解体之后所造成的最大问题在于社会安全治理短时间内失去了有效抓手，个体不再对单位保持高度单一性依赖，传统的依附性关系被打破，依靠单位对个体进行管理的道路已经行不通，“铁板一块”的社会消失，个体如同散沙一般在市场大潮中涌动，这为城市安全治理带来了棘手的难题。不过，政府在管理过程中很快就发现，社区可以成为城市治理的重要抓手。社区作为城市的基础构成单元，已成为各种治理工作的重要承载平台，任何一项重要政策要在城市全面实施，最终都要通过层层分解，以不同形式向基层下达贯彻，从而实现真正意义上的落地。在某种程度上，一项治理工作完成的好与坏，从根本上取决于城市基层力量的发动以及参与情况。因此，城市安全风险防控工作的重要落脚点也要面向社区，推进基层治理。

第一节　源头防控与基层治理

城市风险的很大一部分是由城市快速发展导致的。随着城市化进程不断加速，各类复杂的社会安全事件层出不穷。改革促使市场经济趋向成熟，与之相伴的人口流动加速也使传统社区形成的熟人社会逐渐消亡，人与人之间的情感纽带日渐削弱。尤其是一线城市的人口密度和人口流动性给城市管理诸多方面都带来了巨大的挑战。一方面，人口流动带来了更多的社会安全隐患，如文化碰撞加剧、利益多元博弈、人情关系冷漠等，诸多原因催生了各种安全事件。另一方面，传统社会中邻里守望和互相关照的关系弱化甚至消失，这一隐性的社会安全治理资源难以在陌生人社会中发挥作用，公共安全管理责任不可避免地几乎完全落到政府肩上。而政府在承担巨大责任的同时，并不能完全杜绝社会安全隐患，这从近年频发的社会安全事件中可以得到印证。因此，仅仅依靠政府相对有限的力量进行城市安全管理难免捉襟见肘，而挖掘基层力量，将公众参与嵌入社会公共安全管理，就具有了极其重要的现实意义。组织与强化城市公共安全管理中的基层力量，培育“我为人人，人人为我”的安全意识，也是重构熟人社会的有效路径。

城市经济高度集聚，使得基础设施建设和信息化发展水平更高，社会要素相对集中，各种要素相互交织，构成千丝万缕的联系，往往牵一发而动全身，风险源的种类与数量繁多且密集，城市安全风险呈现出高扩张性与复杂性的特征，可能带来的危害及造成的经济和人员损失也更为巨大。城市安全威胁的复杂性以及危机发生后的衍生威胁都对公共安全风险防控提出了要求，尤其是需要开展源头防控，以最充分的预防来减少可能导致的安全事件，降低安全问题造成的损失。而源头防控又在很大程度上指向基层一线，诸多复杂而又微小的风险源排查需要依靠基层力量，基层治理就成为城市公共安全风险防控的必然要求与路径选择。

另外，灾害生命周期理论作为人们认识与管理灾害危机的重要指导，将灾害过程视为周期性的循环，将灾害危机的演进过程与管理政策结构化，划分出目前被认为是最具操作性且得到普遍运用的灾害管理循环模型，即“减灾—整备—反应—恢复”。其中，“减灾”是指针对各类灾害危机所采用的预防与消减方式。减灾阶段的工作重点旨在确认危险源并构建一系列管理措施。这一时期，必须结合本地特征确认相关危险源的存在，进而通过风险沟通机制来了解风险的可能性及其潜在影响，并将其纳入政策议程。在对客观风险进行分析的同时，也应该注意到脆弱性分析与评估的重要性，即对本地灾害危机应对所需的管理制度、组织能力、关键基础设施、群体抗灾能力、抗灾资源可得性与可及性等维度进行分析评估，以便清晰地把握本地灾害危机的应对能力。而这些工作要具体落实，离不开基层力量的发动和积极参与。

灾害危机的先期处置能力建设至关重要，它需要将应急管理资源向下转移，在适度分权的条件下提升基层应急管理的组织能力。先期处置主体不仅有政府基层应急部门，还包括事故现场的各类人员。先期处置机制应当注重危机第一反应群体的能力建设。为此，各类有关公民安全教育与自救互救的宣传教育机制、基层政府应急组织的救援能力和危机领导力，均应纳入灾害危机先期处置能力建设范畴。在群防群治的理念下，注重非正式救灾能力在先期处置过程中的重要作用，同时加强基层应急管理机构的投入、培训、演练等相关支持政策的制定与落实。必须把握现实社会的发展特征，构建多元应急管理机制。在制度设计过程中，考虑到社会力量参与灾害危机救援恢复的能力参差不齐，可通过建构培育机制，将其塑造为政府传统救援力量的有效补充。对于社会组织参与救援恢复，政府也必须建构起相关社会监督渠道。针对社会组织救援恢复力量的差异，为形成有效应急管理合力，需要在信息、资源、分工上进行事前沟通与规划，整合各方力量投入灾害危机应对之中。[①]

正如英国危机管理专家迈克尔·里杰斯特（Michael Regester）所认为的，预防是解决危机的最好方法。劳伦斯·巴顿（Laurence Barton）也在《组织危机管理》一书中反复强调，组织危机管理要坚持预防第一，因为预防可以将危机扼杀在摇篮之中，减少已发生危机的损失。与危机管理过程中其他阶段相比较而言，公共危机预防是一种既经济又简便的方法，起到了事半功倍的效果。成功且有效的公共危机管理必须是先发式的，而非反应式的。[②] 事前预防与减灾是城市公共安全管理的必然途径。

当前，我国现有的应急管理与风险防范机制仍然不够完善，在事前预防与减灾方面尚有很大的改善和进步空间。

其一，城市公共安全管理机制结构性失衡，“重应急，轻预防”的现

① 童星，陶鹏. 论我国应急管理机制的创新——基于源头治理、动态管理、应急处置相结合的理念［J］. 江海学刊，2013（2）：111－117.

② 张小明. 基于脆弱性分析的公共危机预防体系研究［J］. 北京行政学院学报，2013（4）：52－57.

状仍然存在。虽然“预防为主”已成为我国应急管理体系建设的基础理念，但在相关制度与技术设计层面仍缺乏足够关注，从而导致应急管理机制的结构性失衡。现代风险管理从经济理性转向风险理性的实践表明，在高风险社会中，需要改造并重塑传统风险管理手段，全面识别、沟通与评估风险，从而达成风险治理格局。当前，我国应急管理体系中的风险管理仍未完全摆脱管理主体单一、自上而下单向操作以及封闭运行的局面，尚未真正建起一套多主体、纵横交错、开放协作的网络，以实现风险共治的管理机制。

其二，事件发生地先期处置机制的实现存在能力困境，从而影响整体应急处置能力。先期处置机制在实际运作中往往只强调信息通报功能，对危机干预重视不够，这与基层应急处置能力欠缺有关。在应急资源和能力“头重脚轻”式的分配模式下，地方应急能力建设严重滞后。在危机初期，地方应急管理系统感知到各种应急需要，但难以满足救援需求。地方应急处置能力的不足严重影响了较大级别以上突发事件的响应处置工作。

其三，多元社会救灾机制缺乏创新，对现实社会发展特征缺乏整合。社会参与随着网络信息时代的到来而呈现出多元、松散、耦合的新特征，传统的政府包揽与应急主体多元化不相适应，难以在灾害危机发生之初就及时识别和吸纳救灾志愿者与相关组织。①

其四，过于强调管理的专业化和职能化，即条线式分工，它虽然符合现代组织精细分工的基本原则，但也容易形成条线分割和管理碎片化，在应对大型尤其是特大型城市的综合风险和灾害时表现出明显的不足。

其五，管理的顶层启动和垂直响应，这虽然有利于协调并整合多方资源，集中力量处置危机事件并快速恢复，但往往忽视不同层面的预防准备，且信息传递的阻滞效应还可能造成反应迟滞，延误处置最佳时机。无论是从成本还是绩效的角度出发，由后发处置型向风险防控型转变都是城

① 童星，陶鹏. 论我国应急管理机制的创新——基于源头治理、动态管理、应急处置相结合的理念［J］. 江海学刊，2013（2）：111－117.

市公共安全管理体系发展的必然选择。[①]

由此可见，源头防控工作仍任重而道远，仅仅依靠传统的政府力量难以有效解决问题。因此，加强基层治理、整合基层力量、动员社会参与就构成了一个可行而有力的路径和方法。

社会公共安全属于非排他性公共物品，存在着“搭便车”的可能，从而也需要由政府主导来开展供给，但是政府机构也存在着官僚主义、僵化守旧，甚至滥用权力的现象，往往会导致政府失灵，不能有效解决问题，严重情况下还会令政府自身成为麻烦的制造者。

在尝试解决问题的过程中，政府逐渐发现基层社区是可以很好地进行开发并利用的平台，在这里可以找到很多政府以外的各种资源，并且能够非常有效地开展风险预防、预警和第一时间响应。因此，围绕社区治理展开的城市基层安全风险管控模式逐渐成为政府的一条探索路径。

所谓基层治理，强调的是基层多元力量的有效整合。“治理”一词由全球治理委员会在 1995 年提出并推广，而治理理论则是以奥尔森和埃莉诺·奥斯特罗姆两位学者的理论为基础。一般认为，奥尔森的理论侧重“集体行动的困境”；埃莉诺·奥斯特罗姆则用案例证明集体行动是可能的，理性的行动者能够通过谈判和建立机制来实现合作。奥斯特罗姆“多中心治理”的精髓在于构建一种合作机制来有效分散利益和风险。她强调人的理性并不在于自利，而在于有达成合作的能力，她始终认为基层民众有原创力和自治能力，吸引民众参与公共治理，比依靠政府单方面的治理更理想。

基于奥斯特罗姆的理念，“治理”的第一步就是政府要放权和授权。借用奥斯本·盖布勒的话来说，就是“政府应掌舵，而不是划桨”。治理理论中最有影响力的理论是“善治”，善治是使公共利益最大化的过程，是国家与市民社会的一种新颖关系，是两者结合的最佳状态。我们可以认为善治由四大要素构成：公众得到安全保障，法律得到尊重；公共机构进

---

① 容志. 城市安全风险防控体系的理论建构：基于上海世博会的启示［J］. 上海大学学报（社会科学版），2012，29（3）：116－128.

行有效的行政管理；责任政府的全面实现；信息灵通，政治透明。俞可平在《治理与善治》一书的引论中曾写道："从全社会的范围看，善治离不开政府，但更离不开公众。从某个小范围的社群来看，可以没有政府统治，但是不能没有公共管理。善治有赖于公众自愿的合作和对权威的自觉认同，没有公众的积极参与和合作，至多只有善政，而不会有善治。所以，善治的基础与其说是在政府或国家，还不如说是在民间社会。"治理和善治理论告诉我们，单独的政府治理或社会治理都不是社会公共安全治理的最优方式，在应对公共安全问题时，最有效的对策是政府充分动员广大公众以及民间组织的资源，发挥其优势共同抵御突发事件，让公众积极有序地参与到公共安全风险防控当中，实现政府与社会的互动，促使我国公共安全治理的合法性、透明性、回应性以及责任性。①

除了相关理论的支持，推动城市安全风险防控重心朝着基层下移的重要动力还需要实践的具体推动。1989 年世界卫生组织在第一届事故与伤害预防大会上首次提出了"安全社区"的概念。一个安全社区必须拥有包括政府、卫生服务机构、志愿者组织、企业和个人共同参与的工作网络，网络中的各个组织紧密联系，充分运用各自的资源为社区安全服务。美国政府在"9·11"事件之后，为应对恐怖主义威胁，进一步推动建立了"防灾型社区"（Disaster Prevention Community）。而"防灾型社区"构建的关键在于建立社区伙伴关系，它更多地依靠来自民间的熟知社区环境特性的灾害救助团体。② 国内外的安全社区研究及实践表明，一定时期内的安全社区建设可以有效地降低伤害事故的发生率。

世界上率先开展安全社区建设的国家是瑞典，其尝试的伤害预防计划实施不到两年半即见成效：社区内交通伤害减少了 28%，家居伤害减少了 27%，工伤事故减少了 28%，学龄前儿童伤害减少了 45%。而相邻的未实施伤害预防计划的社区的上述伤害现象在同期并未减少。瑞典富兰

---

① 王莹，王义保. 社会公共安全治理中公众参与的模式与策略［J］. 城市发展研究，2015，22（2）：101－106.

② 金磊. 中国安全社区建设模式与综合减灾规划研究［J］. 城市规划，2006（10）：74－79.

(Fulan）地区在5个社区实施伤害预防项目5年后，医院门诊伤害病人比例下降了23%，因伤害住院者平均每年下降7.2%。瑞典的穆塔拉（Motala）实施安全社区计划后，5年内儿童的伤害个案下降了13%，工伤事故下降了50%。挪威的维兰德（Vaerlander）地区实施安全社区计划两年后伤害事件减少了29%，8年后则减少了58%。我国香港屯门社区在开展安全社区建设两年后，家居伤害减少了18%，儿童伤害减少了31%，社会治安案件减少了30%，火灾减少了47%，交通事故减少了32%。WHO社区安全促进合作中心在对全球安全社区进行综合分析之后认为，成功开展安全社区建设的社区，事故与伤害可减少30%~50%。对社区伤害预防项目的成本效益分析表明，较少的经济投入可获得可观的效益。据美国疾病控制中心（Centers for Disease Control and Prevention，CDC）的分析，对伤害预防的投入可以获得数倍或数十倍以上的收益。例如，在烟雾报警器上每投入1美元，可获得69美元收益；在防护头盔上每投入1美元，可获得29美元收益。①

从基层社会矛盾来看，当前我国依然处于重要的社会转型期，各种利益矛盾纷繁复杂，而这些矛盾几乎都是从基层开始引发，然后逐步升级扩大。基层社会矛盾纠纷需要正常的表达与理性的求解，利益博弈需要适当的途径和公平的环境。如果基层社会矛盾纠纷不断，而又不能得到及时地调解处理，公众对政府的公信力会产生怀疑和不满，政府部门行使的行政权力就不能得到拥护。这必然会导致干群关系紧张，甚至动摇基层政权。② 因此，加强基层治理也是化解社会矛盾以及防范社会风险的重要途径。

此外，相对于传统的“管理论”和“控权论”，现代行政强调的是一种新型的沟通关系，即政府与公民应当通过各种方式和途径形成利益的共存空间，彼此之间通过协商与合作达到“双赢”的目标。虽然在特殊情况下政府会选择采取较为极端的管控方式，如遭遇恐怖袭击之后的美国政

---

① 金磊. 中国安全社区建设模式与综合减灾规划研究［J］. 城市规划，2006（10）：74-79.

② 章荣君. “微治理”：基层社会矛盾源头预防的有效机制——基于常熟市H社区“微治理”的案例分析［J］. 理论与改革，2017（4）：51-58.

府，在一定时期内对社会采取了强势管控措施，但“政府法治论”的精髓在于追求政府与公民法律地位的平等，要求重视政府之外的社会力量，有效发挥非政府组织和公民参与的作用，坚持依靠群众、发动群众、群防群治、专群结合，通过“政府与公民关系平等化”筑起预防和遏制社会安全事件的“铜墙铁壁”，这既是以民为本、公私相济的“总体国家安全观”的题中之意，也是新时期“总体国家安全观”应具备的新鲜内容和亮丽特色。①

2016年7月，习近平总书记在中共中央政治局常务委员会上强调，要加强城市运行管理，增强安全风险意识，加强源头治理；要加强城乡安全风险辨识，全面开展城市风险点、危险源的普查，防止认不清、想不到、管不到等问题的发生。在党的十九大报告中，习近平总书记也强调了要坚持总体国家安全观，增强全党全国人民的国家安全意识，推动全社会形成维护国家安全的强大合力；同时指出，要打造共建、共治、共享的社会治理格局，加强社区治理体系建设，推动社会治理重心向基层下移，发挥社会组织的作用，实现政府治理和社会调节、居民自治的良性互动。习近平总书记强调，党的工作最坚实的力量支撑在基层，经济社会发展和民生最突出的矛盾和问题也在基层，必须把抓基层、打基础作为长远之计和固本之策。

通过系统性的观察可以发现，从城市发展的内生型问题及其解决路径，到相关理论与实践的长期摸索和沉淀，再到当前中央对社会治理工作的重要战略思考及部署，在城市安全风险管理中，强调源头防控与基层治理已成为必须坚守的重要指导思想与工作路径。

第二节　基层治理的实践价值

城市风险治理的关键在于源头防控，而源头防控的有效实现路径则是良好的基层治理。已经有相当多的基层治理探索实践，展现出对城市风险

---

① 杨海坤，马迅. 总体国家安全观下的应急法治新视野——以社会安全事件为视角[J]. 行政法学研究，2014（4）：121-130.

防控的有效性，证明了基层治理对于城市风险防控的重要意义，更为制度化的基层治理路径提供了可贵的现实参考与模式选择。

一、常态化风险管理中的基层实践

城市运行过程中蕴藏着无数风险，其无处不在，随时都有可能发生，因而对城市运行风险的防控也应当是常态化的，必须时刻关注可能发生的安全问题。在城市常态化风险防控的基层治理实践中，“枫桥经验”是较有代表性的成功案例。

（一）“枫桥经验”及其推广

20 世纪 60 年代初，浙江省绍兴市诸暨县枫桥镇干部群众创造了“发动和依靠群众，坚持矛盾不上交，就地解决，实现捕人少，治安好”的“枫桥经验”。为此，1963 年毛泽东同志就曾亲笔批示，要各地仿效，经过试点，推广去做。“枫桥经验”由此成为全国政法战线一个脍炙人口的典型。之后，“枫桥经验”得到不断发展，形成了具有鲜明时代特色的“党政动手，依靠群众，预防纠纷，化解矛盾，维护稳定，促进发展”的枫桥新经验，成为新时期把党的群众路线坚持好、贯彻好的典范。

2003 年 11 月，时任浙江省委书记的习近平同志在纪念毛泽东同志批示“枫桥经验”40 周年大会上明确提出，要牢固树立“发展是硬道理、稳定是硬任务”的政治意识，充分珍惜“枫桥经验”，大力推广“枫桥经验”，不断创新“枫桥经验”，切实维护社会稳定。2013 年 10 月，习近平就坚持和发展“枫桥经验”作出重要指示，强调各级党委和政府要充分认识“枫桥经验”的重大意义，发扬优良作风，适应时代要求，创新群众工作方法，善于运用法治思维和法治方式解决涉及群众切身利益的矛盾和问题，把“枫桥经验”坚持好、发展好，把党的群众路线坚持好、贯彻好。习近平指出，50 年前浙江枫桥干部群众创造了“依靠群众就地化解矛盾”的“枫桥经验”，并根据形势变化不断赋予其新的内涵，成为全国政法综治战线的一面旗帜。浙江省各级党委和政府高度重视学习推广“枫桥经验”，紧紧扣住做好群众工作这条主线，为经济社会发展提供了重要保障。①

2018 年 1 月，中央政法工作会议要求以总结推广新时代“枫桥经验”为契机，提升城乡基层社会治理现代化水平。会议要求对新时代“枫桥经验”进行总结、提炼，推动其由促进乡村治理体系建设向促进城镇、社区治理体系建设延伸，推动形成共建共治共享的社会治理新格局，创新城乡基层社会治理新模式，构建社会矛盾风险综合防控新体系。

2019 年 3 月，国务院《政府工作报告》中强调，要加强和创新社会治理，推动社会治理重心向基层下移，推广促进社会和谐的“枫桥经验”，构建城乡社区治理新格局。全国公安机关开展创建“枫桥式公安派出所”活动，推动完善社会治理机制，进一步打造共建共治共享的社会治安治理格局和建设更高水平的平安中国，这对化解风险隐患、增强基层基础、密切警民关系、巩固基层政权具有重要意义。

“枫桥经验”包含众多内容。首先，利用调解化解基层矛盾。枫桥在各居委会、村，甚至在一些重点企业都建立了相应的调解组织。近年共成功调处民间纠纷 1 000 多起，调处成功率达 97. 2%，其中 80%的纠纷在村一级就得到了解决。其次，帮扶刑满释放人员。枫桥在健全普法工作网络的基础上，每年投入 20 多万元用于法制宣传教育，并对曾经有过违法行为的人员，坚持“不推一把拉一把，不帮一时帮一世”的原则，200 多名刑满释放人员中，绝大部分人已成为自食其力的劳动者，改好率达 99. 15%，有的人成了致富能手，有的人还入了党，当上了村干部。最后，外来务工人员管理新模式。随着经济的发展，枫桥镇还针对外来务工人员推出新的管理模式，统一为外来员工解决住房和子女入学等问题，每年还评比“十佳外来优秀青年”，授予中高级人才以“荣誉镇民”的称号。

“枫桥经验”中也有着社会组织的影子。据统计，浙江省诸暨市现有登记注册的社会组织 728 家，其中枫桥镇现有镇级社会组织 46 家，占全市总数的 6. 3%。如果将乡村的治安保卫委员会、夜间巡视队、义务消防

① 学习“枫桥经验”［EB/OL］.（2018 - 8 - 22）［2020 - 1 - 21］. https：//www.sohu. com/a/249478247_100014762.

队等草根性团体计算在内，这个数字将会更大。社会组织活动的范围涉及社会调解、公益事业、民生建设、环境保护等。总体上，枫桥镇的社会组织分为自发形成的社会组织和外力推动成立的社会组织，两者的运作特点和比较优势各不相同。

第一，社会组织的发展已初具规模，产生了“红枫义警”、“枫桥大妈”志愿组织、乡贤参事会等若干具有影响力的社会组织。其中，“红枫义警”是一群有志于平安枫桥建设的公众志愿者形成的组织，主要开展法制宣传、安防教育、文明劝导等活动。“枫桥大妈”志愿组织是由一批中年妇女组成，她们聚集在一起发挥所长，主要开展反赌禁毒、邻里互助、劝和劝善、爱心红娘等工作。乡贤参事会利用枫桥镇作为诸暨市乡贤文化传统延续的基地，凝聚乡贤力量，助力乡村治理现代化。其发展的不足在于，多数社会组织仍然是自上而下推动成立的，行政化倾向突出，社会基础并不牢固，自身活力不够，缺乏自身规划和项目运作的能力。

第二，调解类社会组织是其中最为重要也是最具特色的类型，产生了老杨调解中心、调解志愿者协会等一批调解品牌，以及一批金牌调解员。人民调解通过与行政调解和司法调解的有机结合，取得了较好的效果。动员乡村的贤达和能人参与人民调解，这些方式在取得较好效果的同时，也面临着深刻的挑战。在市场化改革进程中，乡村社会的传统因素在逐渐弱化，通过调解以达成“和解”的社会文化基础日渐式微。与此同时，人民调解也面临着过度行政化和专业化不足的挑战。

第三，社会组织参与和人民群众参与结合，但两者之间尚未实现很好的协同。除了社会组织参与外，枫桥镇通过发动和依靠群众开展群防群治，人民群众以调解员、平安志愿者、综治信息员、义务巡视队员等身份参与到当地社会管理之中。据调研，参与的群众超过枫桥镇总人口的10%。①

现代治理理念强调多元主体的共同参与和管理，强调政府与社会的互动，党的十九大报告中指出，要“加强社区治理体系建设，推动社会治理

① 赵挺.“枫桥经验”中的社会组织参与［J］. 中国社会组织，2019（7）：53.

重心向基层下移，发挥社会组织作用，实现政府治理和社会调节、居民自治良性互动”。而“枫桥经验”的核心内涵之一就是发动和依靠群众，调动社会各方面力量参与共治，是多元主体共治的一种基层治理模式。

“枫桥经验”虽源于浙江诸暨市，但其治理理念、模式、机制、技术手段具有共通性。广州市公安局越秀分局华乐派出所辖区有一支近 600 人的平安互助志愿者队伍活跃在各个小区。这支队伍的名字为“乐叔乐婶”，是华乐派出所创新社会治理的一个有效抓手。从 2015 年开始，华乐派出所开始探索“平安建设+志愿者”的新型群防群治模式，并于 2017 年将由退休老党员等群体组成的平安互助志愿者队伍命名为“乐叔乐婶”，构建起“巡逻守点支援服务+邻里互助情况互通支援服务+华乐达人志愿服务”的共建共治共享综合治理模式。云南省保山市公安局不断深化创建“枫桥式公安派出所”，融合基层单元、群众参与社会治理，探索推出“基层党建+社区警务+N”社会治理新模式，以“小创新”促进“大平安”。四川省内江市公安局东兴分局积极探索自治、法治、德治相结合的基层社会治理模式，拓展矛盾纠纷化解新途径，切实把风险隐患化解在起始。他们先后组织民警深入一线，走访数千家企业和农户，协调解决基层重大困难。按照“属地管理”“谁主管、谁负责”和“分级管理、归口调处”的原则，东兴分局协调企业周边乡镇党委政府、村社组织联动调处，逐步形成部门联动、齐抓共管的矛盾纠纷化解工作格局。大力推进社区警务和网格化管理大融合，实行“一村一警制”和“1+2+2+N”（1 名民警、2 名辅警、2 名网格员、多名巡防员）的网格警务工作模式，实现“人到网格去、事在网格办”。①

可见，“枫桥经验”作为基层治理的有效模式，具有重要的实践价值和现实推广意义，其对于风险防控与公共安全管理具有突出成效。而在推广与继承的过程中，“枫桥经验”也得到了诸多的延伸、发展与创新。从乡村“枫桥经验”衍生出城镇社区“枫桥经验”、海上“枫桥经验”、网

① 各地公安机关坚持和发展新时代“枫桥经验”硕果累累［EB/OL］.（2019－7－15）［2020－1－21］. https：//article. xuexi. cn/articles/index. html?art_ id＝18076192377228445981&study_ style_ id＝feeds_ default&showmenu＝false&source＝share&share_ to＝wx_ single.

上“枫桥经验”，从社会治安领域扩展到经济、政治、文化、社会、生态等领域。

随着社会经济的发展，为了顺应社会治理的需要与科技发展的潮流，新时代“枫桥经验”需要进一步丰富其内涵，努力构建基层社会善治新体系，把预测预警预防作为根本任务，努力打造安全风险防控新模式。

信息技术的发展极大地改变了人类的生产与生活方式，对社会治理提出了新挑战新要求，同时也为其提供了更为便捷有效的技术手段，借助互联网等信息技术丰富发展“枫桥经验”是创新基层治理的必然要求。2018年1月中央政法工作会议强调要总结推广网上“枫桥经验”，推动社情民意在网上了解、矛盾纠纷在网上解决、正面能量在网上聚合，努力使社会治理从单向管理向双向互动、线下向线上线下融合、单纯部门监管向社会协同转变。创新和发展“枫桥经验”，要充分利用信息化平台，集中群众的意见、建议、智慧，同时发挥信息技术高效化、智能化和便利性的优势，实现各部门信息互联互通、资源整合共享、工作协调联动。需要指出的是，互联网、大数据等只是创新基层社会治理的一种手段和方式，在借助互联网等信息技术助推“枫桥经验”创新发展的同时，必须服务于人的工作，调动群众、社会组织等多方真正地参与其中。[①]

（二）基层安全防控的多元实践

1. 社区警务与“邻里守望”

社区警务（Community Policing）是西方第四次警务革命的核心，它是指存在于警方和社区之间的一种相互作用的过程。警察以社区为其工作基点，参与社区生活，社区公民则通过一定的方式，参与社会治安工作。[②]其中，“邻里守望”是西方社区警务模式的重要内容之一，它是指居民在自愿的基础上组成非正式组织，互相帮助，共同预防犯罪以改进治安状况

---

① 55年，“枫桥经验”的变与不变［EB/OL］.（2018－11－16）［2020－2－21］. https://www.henandaily.cn/content/xxi/lxyz/2018/1116/132849.html.

② 熊一新. 中外社区警务之比较［J］. 公安大学学报（社会科学版），1999（1）：3－5.

的一种犯罪预防方式。例如，英国的邻里守望计划，其核心理念是邻里之间彼此了解，守望相助，监视报告嫌疑情况，成为警察的“眼睛”和“耳朵”。其邻里守望制度在设立一名地方联络员的基础上，由社区内居民选派代表，协调联络员与居民的工作。他们定期召开会议，编印邻里新闻报，张贴邻里守望标志牌，树立邻里守望路标，宣传邻里守望制。① 中华人民共和国成立后，为了加强犯罪预防工作，公安机关指导社区、农村等地建立治安联防制度，其充分发动并依靠群众，在群众中选拔合格人员组成治安联防队，可以被看作具有中国特色的邻里守望制度。②

2. 永州市公安机关“蓝背心”工程

永州市公安机关号召出租车、公交车司机踊跃加入公共安全管理，建立微信公众号，组建“蓝背心”志愿者微信群，通过组织“随手拍、及时报”等活动，充分挖掘他们参与安全管理的积极性，充分发挥出租车、公交车司机在职业上特有的流动性大、接触面广等优势，一方面可以宣传相关政策法规，另一方面也能够及时了解社情民意，发现影响治安稳定的人、事、物，有效地协助公安机关加强社会治安风险防控管理。

3. “朝阳群众”

“朝阳群众”是指北京市朝阳区积极参与社会治安风险防控管理的热心市民，他们曾参与破获多起明星吸毒等大案、要案，北京警方的官方微博“平安北京”曾对“朝阳群众”做过如此评价：“朝阳群众很神秘，因为警方会保护举报人的隐私，因此就不要刨根问底了；朝阳群众很可爱，因为他们疾恶如仇，耳聪目明；警方工作离不开大家的支持和配合，不论是案件线索收集，还是交通、消防、治安隐患排查，大家都可以来做朝阳群众。”从“大家都可以来做朝阳群众”可见，神秘的“朝阳群众”其实就是由广大市民组成的一支群防群治队伍，其指向的群体具有非特定性和模糊性，他们可能是路边的摊贩、小区保安，也可能是社区退休的大爷大

---

① 刘晓梅. 20 世纪 90 年代以来英国犯罪预防理论与实践［J］. 犯罪研究，2009（6）：74－78，80.

② 郑荣哲. 被害预防中邻里守望制度浅析［J］. 江西公安专科学校学报，2008（5）：43－45.

妈。“朝阳群众”之所以拥有鲜活的生命力与广泛的影响力，正是由于其立足基层，整合了广泛而有力的基层力量。

4.“西城大妈”

与“朝阳群众”类似，“西城大妈”是北京市西城区的一支群防群治力量，超过七成的成员都是58岁到65岁之间的年长女性，被亲切地称为“西城大妈”，人数已将近十万。其中绝大多数是实名注册的治安志愿者，其余的则包括了小区里的部分停车员、巡防队员、单位保安、临街商铺店员，甚至是保洁员。

仅西城区广内街道核桃园社区，就有大大小小70余家店铺的店主都已被发展为志愿者群体的一员，他们戴着红袖标，在日常生活工作中参与到公共安全管理中来。临街商铺店员能够一面照看生意，一面注意打量周边环境、防范可疑人员。临街商铺的地理位置决定了其人口流动性极高，临街商铺店员加入公共安全管理既是其公共精神的体现，也是对自身安全的保障。同时，这些临街商铺的店员有相当一部分属于流动人口，将其吸纳为公共安全的供给者，有利于加强对流动人口的管理与服务。还有相当一部分民众利用业余时间参与到安全管理的实践中，这一类基层力量的数量众多，社会影响广泛。例如，社区内的离退休居民，他们具有较多空闲时间，且一般在社区中生活时间较长，对社区状况较为熟悉，所以能够更为敏锐地发现社区中的异常情况。同时，离退休居民的社会经验一般都比较丰富，对于各种情况的处理能力也相对较强。

5.“海淀网友”

海淀区委区政府打造了“海淀网友”互动平台，平台设有线索举报、精彩时刻、网友说吧、精彩活动、小薇说事、个人中心等六大栏目，网友可以通过这一平台向海淀警方即时提供犯罪线索。海淀区高校云集，在前几年的数据统计中，近60所高校中的在校大学生人数占全市的一半以上，再加上中关村科技园区和海淀新区科技创新中心两大创新园区中接触网络的白领，海淀网友的人数可以说是北京最多的。海淀网友的活跃度也非常高，他们可以通过发布文字、照片或视频等方式，在线举报疑似违法犯罪的线索，并通过相关平台与警方实时沟通。

上述基层安全风险防控力量仅仅是中国众多城市基层安全治理队伍的一个缩影或代表，他们来自基层，绝大多数参与者都是出于自愿，义务加入城市公共安全治理，通过基层政府或其他形式的有效组织，组成一支特殊的城市安全维护力量。

二、非常态管理中的基层安全防控

除了日常的常态化城市基层风险防控，在一些特殊的时间节点及事件过程中，针对可能发生的城市安全风险，则需要运用有针对性的手段与方法。例如，在奥运会、世博会等大型活动期间，城市运行风险成倍增加，极大地加重了城市安全运行的压力，风险防控与基层治理的重要性及困难性也随之提升，由此就要动用非常态管控手段。其中，上海世博会期间的城市基层风险防控实践格外引人注目。

上海世博会作为第一次在发展中国家举办的注册类世博会，有 190 个国家、56 个国际组织参展，是参展方和参与人数最多的一届世博会。现代化国际大都市为世博会提供了诸多便利和重要支撑，但同时也带来了许多安全上的重大挑战。上海世博会具有以下四项特点。

第一，时间长，客流量大。上海世博会持续时间长达 184 天，入园人次突破 7 300 万，日均 40 万，极端高峰值突破 103 万。如果加上提前 15 天开始和推迟 15 天结束的安保时间，则整个世博会安全管理的战时状态总共持续了 214 天。这是中华人民共和国成立以来举办的时间最长、参与人数最多的世界性盛会。

第二，规格高，安保任务重。世博园每天都有国家馆日活动及 100 多场庆典演出，各国首脑、政府要员及文体明星等中外贵宾纷至沓来，最多一天安保部有 68 批警卫任务。

第三，影响全局，稳控面大。5.28 平方千米的世博园区横跨黄浦江的两岸，处于城市的中心区域，地形地势较为复杂。一方面，世博会的大客流为城市的公交、轨道交通运输带来前所未有的压力，对航空、火车、轮渡等交通枢纽产生重要影响，增加了住宿、旅游、卫生、餐饮等各个方面的接待量和压力，增加了城市公共安全管理的难度。另一方面，世博会的成功举办也需要安全、祥和、有序的社会环境和人文环境，需要全体市民的积极配合和社会各方面的整体防控，这无疑需要一场广泛的社会动员。

第四，面临境内外敌对势力和分裂主义分子的严峻威胁。世博会的安全管理范围不仅仅局限于园区之内，而是涉及整个上海行政区划。要有效保证这个区域内的公共安全，仅靠应急管理是远远不够的，需要从风险防控的角度做到预防在先、防患未然。①

值得关注的是，对于世博会这类大型公共活动，安全保障工作并不仅仅是属地基层政府或者某一个政府部门的责任，其风险防控工作需要更大范围和更多部门的联动与合作。而由于世博会这样大型公共活动的安全管理工作往往涉及相当广泛的区域与范围，单纯依靠政府的力量是难以做到面面俱到、不出错漏的，风险防控与维护公共安全的工作也需要多元主体参与，需要依靠群众和社会组织的力量。而且，公众参与风险防控与公共安全治理既是权利也是义务，我国相关法律法规对此做了规定。在大型公共活动中，公众还负有积极配合、协助政府部门维护公共安全的义务。政府主管部门在依法安置安全检查或防范设施，查明并排除安全隐患，查清并处理安全事故，阻止安全危险的发生时，可以依法要求公众配合或协助，公众应当依法积极配合或协助。②

在上海世博会的安全管理与风险防控实践中，多元主体参与的基层治理实践格外引人注目。上海各级政府为世博会开展了充分的组织和动员工作，从市到区（县）、街镇，坚持“条块结合、以块为主”的原则，对世博期间的卫生、消防、工程、社会治安等工作进行了全面部署和责任定位。上海还通过目标责任制、政府绩效考核等方式督促各级政府高度重视城市安全工作，从源头化解社会矛盾，防控社会安全风险。③

---

① 容志. 风险防控视阈下的城市公共安全管理体系构建——基于上海世博会的实证分析［J］. 理论月刊，2012（4）：147－151.

② 叶必丰. 大型公共活动中政府维护公共安全职责的履行［J］. 上海交通大学学报（哲学社会科学版），2008（2）：5－12.

③ 容志. 风险防控视阈下的城市公共安全管理体系构建——基于上海世博会的实证分析［J］. 理论月刊，2012（4）：147－151.

世博会前，上海社会治安综合治理委员会办公室按照“专群结合、以专带群、群防群治”的工作方针，有步骤地开展上海平安志愿者队伍的招募、组织和管理工作。据统计，全市共招募平安志愿者80余万人，形成了“政府推动、多方参与、群策群力、齐抓共管”的工作格局。看起来，这些志愿者在社区中往往关注防火防盗、社会治安、邻里守望、互帮互助等简单、具体的琐碎小事，但实际上，社区志愿者既能及时发现社区安全隐患，也能构建安全城市的“大网”，为世博会期间社会的“平安、祥和”提供了基层保障，是社会层面公共安全管理的重要力量。志愿型组织主要是由政府组织的、市民参与的、专业与非专业结合的志愿组织。正如世博会中的“平安志愿者”队伍，这些志愿组织能够参与全社会应急管理知识的普及、教育，担负日常社会事务管理、社会面防控、信息沟通和突发事件配合救援等任务，还能承担具有一定专业性的应急处理任务，如社区医生参与的志愿者队伍。①

在世博会的消防保障方面，为了能够及时发现和消除火灾隐患，将相关风险控制在源头，上海强调各级政府“守土有责、守土尽责”，分片包干，由各区县政府牵头组织相关部门、各街镇以及居（村）委会等基层组织，对全市各单位尤其是人员密集场所、易燃易爆单位、高层建筑、地下空间、“城中村”等重点场所、重点目标进行一次“全覆盖”的消防安全普查。社会单位逐一签订消防安全责任书，明确社会单位消防安全义务、责任及违法后的处罚条款，实行消防安全群防群治，着力解决全薄弱环节，确保无一遗漏、万无一失。在集中宣传贯彻《上海市消防条例》的同时，广泛宣传消防安全、应急救援等知识，动员全社会积极参与到“平安办博”的活动中去，使预防重特大火灾的防线从世博园区开始，向消防安全重点单位、社区、企业、学校和农村广泛延伸，全面构筑“无缝隙覆盖式”社会消防安全防控网络。对重大火灾隐患，各区县政府层层压担子，逐级抓落实，确保消防管理和隐患整治工作横向到边、

① 容志. 城市安全风险防控体系的理论建构：基于上海世博会的启示［J］. 上海大学学报（社会科学版），2012，29（3）：116－128.

纵向到底。①

世博会虽然在上海召开，但其安全保障与风险防控工作却不仅仅局限于上海地区，浙江、江苏等周边省市也都严阵以待，展开了一系列安全保障工作。浙江嘉兴公安机关充分认识到，面对世博会安保的艰巨任务，只有充分相信群众、依靠群众、发动群众、组织群众，群策群力、群防群治，才能切实筑牢“护城河”防线，有效维护嘉兴的治安稳定。世博会安保工作运行前夕，嘉兴市委、市政府就隆重举行了世博会“环沪护城河”安保工作万人誓师大会，动员社会各界紧密团结起来共同投入世博会安保工作。采取市、县两级联动的方式，组织开展了“万员巡防保平安”“万人志愿护世博”“万点排摸治隐患”“万企职工迎世博”“万户家庭促和谐”等活动。嘉兴市公安局与综治部门、团委等合作，在全市招募了20万名平安世博志愿者，嘉善、平湖两地还广泛动员机关干部、预备役民兵、治安积极分子等群防群治力量，对47条入沪无名道口实行24小时轮流巡防值守工作，协助检查车辆、盘查人员、提供便民服务、排除隐患等，以群防群治的巨大力量，构筑起维护本地安全稳定的坚固防线。②

总体而言，城市安全风险基层防控的实践价值就在于突破了传统政府单一力量的管理模式，将管理的重心下沉到城市基层社区，并且充分发动和组织多元社会力量作为城市安全风险防控的共同主体，实现的是整体性治理意义上的多元共治。虽然在实践过程中依然体现了政府主导，但是从社会资源整合的最佳推进力量来看，政府也具有天然的主导优势。其中的关键问题不是谁来主导，在城市公共安全治理问题上，城市空间的所有主体都有着共同的追求安全的利益需要，因此，谁来推动这项工作能够更好地实现城市安全的目标，其他力量就应该围绕在其周围，形成利益共同体。多年来的基层实践经验及效果证明，在城市安全风险防控的路径选择上，将着眼点下移到基层无疑是正确的。

---

① 沈骏. 让世博华章更精彩 上海举全市之力做好世博年消防工作［J］. 新安全 东方消防，2010（5）：1－2.

② 梁群. 世博安保对现代警务工作发展的启示［J］. 公安学刊（浙江警察学院学报），2010（6）：10－12.

第三节　基层治理的实现路径

虽然城市安全风险防控的基层治理路线取得了巨大成功，但在推进过程中仍面临许多问题，较为突出的包括政府主导性过强、社会参与积极性仍有待提升，以及人口流动性高导致难以参与等问题。

首先，政府自上而下的行政主导干预过多。当前，绝大多数基层安全风险防控力量都是通过政府有计划有组织的方式建立的。国内的安全社区建设与评比参考了国际安全社区的很多内容，要求基层执行很多规定动作，对志愿者的组织管理成为某种考核指标，基层往往为了达到一定的规模效应，而从形式上做了很多工作。虽然美国 FEMA 也通过政府设立项目在全国推行，几乎所有社区都统一执行具有恢复能力的减灾社区建设项目，但是其在动员社会力量参与方面，行政干预性明显要弱于中国。

其次，志愿者群体正在发生变化，动员难度加大。在深入社区调研过程中，我们不断遇到社区干部发出感叹："现在社区志愿者越来越难发动，都是退休多年且年纪偏大的人在做，年轻人很少愿意参加，将来'70 后''80 后'退休后估计就没人愿意做了。"

在实地走访中也可以发现，当前都是年纪很大的退休人员佩戴红袖章在社区巡查。他们工作分为两个基本时段：上午 9 点钟左右开始，这时年轻人多数都已上班，他们在小区内巡查到 11 点钟收工，然后回家准备午饭并且午休；下午 2 点钟至 4 点钟又是一个巡查时段，然后收工去接孙辈放学或回家准备晚餐。有的社区，每位志愿者一周会轮值一天。担任这类执勤工作的志愿者，每到特殊节日或在每个季度，社区都会为其颁发一定的礼物，如食用油、厨卫洗涤用品等。在很多老旧小区，住户中老年人的比例较高，志愿者多为年纪较大的退休群体，相对而言志愿者的动员工作较为容易；而在那些新的高档小区，以中青年住户为主，往往就很难找寻到足够数量的志愿者，相应他们的物业安保力量也要明显优于老旧小区。因此，市场化手段将逐渐成为部分社区的基层安全管理主体力量。

最后，城市的很多区域人口流动性过大，难以形成有效的基层动员和参与。这类地区主要是城市的房租低洼地带，以及交通相对便利的城市郊区。很多城市中都存在城市化过程中的“城乡接合部”，这些地区往往存在很多老旧房屋，通常会以较低价格吸引大量外来底层社会务工者，甚至不少刚入职场的年轻白领也会选择在此区域进行一段时间的过渡。这类区域外来人口与本地户籍人口通常形成严重倒挂，个别严重的，外来人口甚至达到本地人口的两倍。这些人员的流动性非常大，部分是晚上在此居住，白天则在城市中心区域工作，形成典型的昼夜潮汐现象；部分则是短期借住，例如，新来城市的人员，暂时落脚一段时间找工作，待找到工作有了初步积累后，再对城市有了进一步的了解，就有可能跳槽到更高薪的工作并迁往其他地区居住。上海就有多个郊区城乡接合部呈现出此类人口结构特征。这种情况给城市基层安全治理本身带来一定的风险，同时从基层安全防控力量的发动组织角度而言，这类外来群体非常难以形成基层安全风险管控的参与主体，他们的高度流动性本身就是最大的障碍。

为了有效推进城市基层安全风险防控体系建设，提升基层安全治理水平，城市政府也需要开动脑筋，从多方面入手，寻找有效的发展路径。

一、激活与培育社会资本

转变公共安全供给模式，培育社会资本，发展社会参与，是实现公共安全公共治理的有效途径。政府习惯性的管制型公共安全供给模式已经显露出了严重的问题，同时也揭示了寻找新的模式应对现实矛盾的必要性。通过培育社会资本，塑造人与人之间的参与、互惠、信任以及约束关系，从而构建一种外在于政府的社会内在制约关系。这种社会资本关系可以有效地动员社会力量和整合社会资源，并从根本上缓解基层社会的张力和矛盾，从而实现社会的安全稳定。政府应有意识地引导这种社会资本的发展并与之加强合作，最终实现公共治理型的公共安全供给模式。①

1. 重视城市空间的社会资本

社会资本的概念由美国社会学家格伦·卡特曼·洛瑞（Glenn Cartman

---

① 刘晓亮. 快速城市化地区公共安全问题研究——以上海市 S 镇为例［J］. 城市发展研究，2013，20（11）：107－111，118.

Loury）率先提出[①]，并由法国社会学家布尔迪厄进行了最早的详细阐述。布尔迪厄认为，社会资本是现实或潜在的资源的集合，这些资源与拥有或多或少制度化的共同熟识和认可的关系网络有关，换言之，与一个群体中的成员身份有关。它从集体拥有的角度为每个成员提供支持，在这个词汇的多种意义上，它是为其成员提供获得信用的“信用状”。在其定义中，社会资本是一个资源集合体，并且个体与个体之间的社会资本存在着交叉。除此之外，林南认为社会资本可以被操作化地定义为行动者在行动中获取和使用的嵌入社会网络中的资源。[②] 福山指出，社会资本是一种有助于两个或更多个体之间相互合作、可用事例说明的非正式规范。[③] 波茨则将社会资本定义为个人通过他们的成员资格在网络中或者在更宽泛的社会结构中获取短缺资源的能力，并提出社会资本是嵌入的结果。[④] 这些解释从不同角度对社会资本的内涵进行了有效提炼。

根据上述理解推论，城市空间蕴藏着非常丰富的社会资本资源。作为人口、生产和生活高度集中且紧密相关的城市系统，要想顺利运转，不仅要靠强大而完善的行政体系，还需要各种社会资本关系的有效支撑。社会资本虽不具备行政制度规范的强制约束力，但却能够发挥柔性的规制影响作用。在社会正常运行过程中，组织与个体时刻都在进行着各种方式的交往，社会资本关系就隐藏在这些行动的背后，对资源传递和分配发挥着影响，表现为一种隐性的社会基础存在。从社会发展的角度探究，某种意义上，社会资本关系伴随着人类社会的产生而同步出现，在重要性上，它是维护人类社会正常运转的必备基础因素。更进一步地讲，行政体系也是一种社会资本形态，行政系统内的人员比外部人员拥有更多的行政资源（行政资本）。

迄今为止，各种研究中提到的社会资本形式林林总总，概括起来主要

---

① 李惠斌，杨雪冬. 社会资本与社会发展［M］. 北京：社会科学文献出版社，2000.

② ［美］林南. 社会资本：关于社会结构与行动的理论［M］. 张磊，译. 上海：上海人民出版社，2005.

③ 曹荣湘. 走出囚徒困境——社会资本与制度分析［M］. 上海：上海三联出版社，2003.

④ 黄锐，欧阳东. 社会资本理论的演进与争议［J］. 商业时代，2009（2）：4－6.

有五种：共享的隐含知识、信任与信誉、人际关系、社会网络以及合作的规范（规则、程序）。[①] 从划分上看，城市空间的社会资本亦难以逾越上述五种主要形式，但在特性上却具有两个显著方面：一是其与资源的紧密联系，二是它的结构与城市系统完全嵌合。城市资源高度汇聚，同时又处在有序分配的状态，维持这种平衡的重要条件之一就是社会资本的内在调节。社会资本意味着社会资源，两者在很大程度上具有等同性。任何离开社会资本支持的个体在城市中都难以生存，只有依附于一定的社会资本体系，才能获得其输送的资源。从而我们可以看到，在农村尚可勉强实现最基本的自我循环式家庭生活方式的同时，生活在城市中的个体则都必须加入各种形态的社会组织，通过学习、工作、交往，以获取更多的社会资本资源来维持生计。通过比较，那些拥有更多社会资本的个体，往往会获得更大的社会活动空间，因为他们也是更多资源的拥有者。至于城市社会资本的结构，由于个体总要归属于一定的社会组织，同时又在努力拓宽其生存空间，势必会推动社会资本间的交往。城市空间中的各种社会资本已经交织成一个纵横交错的网状结构。该结构中，节点是个体及其携带的资源，处在节点之间起连接作用的则是个体及组织之间的信任、认同与规范。个体在不同组织关系中扮演不同的角色，携带着不同的资源，形成交互渗透的关系格局，使社会资本的网络结构得以贯通城市空间的每一个微小部分。正是基于上述原因，城市社会资本体系甚至能够在脱离行政系统的支持之后，依然有条件对资源进行基本的分配、调节和运用，维持最低限度的社会运行。

2. 社会资本之于城市安全的内在价值

作为一种隐性的客观存在，社会资本已经完全嵌入城市社会结构当中，若对其加以工具性开发和利用，社会资本将会对城市公共安全治理产生重要的积极影响。

首先，社会资本可以提高社会的组织化程度，推动城市有序运行。社会资本具有资本性与社会性两重属性。资本属性意味着它能够为投资者带

---

① 程民选. 论社会资本的性质与类型［J］. 学术月刊，2007（10）：62－68.

来回报，关乎个人利益；社会属性则意味着一定程度的相互关系和共同身份，涉及人与人之间的互动和集体行动，除了影响投资者自身利益以外，还将影响他人的收益。生活在城市中的个体有着更强的外部依赖性，分工协作是城市正常秩序的内在要求，而这正符合社会资本的两重属性。为了维持生存与发展，城市中的千万个体选择加入某些社会资本单元，在这一过程中，社会随之分化出各种组织形式。对组织而言，为维持生存并向成员提供资源庇护，在协调内部关系的过程中生成了内部规范和约束机制。外部也同样如此，组织（社会资本单元）作为组织层面的个体，也必须融入整个城市社会空间才能获得更好的发展，而维系城市空间的稳定存在也会催生出更高层级的制度规范。可以说，整个城市社会生态都建立在社会资本关系的逻辑框架基础之上，城市的平稳有序运行离不开社会资本关系良性功能的发挥。

其次，通过社会资本关系的内部改造，城市更增添了多重安全保障。①社会资本关系良好的社区，居民之间有着普遍的认同感与信任感，能够形成被大家有效遵守的社区规范。信任感和认同感能有效防止居民关系恶化，并减少由此可能导致的社区暴力事件。Halpern（哈勃恩）在分析了“芝加哥社区人文发展项目”（Project on Human Development in Chicago Neighborhoods）的调查数据之后发现，人与人之间的相互信任和邻里间的利他行为是解释社区之间犯罪率差别的关键因素。[①] 与此同时，规范对个人行动也起着重要的约束作用，有效的规范能够保证妇女夜间放心地在街上行走，保障公寓中孤身老人的人身安全，可以有效地制约违法犯罪行为的产生。[②] ②良好的社会资本关系增进社区居民的交往，客观上形成邻里守望。社会资本关系的形成离不开交往，良性社会资本关系意味着频繁的交往和认同感与信任感的提升。这一过程在现实中往往表现为居民积极参加社区活动，相互间更加熟悉和亲密。而在这样一个人与环境高度熟悉的

① Halpern D. Moral Values, Social Trust and Inequality — Can Values Exp lain Crime [J]. British Journal Criminology, 2001 (41): 236 – 251.

② ［美］詹姆斯·S. 科尔曼. 社会理论的基础［M］. 邓方，译. 北京：社会科学文献出版社，1999.

状态下，任何微小的改变都可能引起关注，并迅速在社区中获得回应，这在某种意义上就是邻里守望。该过程在无形中编织起一张人数多、范围广、密度高、警惕性强的社区安全防护网络，有效提升了社区的安全防范能力。③ 社会资本的资源整合，为社区提供更强的风险防范应对能力。美国等西方国家在其社区可持续发展计划中，非常重视社区社会资本建设。他们会统计每个人的专业特长，并将其组织起来，形成社区应对灾害的社会资本力量。西方的实践证明，这样的社会资本建设和利用，为社区安全构建了另一层有效屏障。

最后，以社会资本弥补城市安全管理的模块缺失，提升安全治理功效并减轻政府压力。城市安全管理包含事前预防和事发应急两个主要模块。自 2003 年“非典”疫情以来，经过一系列安全事件的刺激和“应激式发展”，城市中以政府专业部门为主的应急救援力量体系已初具规模，对事发后的应急管理也较为有效。相较而言，事前预防管理却明显发展滞后。按城市现行的预防模式，通常以雇用保安巡逻和家庭、个人防范为主。但问题在于，保安多来自社会招聘，流动性大，对社区环境和人员不熟，同时限于素质和能力水平，往往难以及时发现和排除安全隐患；而家庭和个人又往往缺乏足够的安全防护意识。由此导致最基础的城市安全预防工作不到位，应急力量再发达，终究是事发后的补救。社会资本关系为城市安全治理提供了模块补充，通过发挥社会资本的“安全维稳”功效以及构建专门的安全防护性社会资本单元，有助于实现城市安全治理的结构性转变，培育社会性安全预防和应急力量。例如，有些城市社区成立了由居民组成的平安志愿者团队，对社区安全进行日常巡逻和维护。由于对社区情况非常熟悉，他们能够及时有效地发现危险隐患，遇到突发事件，也能够第一时间报警并组织早期应对。社会资本的利用为城市安全打上预防模块的“补丁”，有效提升了城市风险的预防能力，避免事发造成损失。另外，对于由社会资本关系形成的安全预防力量，政府无须产生额外的财政负担，只需通过政策和组织引导，便可为城市增添一支有效的安全防护力量。

3. 社会资本变动及对城市安全的消极影响

社会资本形成后就具有了相对稳定性，但也会随着人口等相关因素的变动而发生改变。通常其有两种主要变动趋势：一种是得到巩固和加强，另一种则是遭受破坏。

社会资本的巩固和加强需要一个较长的时间，但它的破坏过程则相对简单。许多因素可以对其构成破坏，主要体现为社会网络结构改变，造成个体间信任与认同感的缺失，从而抑制个体携带资源参与集合的意愿。城市中有以下两种明显破坏社会资本的情形。

第一，城市规划拆迁引起的人口分散。城市的规划拆迁往往涉及传统街坊社区、单位公房社区以及处在城市边缘的社区，而上述区域多数存在着较为成熟的社会资本结构，拆迁无疑会打破原本稳定的社会资本单元。遭遇拆迁的居民有两种主要流向：一部分将迁居到政府统一指定的新社区，另一部分则会通过市场机制选择进入其他社区。居住空间及环境的改变必然导致社会资本的变化，对前者而言，原来社区中形成的认同感与信任感会随着迁居者进入新社区，当适应了新环境之后，会转变为新社区中的社会资本基础。虽然可以部分地保存甚至重建原有的社会资本关系，但在这一过程中必然存在社会资本的受损。对选择进入其他社区的居民而言，他们将进入新的社会资本单元。通常原有居民与新进居民之间很难快速形成认同与信任，就会使新进居民难以顺畅地融入原有居民已经构建起的社会资本结构，并且对融入的社区形成冲击，从而在很大程度上造成社会资本受损或流失。

第二，房屋买卖与租借形成的人口流动。这与前面第二种情况的作用机制类似。对一个成型多年的社区而言，房屋买卖的规模不会太大，它对社区社会资本造成的影响相对较小，但若房屋买卖炒作严重，则难以形成稳定的社会资本。而租借行为有时也会对社区社会资本构成严重威胁，某些城市社区因地理位置特殊，吸引了大量租客，造成流动人员数量剧增，这类小区就很难形成稳定的人际关系和互相信任，无法建立正常的社会资本。当因为社会经济原因造成大量失业或频繁调换工作的情况，该类社区往往会出现犯罪率上升、安全状况恶化等现象。

由此看来，社会资本变动首先会冲击原有的社会关系网络，进而对居民之间的信任感和认同感产生影响，左右着个体是否愿接受规范的约束，最终决定个体及其资源能否在社会资本单元中进行有效的集中和共享。因此，社会资本关系变化必然会对城市公共安全环境产生影响。

一方面，如果社会资本变动趋势是不断巩固和加强的，就意味着资源的集合越来越庞大，社会资本将从积极的一面作用于城市安全，减少不稳定因素，增强城市的风险防范和应急能力，并且这种变动趋势会在城市安全管理与社会资本之间生成一种良性循环的城市安全生态。另一方面，如果社会资本变动趋势是遭受破坏的，那么从城市社区来看，不管是哪种形式的破坏，都可能导致社会资本结构中社会网络的疏离，个体之间的信任感与认同感相对之前出现下降，熟识度降低，矛盾也将随之上升，从而造成社区内部不安全因素增加，同时资源集合能力也随之下降。这种情况将直接导致社区抵御外部风险能力的减弱。

从整体来看，城市包含大量社会资本单元，如果它们出现频繁或者大规模的变动，不仅会降低单个社会资本的安全防御能力，还会影响社会资本单元间的交往，导致城市紧密度流失，结构松散。反过来，这些变化将直接增加城市的安全隐患，削弱对突发事件的防范与应急能力，从而降低城市的安全管理效率，增加安全管理成本。

4. 城市社会资本的重新培育与运用

社会资本在安全管理领域蕴含的功效，使其成为城市公共安全管理未来发展可依靠的重要力量。但是目前我国城市社会资本还难以全面有效地运用于城市安全管理，尚存以下三个方面的问题。①“家本位”思想过重，往往以家庭为基础的社会资本关系比较紧密，其他则相对松散。② 缺乏广泛的社会兼容性，某种程度被打上了社会地位和阶层的烙印。某些社会资本单元吸引大批精英加入，拥有丰富的社会资源，有的则充满弱势群体，社会资源贫乏，不同阶层之间社会资本的不足成为当前我国社会资本建设的一个重大问题。[①] ③ 缺乏对城市安全与社会资本两者关系的认知，安全管理被认为是政府职责，缺少社会建设动力。因此，在推动城市安全建设的框架下，需要对城市社会资本进行再造与科学利用。

---

① 周义程. 社会资本与构建和谐社会的行动逻辑 [J]. 理论与改革，2006 (6): 91-94.

首先，培育多种形式的社会资本关系，提高对社会成员的吸纳能力。社会资本关系的组织化建设可以有效整合城市分散人口，构筑有序运行体系。目前能够借助的城市社会资本关系（组织形式）主要有四种：党政组织、社区自治组织、商业组织、非政府组织。党政组织目前相对最为完善，它紧密联系着政府与社会，同时也对其他各种组织进行指导或管理。社区自治组织融入城市基层，有牢固的社会基础和明确的利益维护指向，能够最大化地将有着共同利益的居民联系在一起，社区平安志愿者团队即属此类。商业组织主要通过商业性活动建立各种社会组织关系。非政府组织则根据兴趣爱好，将相同志向的人汇聚到一起。总之，每个社会资本形式都有其特定吸引和聚拢的社会对象，构成各种各样的社会资本单元。这些不同于“家本位”基础的社会资本具有更强的可引导性、灵活性和变动性，是加强城市安全建设所需要的多元社会资本形式。随着我国社会人口流动的加快以及传统家庭结构的改变，培育和发展多种类型的社会资本关系，使个体在更多社会资本单元中获得帮助并受到约束，将成为未来个体和城市发展的重要依托。

其次，巩固和加强社会资本单元的实力，完善社会资本结构体系。社会资本单元的实力受成员数量、质量、认同感、信任感和亲密度等因素的影响。数量和质量是客观条件，指向参与人数和成员所携带的资源量；认同感、信任度和亲密度则构成主观条件，会影响成员间的资源分享和对组织归属与贡献的意愿。社会资本强大意味着社会资源丰富和关系紧密，可以对安全威胁做出更有效的反应。要提高这种实力，有学者曾指出可以从五个方面入手：拓展参与的渠道与途径；健全和细化规范；促进成员之间的相互信任；织密关系网络；强化成员的主体意识。[①] 此外，个体资源也对实力提升有着重要意义。现实中，大量资源被少数精英以及中青年群体携带，想办法使他们从少数精英社会资本单元中走出来，广泛分布到各类社会资本关系当中，可以有效推动社会资源的均衡化分配，帮助原本处于弱势的社会资本单元提升整体实力。当然，有时候难以从单个社会资本单

① 袁振龙．社区社会资本对社区治安状况的影响［J］．中国人民公安大学学报（社会科学版），2009（6）：61－68．

元入手，就需要从社会资本体系的角度想办法。实际操作中，可以依靠行政力量有意识地推动，放宽各种社会组织的建立和发展，引导不同类型组织间的联系，鼓励精英群体在多个组织中扮演不同角色，通过他们架起社会资本单元之间的桥梁，使社会资本体系逐步健全，网络联系更加紧密和通畅。

最后，多路径探索并发挥社会资本在城市安全管理中的积极功效。虽然到目前仍未有对此的专门研究，但可以从以下思路进行尝试。① 全面加强社会资本对城市安全管理重要意义的认知，特别对政府而言，在城市重大决策过程中，要避免造成社会资本的大规模变动和破坏，并注意及时修补或组建新的社会资本关系，稳固城市社会的基础支撑体系。② 逐步引导现有社会资本体系制度化，发挥安全维护功效。社会资本关系中要用制度的方式明确对成员的约束、保障和支持等内容，并严格监督和落实，这是从组织和资源的角度对城市安全的基础支撑。事实上，对城市安全发挥作用不一定是非常明确的行动，确保组织内部成员获得必要的约束和支持也是很重要的方式。现实中，大量城市安全问题恰恰是因社会资本关系失去了对成员的约束或未完全履行对成员的帮助而引发的。③ 通过社会资本进行城市公共安全基础预警和应急。这是一种放大版的“邻里守望”，将社会资本单元中的其他个体看作自己的邻居，相互守望，发现威胁因素并及时预警，遇到困难情况适时相助。④ 工具性地嵌入政府公共安全管理体系。政府构建城市公共安全管理体系过程中可以有意识地吸纳社会资本力量加入。例如，许多城市都在推广北京的“网格化安全管理”模式，但操作中发现，该模式需要政府持续投入大量财力，难以持久。若对模式加以改进，在每个网格内都组建一支专业维护安全的社会资本力量，并使其以志愿者的形式加入，则可大大降低参与网格化安全管理的政府人数，从而以较低的财政投入保持该模式的有效运转。

二、网格化治理

在城市安全风险管理的基层探索中，网格化管理模式的出现算是一种本土实践的重要创新，至今已经成为一项得到普遍推行的重要制度设计。

在过去很长时间里，政府是城市管理的唯一主体，其日常工作的重点是对管理对象进行调控以及对管理方式持续调适。网格化管理方式是在基层治理面临众多挑战，同时政府治理理念与治理技术不断优化的背景和条件下实现的一种结构调整和资源整合，并且在现代化信息技术的支持下，网格化管理实现了对基层治理的全覆盖。由于政府行政体系内在条块分割的制约，导致全面整合型危机管理模式难以建立和运行。基层网格化管理有效打破了条块体系，将政府和社会资源有效纳入网络治理体系，破解了一盘散沙的失控局面，成为推进整体性治理的有效形式。

网格化管理的优势在于，通过现代化的信息技术手段，将地理空间辖区划分成若干网格单元，每个网格中配备相应的城市管理员，进行常态化的巡查；发现问题后及时反映到网格系统，并汇总到指挥中心；中心通过综合调度网格资源到达事发点进行问题处理，从而构建快速灵敏的基层管理服务单元。

城市网格化管理的优势主要体现在以下几个方面。一是将过去被动应对问题的管理模式转变为主动发现问题和解决问题。被动应对问题主要采取突击式、运动式管理；主动发现和解决问题则采用日常监督和常规处置的方式。网格化城市管理模式在组织体制方面最显著的特点就是建立两个轴心，实行监管分离。城市监督员发现问题，综合委员会（指挥中心）指挥调度，职能和专业部门处理和恢复。二是管理手段数字化，主要体现在管理对象、过程和评价的数字化上，保证了管理的敏捷、精确和高效。北京通过使用专门设计的“城管通”，对城市管理中的事件、部件进行拍照、录音和信息快速传递。上海市将城市网格化管理模式与“12319”城建服务热线形成了互动，实现了条块协同工作。① 三是网格化管理具有精细化的特点，以及将不同类别的海量信息通过信息技术快速整合的能力，使其能及早发现和反馈公共安全隐患，及时对突发公共事件发出预警。与事后反馈性的预警相比，网格化预警具有提前预判的能力，能够把对突发公共事件的预测和处理提到事件爆发之前。四是网格化管理的开放性特点鼓励公众参与，通过畅通民众信息反馈渠道，真实记录和及时回应公众举报的

---

① 李瑞昌. 城市治理网络的嵌入机制——以上海市基层应急管理单元为研究个案[J]. 江苏行政学院学报，2008（3）：86－91.

警情、警兆，能够及早发现潜在危机。[①] 畅通的民众信息反馈渠道和与民众联系更加紧密的特定网格管理员都大大提高了公众的参与度，公众作为公共安全事件的直接相关人，往往对相关安全隐患具有更敏锐的洞察力，而充分的公众参与有助于及早发现潜在危机。

北京市东城区作为网格化管理的创始地，其网格化管理模式相对成熟。一是在区、街、社区成立社会服务管理的综合指挥机构；二是以社区为基本单元，将每个社区划分为2~5个网格；三是实行网格管理员、网格助理员、网格警员、网格督导员、网格党支部书记、网格司法力量和网格消防员“七种力量”进网格；四是实现“人进户、户进房、房进网格、网格进图”，通过动态编码定义网格运行状态，实行动态化管理；五是建立健全社区居民、驻区单位广泛参与的“一委三会一站、多元参与共建”的社区治理结构。[②] 在这样全面、精确的管理模式之下，异常的社会现象和潜在的安全隐患极易被发现并得到重视，可以说是布置下了公共安全管理的“天罗地网”。

上海作为一个国际化的大都市，在城市公共安全管理与风险防控领域也投入了很多资源，其在网格化管理方面的实践也具有一定的借鉴价值。自2009年下半年开始，上海市部分区开始探索建立大联动模式，加快推进基层综合服务管理平台——网格化管理中心建设，其基本内容是不改变现有的行政管理体制架构，也不改变政府各委办局的管理职责，而是基于先进的技术手段和网络平台建立网格化管理中心，通过队伍整合、管理联动、信息互通、资源共享等举措，实现信息准确采集、指挥高效正确、处置快速及时的目标。这种网格化管理平台建设落实了基层公共管理的组织机构建设，实现了风险治理的“一张网”，尤其突出其在风险发现和识别中的功能，能够及时发现和识别各种风险，发挥隐患排查的功能，并可以在第一时间整合资源，有效实现防控风险的任务，为公共安全风险治理提供了有力支撑。[③]

---

① 祝小宁，袁何俊. 基于网格化管理的突发公共事件预警机制探析［J］. 中国行政管理，2006（10）：102－105.

② 王名，杨丽. 北京市网格化服务管理模式研究［J］. 中国行政管理，2012（2）：119－121.

③ 董幼鸿. 新时代公共安全风险源头治理的路径选择与策略探讨——基于系统脆弱性理论框架分析［J］. 理论与改革，2018（3）：49－61.

网格化管理技术手段的运用实现了城市基层空间治理多元主体的有效互动。我们看到，在运行良好的网格管理体系中，参与主体是多元的，政府各部门主体、社会自治组织、非政府组织、企业以及广大市民普遍获得了参与的机会。他们共同完成了城市安全领域的公共产品和公共服务供给，实现了共建共享的有利局面。

三、项目制管理

项目制运作是近十多年来中国社会治理体制机制运行中出现的一种现象，主要是政府通过项目的形式购买第三方服务，以完成由于政府力量不足或不够专业而无法有效提供的某一公共服务。随着项目制运作出现频率的增多，从中央到地方已经将其作为常规性手段进行了实质性的普遍推广，项目制实际上已成为一种政府工作的常规模式。城市基层安全治理过程中，区与街镇是推进项目制运行的主要力量。当然，项目制管理模式的引入最初也与地方经济有着极大的关联。首先，城市中一些经济条件较好的街镇在抓经济项目的同时，开始通过自有财力将部分社会治理（包括环境整治、社会治安）的工作纳入项目，外包给社会组织或专业营利机构。伴随着实践效果的取得，政府开始引入更多的项目，并将更多的治理内容打包植入。早期的项目制以城市管理的街面治理为代表，引入了第三方“城管”力量。近年来，城市网格化管理过程中，很多基层街镇也通过项目制，向网格中投放了大量专业安保员，有效提升了网格内的安全风险防控能力，弥补了政府编制内人员数量严重不足的缺陷。

项目制管理方式在城市基层安全治理中得到推广，除了有政府方面的意愿，相关社会组织以及市场性质的参与主体的积极推动，也在项目制的发展过程中发挥了重要的推进作用。

公共安全市场化供给主体主要以营利为目的进入社会安全管理领域，其具有鲜明的行动逻辑和较高的专业性，并只承担协议规定之内的安全管理责任，在市场经济不断发展的今天，这一主体的作用也在不断彰显。这一类基层力量主要包括安保组织、物业公司、社会组织等。它们是灵活的市场主体，在具有一定行业标准和监管机制的成熟市场经济中，能够作为强大的社会安全管理辅助力量而存在。这一类基层力量具有一定的专业性，出于政府本身能力的有限性、基于提高公共服务供给效率以及招募正式编制人员的成本等因素的考虑，在某些领域，政府将一部分公共服务外包给第三方市场化供给主体，向它们购买安全管理服务，通过购买服务的方式以满足公共需求，也符合市场经济能够实现资源优化配置的内在规律。

在公共安全供给方面，政府购买服务模式虽然起步相对较晚，但是也已经有了一定的治理实践。上海市作为政府购买服务模式的先行者，在公共安全领域的政府购买服务探索也取得了一定成绩。上海市相当一部分社区禁毒、社区矫正、社区青少年事务的社会工作，都是通过政府购买服务的方式，由多家社团聘用社会工作者来承担。这些第三方社会组织在特定公共安全供给方面，相对于政府，具有更强的专业性和更丰富的管理经验，因此，适当地引入第三方服务对于提高公共安全供给质量和效率具有正向影响。①

过去十年间，全国城市曾经普遍推行了政府以项目的方式购买城管服务，城管工作中的“协管”作为由政府出面购买的第三方服务，承担了一部分城市安全管理的职责，减轻了政府的安全管理压力，可以看作社会公共安全市场化供给主体参与社会安全管理的一种早期表现形式。但是由于对第三方市场化供给主体的监管与考核机制不完善，这些第三方服务良莠不齐，在某些地区甚至对公共安全造成了负面影响，暴露出监督与管理方面存在的问题。这也是社会公共安全市场化供给主体这类基层力量参与社会公共安全管理存在的通病。逐利的性质决定了这一类基层力量只有在成熟的行业标准和有效的监管机制之下，才能真正发挥其参与社会安全管理的作用。

项目制管理引入政府，是管理专业分工的进步，政府可以将更多精力投入战略性规划以及资源协调工作。在项目运行过程中，明确精细的资金安排和政策目标，使得基层政府在公共安全管理中的力量被更加充分地调

① 管兵，夏瑛．政府购买服务的制度选择及治理效果：项目制、单位制、混合制［J］．管理世界，2016（8）：58－72.

动起来。同时，项目制之下的专项资金也是基层政府进一步整合公共安全相关社会力量的基础。

与此同时，也必须看到项目制存在的问题。项目制作为一种制度设计和重要实践，在实际运行过程中也存在偏离政策初衷的现象。项目制管理的目的是引入更专业的资源完成更专业的工作。要防止通过项目的方式撇清政府责任，一经严格的项目立项评审程序，城市安全管理责任就成为政府外部企业或社会组织的事情。应明确政府永远是城市安全管理的责任主体，项目制外包仅仅是其实现主体责任的一种路径策略，政府必须在项目运作过程中全程监督，确保项目保质保量完成既定指标任务，做好城市良好稳定社会环境的“守夜人”。

四、基层力量综合调动机制

由于城市安全管理基层力量体系化整合机制尚未成熟，我们在研究过程中也发现了相当多的问题，主要包括以下九个方面。

（1）缺乏专业性的法规。社会公共安全与每个人都息息相关，公共安全管理工作必须慎之又慎，将广大基层力量吸纳到公共安全管理工作中，首先应当取得合法性，虽然政府已经出台了《关于加强社会治安防控体系建设的意见》等相关政策文件，但是具体的、专业性的、更高级别的相关法律尚待建立和完善。

（2）基层力量缺乏明晰的职责界定。基层力量与传统公共安全供给主体，即政府的关系不够明确。目前，政府职能占比过重的状况依然普遍，基层力量的职责和权利则受到限制，难以完全发挥其在安全管理中的活力。

（3）活动参与的连续性无法保证。有相当一部分志愿者参与城市安全管理工作是“一次性”的，特别是在大型社会活动中，政府花费巨大的财力物力号召社会公众参与到志愿活动中来，但是活动一结束，这些聚集起来的志愿者资源就会消散，无法以一个较低的成本过渡到下一次大型活动，或者转化为日常性安全管理活动的志愿者。

（4）社会支持网络不够完善，企业等其他主体的参与程度较低。

(5) 志愿者专业素质有待提升。城市安全管理工作并非“零门槛”，它要求参与者具备一定的素质和能力，而在整合基层力量时，由于考核录取机制不完善、培训不足等原因，一部分素质不足的基层力量参与到安全管理活动中，难以完全胜任相关工作。

(6)“少数人积极，多数人冷漠”的参与困境。虽然当前实践中涌现出了“朝阳群众”“西城大妈”“海淀网友”等积极参与的典型群体，但就社会总体而言，大多数人仍游离在城市安全管理工作之外，如何进一步广泛调动基层力量仍是一大难题。

(7) 居民自主参与渠道有限。政府在基层力量体系化整合过程中处于主导地位，往往是政府成立相关队伍或组织相关活动以后，民众才能在政府的组织之下参与到安全管理活动中来，居民的自主参与渠道十分有限。

(8) 异质性关注不足。不少地区纷纷照搬“朝阳模式”，较少结合本地实情，未能构建有自身特色的安全管理基层调动模式。

(9) 对基层力量监督和管理不足。基层力量参与城市安全管理的目的不一、能力各异。例如，社会公共安全市场化供给主体参与的主要目的是营利，而某些主体则难以自主担负起安全管理的工作。因此，为使各个基层力量能有序地参与城市安全管理活动，需要对参与的基层力量进行一定的协调与监督。

因此，在基层力量整合模式的大框架之下，着眼于每一个参与到城市安全管理中的个体，如何充分调动其参与安全管理的积极性，保证安全管理的可持续性和广泛性，真正实现“我为人人，人人为我”的局面，则需要有效的调动机制。这些机制应当是多方面的，不仅包括物质等实质性的激励，还应当涵盖精神和价值观层面。

第一，完善法规。需要出台相关具体的、可操作性强的法律法规，对基层力量参与城市风险防控的组织与监督等内容都做出相应规定，规范组织形式与权力分配，明确责任主体，加强监督与管理。同时也要切实保障基层力量的合法权益，使其在参与城市风险防控过程中有可遵循的规范与切实保障。

第二，因地制宜。目前，全国多数城市均已开展了城市风险防控的基层治理实践，并都产生了一定的效果和成绩，但每个城市的实践都有其特殊性，不能完全照搬照抄，必须重视本地区的客观情况与独特条件，进行充分调研，因地制宜地设计有针对性的措施与制度，更好地发挥基层力量在城市风险防控中的作用。

第三，物质激励。2015 年 4 月，中共中央办公厅、国务院办公厅下发《关于加强社会治安防控体系建设的意见》，提出要落实举报奖励制度，对于提供重大线索、帮助破获重大案件或者有效制止违法犯罪活动、协助抓获犯罪分子的，给予重奖。现金奖励作为最直接的物质激励，能够广泛调动基层力量参与城市安全管理的积极性，同时在资金充裕的情况下，这也是一个操作性较强、非常便于实施的方案。北京西城区政府每年拨款 200 万元，专门用于奖励安全稳定信息员，并制定了相关办法，明确 4 大类 33 条线索的奖励标准，对反映的线索，做到一事一奖、一案一奖。而“海淀网友”模式下的现金奖励制度则更贴合“网友”这一主体的特点。海淀警方经过核实，会对有价值的线索予以 1～50 元的“在线红包鼓励”，同时网友可获得相应积分。而当积分达到一定值时，网友可进一步获得“等级红包鼓励”。此外，海淀分局按照相关规定，对特别重大的线索予以上不封顶的现金奖励，这种模式也符合国际惯例。

第四，评选表彰。对于优秀的安全管理参与主体进行评选表彰，是对其工作的认可，也是对所有参与者的共同激励。特别需要注意的是，评选表彰的过程务必做到公正与透明，否则容易伤害参与主体的积极性。2016 年 5 月，北京市西城区组织了第一届寻找“最美西城大妈”的评选活动，通过街道、社区的层层推荐以及网络、微信报名等多种方式，收到了来自全区 15 个街道的 303 位大妈的感人故事。“最美西城大妈”的评选与表彰活动提高了“西城大妈”们对于志愿工作的认可度，进一步激励了她们投入志愿工作的热情。

第五，能力培训。随着城市安全管理中各类新情况、新问题的出现，安全管理工作要求参与主体具有更高的专业能力，因而安全管理中的培训工作受到重视，志愿者往往需要“培训上岗”。培训作为一种资源，实际是对个人能力的一种培养，也在一定程度上吸引了志愿者参与安全管理，如对于消防的实践操作培训等。北京西城区在培训方面建立了一套完善的体系，西城区政府每年对辖区的群防群治力量分区、街、社区三级进行培训，确保每年人均一次的系统培训，提升志愿者的素质和能力，保证“西城大妈”队伍的专业化、职业化发展。

第六，服务保障。完善志愿者的服务保障工作，让志愿者以更加良好的状态投入城市安全管理工作。例如，北京东城区保障治安志愿者在享有人身意外伤害险、残疾险之外，还享有意外伤害医疗保险、紧急救助、紧急救援、住院津贴和医疗垫付等权益。丰台区警方也全力做好“劝导队”的服务保障工作，要求社区民警在工作中做到“三个从速”。一是服务、解答从速。社区民警要及时解答与妥善解决劝导队队员在工作中遇到的问题。二是看望、关心从速。社区民警凡是了解到劝导队队员生病了，要第一时间到其家中看望慰问。三是保障、支持从速。丰台分局努力为劝导队提供法律、安全上的保障。派出所在接到劝导队队员的求助时，值班领导和社区民警必须要第一时间赶到现场、帮助解决。

第七，价值宣传。物质的激励作用往往是短暂的，只有在全社会形成“我为人人，人人为我”的价值理念，才能真正广泛、充分、可持续地调动起基层力量参与城市安全管理。事实上，也的确有相当一部分的居民之所以投身安全管理志愿活动，是出于奉献精神、利他精神、公民责任，以及自我价值实现的成就感、社会价值实现的自豪感。同时，在安全管理志愿活动中的正面人际交往也能够满足志愿者对于社会交往的需求，社区居民往往能在这个过程中享受到与街坊邻里共同做事的凝聚感。一部分退休人员则是出于“老有所为”的想法参与到安全管理活动中来。例如，2015年8月份海淀警方向3 000多名“海淀网友”发放奖金，然而超过九成的“海淀网友”都主动放弃了奖励。又例如，北京市西城区西长安街街道是党中央、全国人大、国务院等党和国家机关的办公所在地，这一紧靠红墙的特殊区位，在潜移默化中让这里的一代代人都有着独特的“红墙意识”，它的核心要义就是“绝对忠诚、首善标准、责任担当”，因而“西城大妈”队伍在这里也发展得特别完善。

总之，城市风险防控离不开基层治理的有效落实，而政府在基层工作的历史经验就是充分依靠民众，进入城市环境，充分依靠社区居民以及各种社会性组织团体。从城市政府行政工作的角度看，对社区的定位一定要清晰、明确，在工作过程中，要将从“单位人”转变到“社会人”的广大松散个体重新凝聚成为城市生活中的“社区人”，让他们对自己生活的社区产生亲近感、归属感，在基层社区安全治理中做到积极参与，实现安全共享。只有通过一个个基层社区的努力，城市整体才能实现对安全风险的最大化、最有效防控。

第七章　面向未来的城市安全风险防控体系

回顾城市发展的数千年历史，其面对的风险经历了从简单到复杂、从单一到多元的过程，城市规模的扩张和运行的日益复杂都在持续放大着城市的脆弱性。今天，世界早已成为一个不可分割的有机整体，城市在其中发挥着关键的联结纽带作用，在全球化持续加深的同时，城市安全风险防控也需要有面向未来的战略性思考。

第一节　区域化城市安全风险与治理

美国《外交政策》杂志认为，中国的城市化正在以前所未有的步伐推进，其规模是世界首批城市化国家英国的100倍，速度则是其10倍。高速城市化进程呈现出区域化的特点，而城市群则成为城市发展区域化的典型形式。

在2013年连续召开的中共十八届三中全会、中央经济工作会议以及全国城镇化工作会议中，新型城镇化被确立为重要的战略目标。[①]“区域一体化”和“城市群”建设是当前中国城市化发展的主要形态，从1995年《珠江三角洲经济区城市群规划》到2015年中共中央政治局会议审议通过《京津冀协同发展规划纲要》，再至2016年国家发展和改革委员会发布《长江三角洲城市群发展规划》，中央正逐步推动全国范围内的城市群协同发展，现已形成了珠三角、长三角与京津冀最具代表性的三大区域，

---

① 李敏. 协同治理：城市跨域危机治理的新模式——以长三角为例［J］. 当代世界与社会主义，2014（4）：117－124.

此外还有山东半岛、中原、海西、成渝、辽中南、哈长、长株潭、武汉和关中等城市群建设。

一方面，区域经济体的建设离不开安全稳定的城市环境，构建区域化城市安全风险防控体系就是要在安全问题上保障“城市群”模式下多城市协同发展共建的可能性。另一方面，一体化的大格局发展规划意味着频繁而紧密的地区交流互通，这也将进一步促使传统危机更加趋于复杂化，危机发生的地域及影响跨越了单一的行政区域，治理主体由于危机性质的复合性而跨越了单一的职能部门，需要跨区域、跨不同职能部门合作才能有效治理①，这就对城市安全风险防控提出了新的挑战。归结为一句话，城市发展已经由单个城市的独立建设演变为城市集群的协同发展，而城市安全风险防控也正由单个城市独立推进向着城市群协同共建的方向快速迈进。

一、区域化城市风险类型及特点

区域化城市安全风险是在一定区域内发生的，超越单一行政区划主体范围，需要多地区合作治理的公共安全风险。也有不少学者从各自的侧重点出发，提出城市群风险、跨界（域）危机、跨城域突发事故灾害风险等术语来阐释这种城市风险。

近年来发生了很多区域化的公共安全事件，其中与我国有关的典型案例大致分为两类。一类是国内跨域危机事件。例如，发生在长三角地区的2008年南方特大雨雪冻雨灾害；珠三角地区2014年传播性疾病登革热疫情在珠三角地区大规模暴发；京津冀地区2008年北京手足口疫情暴发并迅速在京津冀地区蔓延、2014年2月京津冀地区雾霾引发严重空气污染等。另一类则是跨越了国界的危机事件。例如，2005年中国石油天然气股份有限公司吉林石化分公司双苯厂爆炸导致松花江水污染，污染带沿着松花江跨越了吉林和黑龙江两省，最后进入俄罗斯境内；2011年日本地震引发福岛核电站泄漏，造成周边各国的恐慌；2020年新冠肺炎疫情在

① 王刚，姜维. 跨界危机及其治理结构创新［J］. 学术论坛，2014（4）：21－24.

全球范围蔓延，世界众多城市被迫“封城”应对。

区域化的城市发展有着区别于传统单一城市发展模式的独特性，其主要表现为区域性的人口与经济高度聚集并深度关联，自然环境复杂，包含的地形、气候、流域等环境类型多样；区域性联系塑造的社会环境更为复杂，关键基础设施系统在空间和功能上存在较强的联系和互补，区域内部发展水平存在差异等。与传统城市安全风险相比，区域性城市安全风险往往影响范围更广、应急响应难度更大、灾害损失程度更高，概括而言主要呈现三大特点。

首先，风险的区域化。一些风险的存在范围非常广泛，会超出一个城市，直接影响到局部地区，甚至整个国家或世界。最典型的就是各种大规模的传染疾病。另外，经济危机、自然灾害等都可以在影响范围上扩展到一个较大的区域，涵盖一个甚至多个城市群。面对风险社会的各种威胁因素，城市在风险防范方面不再仅仅局限于一隅，面对相似的风险隐患，城市间往往需要进行密切的信息交流互通，共同监控风险的演化趋势，防范耦合性因素激发区域性风险，造成区域性的大范围公共危机事件。

其次，影响的区域化。区域性的风险要素本身就会影响一个区域内的城市群。即便某个城市单独发生风险，由于现代交通联系和信息互通的广泛与及时，影响也会沿着一定的路线传导至其他城市。这其中既包括最容易受到波及的周边城市群，也可能沿着交通、金融、水域等多种风险传导路径影响到更远距离的城市。贝克在《风险社会》一书中所描述的风险跨疆域扩散的景象，正是很多风险跨区域性影响的理论呈现。当前，很多实例都可以说明有些风险要素能够对区域性城市群的发展造成显著的整体性影响。美国五大湖地区城市群的集体衰退以及中国东北地区城市群重新振兴之路充满艰辛，都充分说明了区域性城市群之间的紧密联系以及区域性环境能够造成的巨大影响。

最后，响应的区域化。现代社会，如果脱离外界的支持，一座城市要想独立发展将是一件非常艰巨的事情。而在公共安全问题领域，城市要想独立应对挑战，通常也会遭受很大挫折。城市每天都要与外界进行大量的资源交换，遇到一些稍微严重的安全问题，就需要有大量外部资源的调用。面对一些典型的风险问题，周边城市群可以在很大程度上直接提供帮助，发挥互通有无的作用。城市群之间相互配合就可以更好地提升有限资源的使用效率，避免平时过度占用资源，也会防止爆发危机的城市的某项资源过度紧缺。例如，2005 年哈尔滨市遭遇水危机期间，周边城市纷纷向其提供水资源，有效缓解了 400 万市民的用水危机，这在当时就已经展示了城市群集体响应重大风险的必要性。

二、区域化风险治理的理论思考

整体性治理理论为区域性城市安全治理提供了较为理想的理论依据。整体性治理理论产生于 20 世纪 90 年代末期的英国，是在信息时代背景下对传统的公共行政理论以及新公共管理改革所带来的部门化、碎片化问题的反思与回应。整体性治理理论对区域化风险治理最有价值的指导在于它旨在突破原有的行政边界，构建一种基于整合、协调的整体性治理框架和政府治理模式。

开展区域化城市安全风险治理，需要在治理体制、机制以及治理模式等方面进行创新。整体性治理理论的优势在于，其有效回应了传统公共行政和新公共管理改革都无法解决的跨边界问题，即通过有效整合与协调，建立跨层级、跨部门的网络关系，依托信息技术作为治理工具，通过设计一系列以信任、责任感为纽带的跨组织、跨部门的协调整合机制，最终有效解决传统城市安全治理碎片化问题，构建整体性、共享性和有效性的区域城市安全防范与应急治理体系。①

整体性治理理论坚持以“整体性”为核心。党的十八大以来，国家层面努力推动区域一体化发展，不断加大生产要素的投入以促进资源在区域范围内的合理配置，加速区域整体调动与融合。然而，“整体性”的区域一体化进程无可避免地带来复杂化的内部关系，多个地方政府与利益集团在经济利益、政治权力、价值观取向和社会地位等方面的差异也使得治理面临诸多挑战。

---

① 赵晨光. 跨域公共危机整体性治理：内涵分析、实践困境与路径思考［J］. 哈尔滨师范大学社会科学学报，2017（4）：30－34.

阿尔伯特·布雷顿（Albert Breton）的“竞争性政府”理论认为，国家内的政府间关系总体上来看是存在竞争的，各政府及政府内部各部门迫于选民和市场的压力必然会采取行动，以实现政治愿景。当前，在我国城市区域化发展背景下，尽管城市建设以协作为主旋律，但是面对城市安全风险领域的问题，由于这类事件必然引发各种追责，所以府际间博弈的暗流持续涌动。

一方面，政府官员的政治锦标赛长期存在，作为理性“政治经济人”的政府始终会以地区利益最大化和个人政治晋升为目标追求，特别是面临涉及多个城市的公共危机事件时，责任推诿的情况时有发生。另一方面，地区内的实力差异也会引发分歧。城市发展差异过大会导致话语权失衡，部分综合实力较弱的城市政府面对区域问题“有心无力”，从而将削弱他们主动作为的积极性。以京津冀为例，京津冀一体化区别于另外两个城市群的特殊性在于，其肩负着有序疏解北京非首都功能的核心使命。很显然，北京市在该城市群中占有绝对的主导地位，而其他两地政府参与安全风险治理的机会与能力在很大程度上受到限制。在实际发展过程中，津、冀两地城市并未得到应有的关注。

此外，城市的政治地位和经济地位不对等问题带来的矛盾也十分突出。以长三角为例，经济效益水平长期位于前列的苏州、无锡、常州、温州等城市，为地区的发展提供了充足的动力，有的甚至超过了区域内的省会城市，但却始终无法得到较高的政治地位。[①] 政治与经济地位的失衡会在极大程度上影响地方政府在参与区域安全问题上扮演的角色，影响区域内政府治理力量最大化的实现。

三、区域化风险治理遇到的问题

城市区域化发展已是大势所趋，但关于区域安全的整体性风险防范仍处于探索阶段，受到多年来固化的行政区划及行政体制影响，想要实现区域内多城市间的统一协同响应仍存在一定困难。

---

① 方熠威．区域一体化背景下的城市群治理：府际竞合与潜在风险［J］．大连干部学刊，2019（7）：54－58.

首先，受传统价值理念的束缚。区域化风险防范的基本出发点与立足点在于公共利益最大化。受传统官僚制范式过多偏向于“理性”地追求效益和新公共管理典范“急功近利”地主张管理主义的双重影响，区域化风险治理也容易出现过分追求经济效益而忽视长远发展需求的取向偏差。传统危机管理强调“分类管理、分级负责、属地管理”，各地政府作为理性的“政治经济人”，保留着传统的以自身利益最大化为目标的价值追求，坚守“各扫自家门前雪，莫管他人瓦上霜”的原则，极易导致区域化危机面前的责任推诿、遮掩隐瞒，造成整体与部分的利益冲突及矛盾。

其次，风险防范机制呈现碎片化。依照生命周期理论，危机要经历潜伏期、发展期、爆发期直至最后恢复期的过程演化。从一座城市爆发危机到演化为区域性重大危机事件，往往要经历一个更长时间的过程。因此，爆发初期对危机性质的正确评估就成为关键性环节，而这就要在更大程度上依赖于区域内各城市间完整通畅的信息传递平台，以及系统连贯的危机响应体制的支持。目前，政府间危机合作均是建立在具体危机事件之上，是风险倒逼的结果。已有碎片化风险防范机制难以实现“可复制”的多城市紧密配合，协同治理的城市群风险应对机制更多还停留在会议研讨、计划草案或媒体宣传文案当中。

最后，府际间信任资本匮乏[①]。我国区域性危机治理政策执行多遵循自上而下的模式，行政层级的差异造成各级政府间猜疑、观望，彼此缺乏互动、信任及对话，府际协作多为直接利益驱动。基于公共资源的稀缺性以及对其的依赖性，加之行政权力具有自我扩张的本性，城市政府间若无法构建信任合作关系，仅由经济利益驱动，便难免陷入竞争的困境，府际掣肘极易引发区域整体利益崩盘。府际信任资本的匮乏增加了跨界危机治理的交易成本以及道德风险。城市政府间的信任合作关系并非一蹴而就，而是基于治理主体之间长期的经验、期望和实践。面对重大安全风险可能带来的经济损失以及政治风险，城市政府间有时会选择闭门独自处置，只

---

① 金华. 我国跨界危机府际协作治理存在的问题及其对策［J］. 信阳师范学院学报（哲学社会科学版），2016（3）：40－43.

有当问题发展到依靠自身力量已难以控制之时，才愿意暴露问题向其他城市求援。而作为其他城市的主政者，在接到救助信号之前也很难主动采取措施帮助危机爆发的城市。显然，府际间在信任领域的微妙关系，为跨界危机的有效治理埋下了隐患。

四、推进城市间区域化风险防控合作的有效路径

2018 年 11 月，习近平总书记在首届中国国际进口博览会开幕式主旨演讲中指出："支持长江三角洲区域一体化发展并上升为国家战略……同'一带一路'建设、京津冀协同发展、长江经济带发展、粤港澳大湾区建设相互配合，完善中国改革开放空间布局。"2019 年 5 月，《长江三角洲区域一体化发展规划纲要》正式出台，旨在将长三角地区建设成为全国发展强劲活跃增长极、高质量发展样板区、率先基本实现现代化引领区、区域一体化发展示范区、新时代改革开放新高地。至此，作为世界第六大城市群的长三角城市群正式被纳入国家发展战略进行统一规划，一体化发展。这其中，作为基础保障的安全风险防控体系一体化建设也开始被提上议程。在这一背景下推进城市间区域化风险防控合作，大致可以从以下四个方面来思考。

首先，构建法律基础。在国家不断强调依法治国的背景下，首先需推进区域性城市间相关安全立法工作的有效对接。2000 年国家颁布的《中华人民共和国立法法》第六十三条强调，省、自治区、直辖市的人民代表大会及其常务委员会有制定地方性法规的权力①，这为各地方政府因地制宜地制定城市应急条款提供了基本依据，也促进了各地危机处置合法有序地进行。但是，伴随着区域化城市群的逐渐成形，各城市间的具体法律条款多有差异，在区域化的重大危机事件处置中可能存在冲突，耽误整个地区的危机响应速度。因此，健全区域内各城市间危机处置的统一法律准则，就成为推进区域性城市风险防控工作的重要前提。

其次，促进经济整合。城市政府间开展区域性交流与合作的最大动力

① 金磊. 综合减灾立法：京津冀协同发展的重中之重——兼议《京津冀安全减灾应急管理条例》的编研思路［J］. 城市与减灾，2016（1）：1-5.

来自经济，只有显性的市场经济发展成效才是各地政府最大的目标追求，而相对隐藏在背后的安全风险管理无法产生显著性的功效，因而政府在此方面的投入积极性是受限的。因此，可以采取“曲线救国”方案，着力推进区域性共同市场的发展，鼓励错位发展，不为了搞安全而单独推安全，只在经济主线发展需要的情况下，才为了保障经济安全而开展深度的安全风险管理合作。换言之，当经济文化等融合加深到一定程度，其他方面信息交流足够深入，利益捆绑极为密切的状态下，安全风险共同体的认知自然会产生，加强安全风险协调联防的自觉行动也自然会出现。

再次，构建联合机构。早在 2006 年，国务院办公厅设置国务院应急管理办公室（国务院总值班室），承担国务院应急管理的日常工作和国务院总值班工作，履行值守应急、信息汇总和综合协调职能，发挥运转枢纽作用。在当时国家层面缺乏一个专门机构应对全国重大突发事件的情况下，这种协调机构的建立在很大程度上有效地解决了国家层面安全风险应急协调处置的问题。2018 年年初，长三角区域合作办公室正式成立，这是由江苏省、浙江省、安徽省和上海市抽调人员组建而成的联合工作机构，其主要任务是把长三角建设成为贯彻落实新发展理念的引领示范区，成为在全球有影响力的世界级城市群，成为能够在全球配置资源的亚太门户。目前，联合工作机构将在十多个专项领域推进专题合作，今后人们可以通过该平台，进一步拓展城市群之间的安全风险管控专项建设。

最后，从最基础入手。建立区域化城市安全风险防控体系不能急于冒进，可以借助已有的某些工作基础循序渐进地分步推进。2015 年 12 月，围绕探索北京城市副中心交通应急联动保障机制，北京市交通委员会牵头举办了“京津冀雪天交通保障应急联动综合保障演练”，初步构建起京津冀三地交通应急处置联动机制。北京市交通委员会联合天津、河北交通部门研究签署了《京津冀交通应急联动合作备忘录》，将三方轮值联席会议机制以文件形式固定下来。2019 年 4 月，京津冀交通应急联动合作第三次联席会议在天津召开。会上，三地交通部门签署了高速公路企业合作协议，组织三地移动应急信息平台实时对接。在交通运输部及三地交通部门联动下，会议成功实现了移动应急信息平台“三地四方五点”联动。这是京津冀交通部门首次组织三地车载移动信息平台进行实时应急联通，对提高应急联动实战化水平具有现实意义。[①] 这一经验可以在其他城市群中进行推广。各地可以从已有的一些合作机制入手，如世博会、G20 峰会、进博会、新冠肺炎疫情防控等工作中形成的临时性合作机制，逐步将区域性安全风险防控合作机制推向更深更广的领域。

第二节　大数据时代的风险治理新策略

一、大数据——风险治理的新力量

阿尔文·托夫勒（Alvin Toffler）曾在著作《第三次浪潮》中提到：“如果说 IBM 的主机拉开信息化革命的大幕，那么大数据则是第三次浪潮华彩的乐章。”现如今，伴随着互联网、云计算、物联网等新型科技的快速发展，大数据获得了社会各界的广泛关注。“得数据者得天下”逐渐成为公众共识，不仅影响着商业、信息技术等领域，也在危机应对与风险管理等公共安全方面造成了深刻变革。

“大数据”一词最早出现在《科学》杂志中，麦肯锡全球研究所将其定义为一种规模大到在获取、存储、管理、分析方面大大超出了传统数据库软件工具能力范围的数据集合。与传统数据相比较，大数据在数据类型、采集方式、处理方法等方面都存在非常显著的变化。大数据的类型丰富多样，包括结构化、半结构化以及无结构数据等全部数据类型，数据内容也摆脱了原有的可定位数据局限，通过各种传感器、移动终端、智能终端收集到的视频、图像、音频、活动等也都成为大数据的来源，表现出时间与空间上的连续性与可扩充性，维度多元，能够实现数据过程的全记录，并采用分布数据库对复杂数据进行专业化分析处理。学术界一致用维克托·迈尔-舍恩伯格（Viktor Mayer-Schonberger）及肯尼斯·库克耶

---

① 刘珜. 北京进一步推动城市副中心交通应急保障体系建立［EB/OL］.（2019－4－26）［2019－10－27］. https：//www. sohu. com/a/310506308_255783.

(Kenneth Cukier) 提出的 4 个 V 来概括大数据的特征，即数据量大 (Volume)、输入和处理速度快 (Velocity)、数据多样性 (Variety)、价值密度低 (Value)。正是因为大数据具有区别于传统数据的特点，能够及时、灵敏地反映出社会发展变化中的诸多敏感信息，并通过数据资源的整合与技术分析，预测公共安全事件发生的时间、地点和可能性，预判各种传统与非传统安全风险，为公共安全领域的发展提供了新的思路与契机。

应用于公共安全领域的大数据是具有极大应用价值的，通过数据收集、整合、分析而转化成的复杂且丰富的信息资源。也就是说，公共安全大数据本身是数据的集合体，表现出来的是综合运用云储存、云计算等云技术整合处理后得到的有效信息，通过其实现对安全风险的准确预判并且指导危机事件的妥当处理。国际上，应用大数据处理安全问题的方式由来已久。例如，西班牙首都马德里市在经历了震惊世界的连环爆炸恐怖袭击案后，建立了依托大数据技术的应急呼叫中心，实现了全市联动应急；巴西建立了智能化市政营运中心来监测暴雨等自然灾害事件，协调政府部门的救灾行动。

面对大数据浪潮，中国政府也表现出了对大数据的高度重视。2014 年，我国首次将大数据写入《政府工作报告》，开启了“中国大数据政策元年”；2015 年，国务院正式印发《促进大数据发展行动纲要》，为国家层面的大数据发展完成了顶层设计与统筹布局，强调要“科学规范利用大数据，切实保障数据安全”，体现出国家决策层对大数据蕴含风险问题的关注。如今，大数据在我国公共安全领域的实践正在不断深入，以贵州省为例的公安系统“警务云”建设大大提高了民警办案效率，实现了全省刑事案件发案率连续七年下降。再如，应用于北京、南京、苏州等人口密集旅游地的“人群聚集风险预警系统”，可以实时监控场地内的人流情况，对可能存在的风险及时预警。上海公安部门也运用大数据实战应用平台强化信息综合研判，提升主动精确打击能力，将社会行为大数据融入灾害预报预警，充分利用大数据提高灾害预警能力、助力城市精准防灾减灾。并且，上海在大数据治理运用范围上不断拓宽，结合全面推进的新型智慧城市建设，不断增强通过大数据进行城市安全风险防控的能力。

研究大数据时代中国城市的发展脉络，我们可以发现数据自动采集、动态整合、高效集成、深度挖掘等不断革新的大数据思维与技术已经深深地融入了城市改造与新建当中，成为推动未来城市安全风险管理变革的重要技术力量。

二、大数据时代的风险治理变局

无可否认，这是一个数据把控话语权、技术就是执行力的时代。对政府而言，公共安全治理已经深刻地烙下了大数据的印记。借助大数据技术，政府实现了以数据信息代替权威者的经验来预判各类风险，以相关关系代替因果关系，并将工作重点从事后应急转向事前预防，实现了“用数据说话、用数据决策、用数据管理、用数据创新”的公共安全治理新局面。这些新变化、新特征，彻底改变了政府传统安全问题治理的行为路径，主要表现在以下三个方面。

其一，数据收集模式变革。传统模式的政府数据收集渠道相对狭窄，往往依赖于数据部门或专家学者的普查和抽样调查，对数据的代表性、精确性、标准性要求很高，且误差难以避免，无法满足危机管理及时性和连续性的需求。此外，传统数据收集方式要消耗大量的时间、人力和资金，无形中增加了政府应对风险和处置危机的成本。而大数据时代，借助互联网、云技术的支持，政府的数据来源得以拓宽，收集数据更加便捷及时，且数据量大、覆盖范围广、可挖掘价值高。政府通过一定的方式，内部打通政府部门间壁垒，消除信息孤岛；外部从各领域的企业、组织等市场或社会行为主体获取大量实时基础数据，更有效地满足了城市安全风险管理的信息需求。

其二，政府决策模式改变。作为城市安全治理的主导者，政府在过去的风险防范与危机应对中，尽管掌握着80%以上的数据，但数据资源总量依然不足，决策信息十分有限；短时间内做出决策的压力大，科学性程度低，风险性和失误率均处于较高水平；对决策组织或个人的能力有着特殊要求，往往需要依靠丰富的经验才能协助做出有效决策。这一时期的风险决策多是无差别、“一刀切”的简单模式。大数据时代的数据化特征日益鲜明，政府决策依靠科学的分析手段，对海量数据进行处理，可以精准地预测风险与危机演化，减少人为的主观误差和干扰。与此同时，伴随着社会数据化以及数据的去中心化，数据成为国家治理的核心资源，失去数据优势的政府将会面临对社会冲突垂直管控乏力的窘境。[①] 而此时掌握大数据资源的社会主体依靠数据资源和技术创新优势参与治理的能力愈发显现，它们逐渐融入政府的决策过程。城市安全领域决策的单一主体模式日渐式微，更多掌握数据资源的主体开始参与其中。

其三，政府思维模式转变。大数据带来的根本改变之一就是弱化了因果关系，大数据分析可以挖掘出不同要素之间的相关关系。传统的危机应对思路是“出现—求因—治理”，为典型的“亡羊补牢”式的思维模式。事后“追因溯果”虽然也可以解决部分城市安全问题，但是对于已经造成的损失却无能为力，反映了预测和预防能力的缺失。大数据技术的出现有效弥补了这方面的不足，改变了原来从事故中找寻线索，在教训中反思总结的逆向逻辑。通过对日常监管获得的大数据开展风险相关性分析，可以实现安全问题早发现和早处置，这遵循了解决问题的正向逻辑，有效提升了安全治理能力。当前，很多地方政府和部门都已开展了大数据资源及相关技术的开发和应用研究，体现了政府思维模式上的转变。

值得关注的是，大数据对城市安全风险治理带来的变化绝不仅仅局限在政府治理模式上，技术变革的影响将带来更为深刻的治理结构变革。大数据为市场参与城市安全治理开辟了通道，一部分大数据企业在这样的历史机遇中强势崛起。这类企业以大数据技术为核心，为市场带来创新方案并推动与大数据相关的技术的发展；它们拥有庞大的数据库或开展数据仓储业务，利用自身资源与技术优势在市场中立足。随着政府在智慧城市、人工智能等领域的强势力推，这些企业发挥自身优势，迅速在包括城市安全治理在内的多个领域抢占了战略高地。

总体来说，大数据企业在城市安全治理中的优势突出显现在三个方

① 石丹. 大数据时代数据权属及其保护路径研究［J］. 西安交通大学学报（社会科学版），2018（3）：78－85.

面。首先是技术优势。企业迫于市场竞争压力，具有很强的科技创新内驱力，领先的信息安全、物联网、人工智能、城市级云计算平台等前沿技术在城市安全风险的预测、防范与应对方面发挥着非常重要的作用。其次是信息优势。大数据的价值就在于信息资源及其深度挖掘运用。大数据企业在商业运行过程中自身积累大数据，同时也通过强大的技术手段及通过开放的互联网络广泛抓取数据，借助专业分类技术处理，就能形成非常宝贵的信息情报。最后是共享优势。当政府还在因内部的“信息孤岛”窘境而徘徊不前时，企业早已在市场规律的作用下通过合并、收购等形式，主动或被动地进行了数据交换。利益驱动下的商业化运作在客观上加速了企业对数据资源持续不断的深度整合。

大数据企业迅速崛起并广泛参与到维护城市安全的行动中来。例如，腾讯推出腾讯云，已与国内多个城市政府、公安局、应急局等共建公共安全云平台，以企业大数据技术与资源助力公共安全。华为凭借领先的信息通信技术，与安全领域全球合作伙伴共同打造端到端公共安全解决方案，推出智能警务，保护城市安全。作为语音技术研发和应用推广的国家队，科大讯飞也投身语音信息安全领域，力保国家语音信息安全。

这些都深刻反映了中国市场经济的快速发展以及安全治理结构的深度调整。政府掌握着传统的行政权力，大数据企业则拥有新兴的技术话语权，两者围绕城市安全风险治理各取所需，可以实现合作共赢。然而转型时期，以政府和企业为核心的城市安全治理“二元结构”体系的内在结构矛盾可能引发的新型风险也将如影随形。

三、大数据时代城市风险治理新策略

从传统工业时代到信息化大数据时代，公共安全治理正经历着由“政府单一主体”控制向“政府-企业”二元结构的改变，这种变化是安全治理领域取得的进步，但也难以回避变动带来的风险。为此，城市政府必须采取恰当的策略以应对可能产生的新风险。

首先，明确政府定位，巩固主导地位。无论是大数据的运用，还是民间分析机构的涌现，都对政府在公共安全事件处置的绝对中心地位提出了根本性的挑战。[1] 政府作为公共事务的“天然管理者”必须积极巩固自身的主导地位。面对数据资源与技术的劣势，信息共享是政府提高竞争力的必然选择。所谓公共安全的信息共享，主要指涉及自然灾害、事故灾难、公共卫生、社会安全四大类突发事件中，与公众密切相关的公共安全信息共享，即上下级政府之间、政府部门、不同区域政府之间的信息对接与共享。[2]

然而，行政体制部门是按职能条块划分形成的，对于部门来说信息资源也是利益资源，因此政府信息一直处于割裂状态。从根本上来说，政府内部的“数据孤岛”现象是由我国的行政体制所导致，这阻碍了政府的公共安全治理能力获得最大程度的开发与利用。从整体层面推动政府部门的体制机制改革，让数据共享的优势成为政府间的共识，自愿遵循共享原则，才能顺应大数据时代公共安全治理的新变化。同时，政府部门借助大数据时代的发展机遇，搭建体系内部门之间、地域之间、层级之间的数据与信息交互平台，为数据资源共享提供路径保障，从而实现政府凝聚力量的最大化。这一点，对于处在同一个城市的政府内部部门而言，应该是可以努力完成的任务。

其次，转变政府职能，鼓励多元参与。政府要顺应时代趋势，做好新时期自身定位与角色转变的思想准备。传统政府始终在扮演一个“全能者”的角色，几乎包揽了公共安全管理中的全部职能，随着社会危机的日益复杂多样，政府负担过重，力不从心的“透支现象”也越发显著。因此，政府必须意识到要从“划桨者”向“引航者”转变。安全治理以治理理论为基础。长期以来，治理理论的倡导者和推进者一直致力于推进政府之外的主体参与公共领域问题的治理。而大数据时代，数据开放是提高多元主体参与公共安全治理能力的关键举措。

大数据时代是开放的时代，由于技术壁垒的原因，社会公众能获取的信息资源经常是小范围的、不及时的和碎片化的，严重制约着公众在公共安全治理上的实质性参与。在公共安全领域，由于所涉及的敏感性、负面

---

① 陈周旺. 社会公共安全的公众参与 [J]. 探索与争鸣，2014 (8)：24 - 25.

② 李明. 大数据技术与公共安全信息共享能力 [J]. 电子政务，2014 (6)：10 - 19.

性、保密性信息较多，公共安全领域保密程度较集中，政府与公众间信息共享的双向障碍远比其他领域严重。没有信息的知晓，就没有真正的公众参与。政府部门凭借自身的信息整合优势，做出数据审核与判断，最大程度上开放数据与信息，来保障社会公众的知情权。这是大数据时代政府主动放权、接纳社会公众参与公共安全风险治理的第一步，也是最关键的一步。

当然，开放原则不仅是政府将数据公示出去，而是以更包容的态度将信息收集进来。政府可以通过在网站上发布最新的安全政策、危机响应等告知性政务数据和信息等方式来扩大公众在公共安全治理中的参与，但这样的参与层次依旧被限制在象征性阶段。因此，建立并完善政府与公众的沟通交流平台，随时与社会公众保持紧密联系，才能切实发挥群众的力量与智慧，及时发现并化解风险，让公众这一主体切实参与到城市公共安全风险治理的完整体系当中。

最后，注重风险防范，保护信息安全。大数据时代，数据化响应以其及时性和精准性监督着各行各业的运转，是城市政府进行风险监控与危机处置的重要工具。开放、透明、共享的大数据特征使得大数据发展与个人隐私之间也存在着不可避免的冲突。中国互联网络信息中心《2019 年中国网民信息安全状况研究报告》显示：有 84.8%的网民遇到过信息安全事件，总人数达 4.56 亿；在遇到信息安全事件的网民中，77.7%的网民都遭受了不同形式的损失，发生经济损失的网民人均损失 553.1 元，损失总额达 194 亿元。信息安全事故频发使得人人自危，公众面对大数据的无力感越发凸显，劣势地位不断固化，这会极大降低公众参与公共安全治理的意愿。

然而，在大数据时代，想屏蔽数据商挖掘个人信息几乎是无法实现的。特别是在公共安全领域，政府与企业想更好地监督与预警未来风险，必须以源源不断的社会行为数据分析为依据。那么数据收集与使用行为的合理边界又在哪里？应当坚持行为活动的有限自由，即使用者有使用大数据的自由，但不应侵犯他人和组织的自由。[①] 对个人信息采取保护原则，

① 陈万球，石惠絮. 大数据时代城市治理：数据异化与数据治理［J］. 湖南师范大学社会科学学报，2015（5）：126－130.

保证公众对数据收集的知情权，赋予不同意被收集的选择权。在城市中，数据更加密集，作为监管者的城市政府，一方面应依法规范自身的数据采集、存储与使用行为，注重数据安全；另一方面必须加强对行业的管理，规范企业获取个人信息的数据边界，严厉打击各种涉及公众人身及财产安全的不法数据交易。

2018 年 12 月中央经济工作会议在北京举行，会议重新定义了基础设施建设，把 5G、人工智能、工业互联网、物联网定义为“新型基础设施建设”。随后“加强新一代信息基础设施建设”被列入 2019 年《政府工作报告》。2020 年 3 月，中共中央政治局常务委员会会议提出，要加快 5G 网络、数据中心等新型基础设施建设进度。由此，城市安全风险管理在借助大数据展开治理方面获得了更强的基础支撑，相应的城市政府也应该更加关注研究大数据时代城市安全风险防控的内在规律，积极利用新的技术手段，同时有效防范新风险的诞生。

第三节　构建城市安全风险命运共同体

一、城市安全“共同体”的理论基础

“安全共同体”的概念来自国际安全问题研究，最早于 20 世纪 50 年代由理查德·冯·瓦根伦（Richard Van Wagenen）提出，后由卡尔·沃尔夫冈·多伊奇（Karl Wolfgone Deutsch）等学者在“政治共同体与北大西洋地区”中进行了理论性的系统定义与阐释。“安全共同体”是指不以战争解决争端的高度融合的人群或组织。从根本上说，安全共同体是一个社会概念，建立在不同国家、民族、宗教、人群彼此认同的基础上。然而，随着冷战后军事等传统安全因素的减少，经济、环境、社会等非传统安全问题明显增多，一个真正的“安全共同体”已不仅限于非战的或和平的，其内涵已经提升至要求各种安全威胁在成员间或是在成员内部全面降低，即国家间和国家内部都是和平与安全的。“安全共同体”理论是否具有现实意义上的指导价值，关键在于它如何在现实生活中得到实现。“安全共

同体”的实践路径就是建立沟通与交往，主要体现在核心区和社会学习、“起飞”与一体化发展、跨越“门槛”与共同体形成三个方面。①

我国争取和维护安全的努力从未止步。在中国特色社会主义新时期，习近平提出“人类生活在同一个地球村里，生活在历史和现实交汇的同一个时空里，越来越成为你中有我、我中有你的命运共同体”。人类命运共同体既是发展的命运共同体，也是安全的命运共同体。习近平特别指出“共同构建普遍安全的人类命运共同体”，强调共建共享，阐释了树立共同、综合、合作、可持续安全观的具体安全价值，其安全价值内涵集中体现在共同利益、共同责任、共同治理、共享权利四个方面。②

首先是共同利益。全球化时代，在交通、网络通信等技术力量的推动下，人类面对的很多风险，如恐怖主义、金融安全、能源与粮食安全、生态环境安全、网络安全等，早已成为全世界的共同挑战。世界各国需要紧密团结起来，相互依存，命运与共，构建深层次合作，“只有合作共赢才能办大事、办好事、办长久之事。要摒弃零和游戏、你输我赢的旧思维，树立双赢、共赢的新理念，在追求自身利益时兼顾他方利益，在寻求自身发展时促进共同发展”。③ 只有建立在共同认知基础上的共同利益，才能推进世界一起为构建人类命运共同体而努力奋斗。

其次是共同责任。安全是一种社会资源也是重要的公共产品，国家、城市都是其供给主体。在金融危机、恐怖主义、网络安全等非传统安全威胁之下，包括国家、城市、社会组织、公民个人等在内的所有行为体，都有着为维护安全而尽职负责的义务。面对各种风险因素的复杂化、传导性以及交互影响等特征，国家与城市间都无法继续保持“各扫门前雪”的分离状态，而应组成责任共同体，共同为人类命运而努力。

再次是共同治理。一次次严重危机的爆发，通过多种途径传导或共振，影响均能波及全球。事实早已证明，全球化时代的安全风险治理是一

---

① 郑先武.“安全共同体”理论探微［J］. 现代国际关系，2004（2）：55－61.

② 王舒毅. 习近平人类命运共同体思想的安全视域［J］. 保密科学技术，2018（6）：40－47.

③ 合作共赢才能办大事、办好事、办长久之事［EB/OL］.（2015－3－28）［2019－10－27］.http：//kb. southcn. com/content/2015－03/28/content_121049947. htm.

项非常复杂的系统工程，单纯依靠一个国家、一座城市、一个组织的努力根本无法解决人类普遍面临的安全风险。人类社会已经开启了相互依存、命运与共的安全治理新时代，国家间、城市间、组织间只有增进互信、加强协作，形成新的全球性安全风险治理模式，打造安全命运共同体，才能有效应对共同面临的风险挑战。

最后是共享权利。每一个国家都是作为平行主体平等地参与全球安全领域的合作，拥有平等的发言权、参与行动权以及获得安全保障的权利。在安全问题上不能出现双重标准，不能以牺牲某个国家为代价来谋求自身所谓的绝对安全。无论在国家层面还是城市层面，只存在力量强弱和发展先后之分，而不应该出现权利先后或大小的问题。在涉及公共安全的问题领域，大到一国，小到一人，都应平等地享有获得安全的权利。

基于共同体理论，城市作为一个国家内部非常重要的组成部分，同时也作为国际社会交流互动的重要纽带节点和参与主体，同样应该融入国家的安全共同体，融入全球的安全共同体建设。

二、城市安全风险命运共同体的塑造

城市安全风险命运共同体既包含国内，更主要的还是面向国际。随着全球化影响的日益深刻，生产在全球进行分工协作早已成为一种普遍模式，市场推动人员、信息、资金以及物资在全球流动，所带来的影响使全球城市间的联系已变得不可分割，一个主要城市爆发危机，地球其他角落也必定会有与之相关的城市因此而遭受影响。在此背景下，城市安全风险防控已成为全球城市的共同话题，任何城市都不可能在重大风险到来之时做到独善其身。

城市安全风险命运共同体的塑造需要依赖一些重要条件，可以归结为国家层面和城市层面两个方面。

一方面，城市安全风险命运共同体的构建需要依托国家间关系的塑造。

国家主权利益至上，只有在国家间构建命运共同体的基础之上，城市间才可能建立跨越国际的城市安全风险命运共同体。自毛泽东同志开始，中国历届领导人始终坚持独立自主的和平外交政策，积极发展与世界各国的平等交流合作关系，致力于推动人类和平事业。党的十八大以来，习近平总书记在多种场合多次阐述了打造人类命运共同体的观点和设想，而且中国也在通过各种实践行动，不断向世界展示着中国努力推进人类命运共同体建设的决心。

在新的国际风险形势下，中国已经先后建立了许多合作良好的双边和多边外交战略伙伴关系，包括中俄全面战略协作伙伴关系、中巴全天候战略合作伙伴关系，与东南亚国家联盟成员中的越南、柬埔寨、缅甸、老挝、泰国建立了全面战略合作伙伴关系，与韩国、印度、斯里兰卡和阿富汗建立了战略合作伙伴关系等，共同面对全球性危机的挑战。各国还在平等协商的基础上创建了一系列区域合作组织，包括东盟地区论坛、香格里拉对话、亚太地区安全合作理事会和东盟防长扩大会等，不断寻求可持续和系统的安全风险防范机制。近年来，中国发起的上海合作组织、亚洲基础设施投资银行、“一带一路”倡议、人类命运共同体价值观等都起到了积极的推动作用。[①] 面对世界经济形势不断下滑的风险，中国也勇于担当，连续组织中国国际进口博览会，旨在坚定支持贸易自由化和经济全球化、主动向世界开放市场，为全球经济发展提供动力。

在此背景之下，中国很多城市也主动走出去，与友好国家的城市建立更加紧密的合作关系。包括相互学习城市管理经验、扩大城市经济贸易文化交流与合作、互相交流数据情报、共同打击城市犯罪等。2017 年 6 月 5—25 日，10 名中国警员出现在意大利 4 座城市的街头，协助意大利警方处理与中国游客、华侨、华人安全有关的问题；而在当年的 4 月，在北京八达岭长城上，中国与意大利警员联合巡逻的身影同样吸引了众多游客的目光。[②] “地球村”的发展早已将世界变得你中有我、我中有你，在城市间相互交流频繁合作的基础上，城市的安全环境将会得到更好的保障。

---

① 王玉冲，郑坤芳. 中国与周边国家安全共同体建设面临的挑战、机遇及路径 [J]. 江苏师范大学学报（哲学社会科学版），2019（1）：62－69.

② 张洋. 携手共建安全命运共同体 [EB/OL].（2017－9－27）[2019－10－27]. http：//cppcc. china. com. cn/2017－09/27/content_41653364. htm.

另一方面，城市安全风险命运共同体的构建需要形成共存、共荣、共发展的安全合作新理念。

第一，国内城市间的需求与合作。国内城市的区域性安全合作更多指向的是相邻相近城市群所形成的整体性安全风险治理体系，而城市安全风险命运共同体则要在此基础上进一步扩展，形成跨域的远程合作。过去几年里中国早已形成了跨域结对子的合作模式。例如，在 2019 年 4 月 27 日第七届贵州人才博览会上，上海市与遵义市，大连市与六盘水市，苏州市与铜仁市，杭州市与黔东南州，宁波市与黔西南州，青岛市与安顺市，广州市与毕节市、黔南州分别签署合作协议，建立对口帮扶合作，助力被帮扶城市决战脱贫攻坚、决胜同步小康。[①] 虽然这些城市在发展水平上有高低之分，但在解决贫困这一根本性风险问题上，发达城市向欠发达城市提供的是人才支持，反过来他们也获得很多重要的西部资源以及潜在的市场，因此合作是双赢的。另外，在有效发展西部经济、消除贫困落后局面的东西部城市互动合作过程中，西部城市通过东部城市的帮助，提前达到环保生活要求，从而就避免了在中国几大重要水域的上游制造严重污染的风险，实现了类似命运共同体的环境安全合作。

第二，国际城市间的需求与合作。随着世界人口流动的频繁，很多城市都出现了许多具有异域色彩的区域。例如，在日本、美国和欧洲的部分城市都存在着“华人街”“唐人街”，这些社区的人员构成以华人为主，因而就具有了浓郁的中国味道。而在中国的很多城市也有类似现象。例如，青岛、烟台、威海等就有较为典型的韩国人社区，广州则有非洲人聚居的社区，上海的古美社区、碧云国际社区也都是不同国家来华人员的首选聚居之地。在这些城市的治理过程中，基于与相关国家的某个城市建立的友好城市关系，就可以通过两个城市的友好合作项目，将这些群体有效组织起来，更好地增加融合互通，有效降低各种冲突风险。

城市间的国际合作是国家间整体合作的细化分解，是地区间联系加深的有效依托。通过城市间建立更加紧密的安全命运共同体关系，加深安全

---

① 田方. 贵州：8 个市（州）与对口帮扶城市签约［EB/OL］.（2019－4－28）［2019－10－27］. http：//www. gov. cn/xinwen/2019－04/28/content_5387030. htm.

风险防控领域的交流与合作，就可以在应对未来未知风险的挑战中多一分支持，多一分机遇。

第四节　关于新冠肺炎疫情的特别思考

在本书即将完稿之际，一场突如其来的新冠肺炎疫情于2020年的开年突然席卷而至，给全球都带来了严重冲击。各国纷纷鼓励或强制民众采取居家隔离的方式减少不必要的外出，降低病毒进一步扩散的风险，全球经济为此遭受严重损失。与此同时，这次疫情也给匆匆发展的社会以一次暂时放缓脚步进行深刻反思的机会。

抛开尚不明确病毒源头究竟在哪里的争论，仅仅围绕本次疫情在中国以及全球蔓延的实际，再次回头审视本书前文所研究的主要问题，应该说城市安全风险防控体系的核心问题都能在本次疫情当中找到显著的现实回应。

第一，城市面临着日益严峻的风险挑战。世界已然成为一体，城市的现代化进程掩盖不住其脆弱性的不断增强。在武汉，一个再平常不过的海鲜市场竟然引起了整个城市的疫情爆发①。随着新年大规模返乡人员的传播，全国各地在极短时间内就爆发了更大规模的疫情。而且，疫情不仅在一国肆虐，随着全球人口的快速流动，短短几周之内，全球主要大城市几乎全都沦陷，以日本、韩国、意大利、美国等为最主要代表。这次疫情仅仅是城市面临诸多风险中的一项，但仅此一项就已然使得全球经济集体陷入寒冬。随着全球主要股市指数的断崖式下跌，世界经济的未来形势堪忧，由此可能继续引发的或许就是城市的大量企业倒闭、人员失业、社会矛盾激化、各种冲突激增等系列严重风险。谁也无法预料城市下一步将会有何种新的安全风险即将爆发。

第二，危机推动城市安全治理不断前进。虽然不期而至的疫情短时间内让众多城市均陷入恐慌和无序，但人类社会正是由一次次刺痛人心的危

① 截至本书成稿交付出版之日，官方披露的信息表明，疫情在中国发生的源头指向了华南海鲜市场。不排除后续发现疫情在中国有其他的源头。

机事件才换来了不断的进步。在本次疫情中，已经有大量研究非常尖锐地指出了过去城市在安全风险防控过程中存在的人为、体制、机制或法制等漏洞，也从推进城市更好发展的角度提出了很多有建设意义的方案。相信经历过此次巨大挫折之后，所有城市都将在未来的一段时间内认真思考城市公共卫生安全领域存在的问题，改革举措也会随之出台。从人类更长历史发展周期来看，这次疫情必将在极大程度上促进城市安全风险防控体系建设，也必然成为公共安全领域具有里程碑意义的事件，被历史所铭记。

第三，城市需要打造常态风险管控能力。面对突然暴露的风险，城市该如何回应？本次疫情中，我国武汉、北京、杭州、上海，韩国首尔，意大利北部伦巴第大区，以及美国纽约、英国伦敦等，都表现出了它们在疫情出现之后不同的应急反应能力及掌控局面的能力。上述城市或执行全面封城，或实行有限人群隔离，在人员、物资调配、防疫物资紧急生产等方面，对城市的应急基础能力进行了一次很好的检验。必须承认的是，城市基础性风险防控能力建设如果到位，处置突发性危机的能力就会显著增强，否则只会加大危机的严重性，导致不可控局面的发生。从上述城市的反应也可以看出，政府在安全风险管控中发挥着主导性作用，因此必须从政府内部预警、决策体系入手，提升基础性风险预警能力，同时积极培养民众的风险意识以及配合危机应对的集体精神，推进城市常态风险管控能力的建设。

第四，社区是城市风险防控的重要基石。众所周知，广大社区在本次新冠肺炎疫情突发事件应急响应中发挥了重要的战斗堡垒作用。十几亿人口以各自居住的社区为单位开展了有效的居家隔离，这是市场经济条件下社区对分散人口进行有效管控的一次最显著的检验。近十年来，社区在城市综合治理中的地位和作用不断得到提升，其在安全风险管理过程中能够发挥的第一事发现场、第一发现单元、第一处置单元等功能，使社区从理论上就应该受到充分关注。而本次疫情也用显著的事实再次证明了社区在城市安全风险防控工作中所能发挥的重要基础作用。持续数十个日夜，每个社区都设点布岗，严格查验，将病毒围堵在一地并及时发现和有效隔离。应该说，如果离开广大社区的全面响应，本次国内疫情不可能在短短两个月内就完全得到有效控制。当然，也必须看到很多社区在疫情应对过程中还存在一些不足，这更充分说明今后城市安全建设应该将社区摆到更重要的位置，安排更多的力量下沉到基层，从人才培养、技术支持、物资保障、资金配套等方面全面入手，努力夯实城市安全风险防控的重要基石。

第五，城市安全风险命运共同体至关重要。本次疫情也展现出了人口在全球流动，造成城市内部人员间传染，以及病毒从一个城市传播到其他更多城市的全貌。面对巨大的安全风险，城市间如果不对人口流动进行严格管控，放任自流，就会导致局势失控，因此国内外很多疫情严重的城市纷纷采取了“封城”举措。疫情的蔓延说明了城市间存在命运共同体的关系，封城策略同样也是一种命运共同体责任担当的表现形式，只有先管住人口流动，将既定的损失限定在一城之内，确保其他城市不再新增患者，才能从根本上有效切断病毒继续传播的渠道。可以说，本次疫情中，所有采取有效管控措施的城市都在无形中自觉履行了城市安全命运共同体成员应该履行的义务。当然，有能力的城市也在尽其所能地向需要帮助的城市伸出援助之手。

本次疫情中，中国开创了“一省包一市”的援助模式，具体包括：重庆市、黑龙江省支援孝感市；山东省、湖南省支援黄冈市；江西省、河南省支援随州市；广东省、海南省支援荆州市；辽宁省、宁夏回族自治区支援襄阳市；江苏省支援黄石市；福建省支援宜昌市；内蒙古自治区、浙江省支援荆门市；山西省支援仙桃市、天门市、潜江市；贵州省支援鄂州市；云南省支援咸宁市；广西壮族自治区支援十堰市；天津市支援恩施土家族苗族自治州；河北省支援神农架林区。

在国内疫情得到有效遏制，初步取得阶段性胜利的情况下，国外疫情依然严峻，这时候中国政府又一次启动了“一省助一国”的援助模式，具体包括：上海市援助伊朗；江苏省援助巴基斯坦；广东省援助伊拉克；四川省援助意大利。中国在自身疫情尚未完全结束的情况下就派出医护人员开展多国援助，充分体现了命运共同体的存在价值，展现了人类共同应对风险的伟大精神。

疫情给城市带来巨大悲痛，但它最后也必将被城市所战胜。经历这次惨痛的挫折，全球城市将会迎来一次深刻的反思与变革，人类将会更加关注城市安全，更加系统地构建城市安全风险防护体系。

愿我们生活的城市更加安全！

参考文献

[1] [德] 乌尔里希·贝克. 风险社会 [M]. 何博闻，译. 南京：译林出版社，2004.

[2] [美] 查尔斯·蒂利，西德尼·塔罗. 抗争政治 [M]. 李义中，译. 南京：译林出版社，2010.

[3] [美] 拉塞尔·M. 林登. 无缝隙政府——公共部门再造指南 [M]. 汪大海，吴群芳，译. 北京：中国人民大学出版社，2002.

[4] [美] 林南. 社会资本：关于社会结构与行动的理论 [M]. 张磊，译. 上海：上海人民出版社，2005.

[5] [美] 曼瑟尔·奥尔森. 集体行动的逻辑 [M]. 陈郁，郭宇峰，李崇新，译. 上海：上海人民出版社，1995.

[6] [美] 詹姆斯·S. 科尔曼. 社会理论的基础 [M]. 邓方，译. 北京：社会科学文献出版社，1999.

[7] [英] 安东尼·吉登斯. 现代性的后果 [M]. 田禾，译. 南京：译林出版社，2000.

[8] [英] 彼得·泰勒-顾柏，[德] 詹斯·O. 金. 社会科学中的风险研究 [M]. 黄觉，译. 北京：中国劳动社会保障出版社，2010.

[9] [英] 尼克·皮金，罗杰·E. 卡斯帕森，保罗·斯洛维奇. 风险的社会放大 [M]. 谭宏凯，译. 北京：中国劳动社会保障出版社，2010.

[10] 曾凡军. 基于整体性治理的政府组织协调机制研究 [M]. 武汉：武汉大学出版社，2013.

[11] 丁烈云. 中国转型期的社会风险及公共危机管理研究 [M]. 北京：经济科学出版社，2012.

[12] 郭济，高小平，沈荣华. 中央和大城市政府应急机制建设 [M]. 北京：中国人民大学出版社，2005.

[13] 金磊. 中国城市安全警告 [M]. 北京：中国城市出版社，2004.

[14] 李惠斌，杨雪冬. 社会资本与社会发展 [M]. 北京：社会科学文献出版社，2000.

[15] 李军鹏. 责任政府与政府问责制 [M]. 北京：人民出版社，2009.

[16] 李瑞昌. 危机、安全与公共治理 [M]. 上海：上海人民出版社，2007.

[17] 李瑞昌. 干预式治理：公共安全风险辨识与管理 [M]. 上海：上海人民出版社，2013.

[18] 李亚. 利益博弈政策实验方法：理论与应用 [M]. 北京：北京大学出版社，2011.

[19] 刘新立. 风险管理 [M]. 北京：北京大学出版社，2006.

[20] 刘燕华，李秀彬. 脆弱生态环境与可持续发展 [M]. 北京：商务印书馆，2007.

[21] 容志. 从分散到整合：特大城市公共安全风险防控机制研究 [M]. 上海：上海人民出版社，2014.

[22] 闪淳昌，张彦通，胡象明，等. 应急管理：中国特色的运行模式与实践 [M]. 北京：北京师范大学出版社，2011.

[23] 沈国明. 城市安全学 [M]. 上海：华东师范大学出版社，2008.

[24] 孙立平. 转型与断裂：改革以来中国社会结构的变迁 [M]. 北京：清华大学出版社，2004.

[25] 唐钧. 政府风险管理：风险社会中的应急管理升级与社会治理转型 [M]. 北京：中国人民大学出版社，2015.

[26] 滕五晓. 社区安全治理：理论与实务 [M]. 上海：上海三联书店，2012.

[27] 童星，张海波. 中国转型期的社会风险及识别 [M]. 南京：南京大学出版社，2007.

[28] 童星，张海波. 中国应急管理：理论、实践、政策 [M]. 北京：社会科学文献出版社，2012.

[29] 吴宗之. 安全社区建设指南 [M]. 北京：中国劳动社会保障出版社，2005.

[30] 夏保成. 美国公共安全管理导论 [M]. 北京：当代中国出版社，2006.

[31] 薛澜，张强，钟开斌. 危机管理——转型期中国面临的挑战 [M]. 北京：清华大学出版社，2003.

[32] 薛晓源，周战超. 全球化与风险社会 [M]. 北京：社会科学文献出版社，2005.

[33] 杨雪冬. 风险社会与秩序重建 [M]. 北京：社会科学文献出版社，2006.

[34] 于根生. 21 世纪上海城市安全思考 [M]. 上海：学林出版社，2002.

[35] 袁振龙. 社区安全的理论与实践 [M]. 北京：中国社会出版社，2010.

［36］赵成根. 国外大城市危机管理模式研究［M］. 北京：北京大学出版社，2006.

［37］赵鼎新. 社会与政治运动讲义［M］. 北京：社会科学文献出版社，2006.

［38］赵林度. 城际应急管理与应急网络［M］. 北京：科学出版社，2010.

［39］中国社会科学院中国廉政研究中心. 中国反腐倡廉建设报告 No.7［M］. 北京：社会科学文献出版社，2017.

［40］程民选. 论社会资本的性质与类型［J］. 学术月刊，2007（10）：62－68.

［41］程雨燕. 环境群体性事件的特点、原因及其法律对策［J］. 广东行政学院学报，2007（2）：46－49，81.

［42］董幼鸿. 系统脆弱性理论视阈下重大事故的生成机理探讨及运用——以 25 起特别重大事故为例［J］. 甘肃行政学院学报，2018（1）：15－32.

［43］高恩新，余朝阳. 试论危机管理的常态化趋势［J］. 云南行政学院学报，2008（1）：114－117.

［44］高峰. 社会秩序的层次探析［J］. 内蒙古社会科学（汉文版），2013（1）：137－141.

［45］顾林生. 国外基层灾害应急管理的机制评析［J］. 中国减灾，2007（6）：30－35.

［46］管兵，夏瑛. 政府购买服务的制度选择及治理效果：项目制、单位制、混合制［J］. 管理世界，2016（8）：58－72.

［47］国家行政学院课题组. 英国、德国、瑞典应急管理教育培训的主要做法及启示［J］. 中国浦东干部学院学报，2009，3（3）：118－121.

［48］李格琴. 英国应急安全管理体制机制评析［J］. 国际安全研究，2013，31（2）：124－135，159.

［49］李鹤，张平宇，程叶青. 脆弱性的概念及其评价方法［J］. 地理科学进展，2008（2）：18－25.

［50］李瑞昌. 城市治理网络的嵌入机制——以上海市基层应急管理单元为研究个案［J］. 江苏行政学院学报，2008（3）：86－91.

［51］李雪峰. 英国应急管理的特征与启示［J］. 行政管理改革，2010（3）：54－59.

［52］刘能. 怨恨解释、动员结构和理性选择——有关中国都市地区集体行动发生可能性的分析［J］. 开放时代，2004（4）：57－70.

［53］刘铁民. 脆弱性——突发事件形成与发展的本质原因［J］. 中国应急管理，2010（10）：32－35.

［54］刘铁民. 事故灾难成因再认识——脆弱性研究［J］. 中国安全生产科学技术，

2010，6（5）：5－10.
［55］刘晓亮，张广利. 从环境风险到群体性事件：一种“风险的社会放大”现象解析［J］. 湖北社会科学，2013（12）：20－23.
［56］刘晓亮. 超大城市安全风险管理与评价国际比较研究［J］. 科学发展，2016（10）：74－84.
［57］刘晓亮. 快速城市化地区公共安全问题研究——以上海市S镇为例［J］. 城市发展研究，2013，20（11）：107－111，118.
［58］刘晓亮. 特大城市安全风险管理的国际经验和对上海的启示［J］. 科学发展，2017（9）：47－56.
［59］刘晓亮. 城市安全管理中的社会资本嵌入与运用［J］. 理论月刊，2013（7）：139－142.
［60］刘晓亮，孔凡河. 中国公共危机常态管理的多理论视角解析［J］. 东南学术，2010（1）：57－62.
［61］毛小苓，倪晋仁，张菲菲，等. 面向社区的全过程风险管理模型的理论和应用［J］. 自然灾害学报，2006（1）：23－28.
［62］渠敬东. 项目制：一种新的国家治理体制［J］. 中国社会科学，2012（5）：113－130，207.
［63］容志. 城市安全风险防控体系的理论建构：基于上海世博会的启示［J］. 上海大学学报（社会科学版），2012，29（3）：116－128.
［64］闪淳昌，周玲，方曼. 美国应急管理机制建设的发展过程及对我国的启示［J］. 中国行政管理，2010（8）：100－105.
［65］石勇，许世远，石纯，等. 自然灾害脆弱性研究进展［J］. 自然灾害学报，2011，20（2）：131－137.
［66］汤爱平，陶夏新，谢礼立，等. 论城市灾害管理模型［J］. 自然灾害学报，1999，8（1）：92－97.
［67］童星，陶鹏. 论我国应急管理机制的创新——基于源头治理、动态管理、应急处置相结合的理念［J］. 江海学刊，2013（2）：111－117.
［68］王宏伟. FEMA的演变与发展——透视二战后美国应急管理的四次大变革［J］. 中国应急管理，2007（4）：56－60.
［69］王宏伟. 美国应急管理的发展与演变［J］. 国外社会科学，2007（2）：54－60.
［70］王名，杨丽. 北京市网格化服务管理模式研究［J］. 中国行政管理，2012（2）：

119－121.
[71] 王秀臣. 灾难视野中的文学回响——先秦灾难的文学表现及其意义 [J]. 湘潭大学学报（哲学社会科学版），2012，36（3）：90－94.
[72] 王岩，方创琳，张蔷. 城市脆弱性研究评述与展望 [J]. 地理科学进展，2013，32（5）：755－768.
[73] 王莹，王义保. 社会公共安全治理中公众参与的模式与策略 [J]. 城市发展研究，2015，22（2）：101－106.
[74] 文宏. 突发事件管理中地方政府规避责任行为分析及对策 [J]. 政治学研究，2013（6）：52－60.
[75] 夏一雪，郭其云，杨隽，等. 我国古代公共危机应急救援的历史经验与有益启示 [J]. 学术论坛，2012，35（7）：55－60.
[76] 肖光荣. 近年来国内政府官员问责制研究的回顾与思考 [J]. 政治学研究，2007（3）：61－69.
[77] 许超. 英国国家安全委员会的建立、运作及展望 [J]. 江南社会学院学报，2018，20（1）：18－24.
[78] 游志斌. 英国政府应急管理体制改革的重点及启示 [J]. 行政管理改革，2010（11）：59－63.
[79] 袁振龙. 社区社会资本对社区治安状况的影响 [J]. 中国人民公安大学学报（社会科学版），2009（6）：61－68.
[80] 张海波，童星. 中国应急管理结构变化及其理论概化 [J]. 中国社会科学，2015（3）：58－84，206.
[81] 张海波. 中国应急预案体系：结构与功能 [J]. 公共管理学报，2013，10（2）：1－13，137.
[82] 张小明. 基于脆弱性分析的公共危机预防体系研究 [J]. 北京行政学院学报，2013（4）：52－57.
[83] 赵晨光. 跨域公共危机整体性治理：内涵分析、实践困境与路径思考 [J]. 哈尔滨师范大学社会科学学报. 2017（4）：30－34.
[84] 郑珺. 北京市应急管理体系的建立 [J]. 北京党史，2008（3）：31－33.
[85] 钟开斌. 从强制到自主：中国应急协调机制的发展与演变 [J]. 中国行政管理，2014（8）：115－119.
[86] 钟开斌. 中国应急管理机构的演进与发展：基于协调视角的观察 [J]. 公共管理

与政策评论，2018，7（6）：21－36.

[87] 周义程. 社会资本与构建和谐社会的行动逻辑 [J]. 理论与改革，2006（6）：91－94.

[88] 朱正威，蔡李，段栋栋. 基于“脆弱性-能力”综合视角的公共安全评价框架：形成与范式 [J]. 中国行政管理，2011（8）：101－106.

[89] David A McEntire. Disaster response and recovery：strategies and tactics for resilience [M]. New York：John Wiley and Sons Inc，2007.

[90] William L Waugh Jr. Community，environment and disaster risk management [M]. London：Emerald Group Publishing Limited，2009.

[91] Michael K Lindell，Carla Prater，Ronald W Perry. Introduction to emergency management [M]. New York：John Wiley and Sons Inc，2007.

[92] Diana Leat，Gerry Stoker. Towards holistic governance：the new reform agenda [M]. London：Palgrave Press，2002.

[93] Ulrich Beck. Risk society：towards a new modernity [M]. London：Sage Publications，1992.

[94] William L Waugh Jr，Kathleen J Tierney. Emergency management：principles and practice for local government [M]. Washington D. C.：the International City/County Management Association，2007.

[95] Chandrakantan Subramaniam，Hassan Ali，Faridahwati Mohd Shamsudin. Understanding the antecedents of emergency response：a proposed framework [J]. Disaster Prevention and Management，2010，19（5）：571－581.

[96] David M Alexander. Towards the development of a standard in emergency planning [J]. Disaster Prevention and Management，2005，14（2）：158－175.

[97] David M Simpson. Disaster preparedness measures：a test case development and application [J]. Disaster Prevention and Management，2008，17（5）：645－661.

[98] Enamul Choudhury. Attracting and managing volunteers in local government [J]. Journal of Management Development，2010，29（6）：592－603.

[99] Megan Denver，Jaime Perez，Benigno E. Aguirre. Local search and rescue teams in the United States [J]. Disaster Prevention and Management，2007，16（4）：503－512.

[100] Naim Kapucu. Culture of preparedness：household disaster preparedness [J]. Disaster Prevention and Management，2008，17（4）：526－535.

[101] Richard Afedzie, David A McEntire. Rethinking disasters by design [J]. Disaster Prevention and Management, 2010, 19 (1): 48-58.

[102] Victoria Hardy, Kathy O Roper, Suzanne Kennedy. Emergency preparedness and disaster recovery in the US post 9/11 [J]. Journal of Facilities Management, 2009, 7 (3): 212-223.

后　记

书稿完成之际，正是户外春暖花开、桃红柳绿的踏青时节，但一场新冠肺炎疫情却让亿万人口被迫深居简出。整个世界似乎都停下了脚步，城市的大街小巷、广场商城早已不复往日的熙攘人流，整个城市一下子失去了活力。回首 2003 年初春，我国同样也经历了一场“非典”疫情，那次冲击推动了中国公共卫生领域的深度改革，同时也开启了中国应急管理体制、机制正式建设的步伐。时至今日，疫情初始阶段的防控事实告诫我们，经过十多年时间打造的城市公共安全风险防控体系依然存在很多问题，这也赋予了本书以更大的现实意义。当前，国内疫情已经得到有效控制，但国际上疫情仍在肆虐，我们期待着这次疫情的早日结束。相信经此一疫，必然迎来全球范围的深刻反思，公共安全管理体系又将经历一次深刻变革。

本书的撰写历时近一年，其间频频被各种工作打断，在本次疫情“封城”“闭户”的近两个月里，才得以有较为完整的时间完成近年我对城市公共安全风险防控体系建设的一些思考的系统梳理。书中也吸纳了我过去已发表的部分成果。城市问题高度复杂，其安全风险防控工作更是充满挑战。在最初设计研究框架之时，就曾担心是否能够有效抓住问题的关键，而在成稿之际，对照本次疫情，发现现实暴露的一些主要问题都在本书中做了回应，这是作为学者唯一可以感到欣慰的事情。

该书得以问世，首先要感谢吴柏钧教授。吴教授近年组织了一批来自多学科的年轻学者，一起围绕公共经济与基层社会治理领域的重要问题，定期开展深度研讨，并最终促成本套丛书的撰写与出版，我非常荣幸能够参与本套丛书的编写。吴教授热心助力青年人才的成长，治学上也一直保持客观严谨的态度，这些都值得我终身学习。同时，本书的出版获得了国家出版基金及上海高校服务国家重大战略出版工程资助项目的资助。另外，书中参考和借鉴了许多其他学者的智慧成果，在此一并致谢。最后，还要感谢我的家人，在写作期间，他们替我分担了大量家务劳动，并处理了诸多生活琐事，使我可以专心投入工作。

书中不足之处在所难免，敬请广大读者批评指正。

刘晓亮

2020 年 3 月于梅陇